वाह जिंदगी, वाह!

वाह जिंदगी, वाह!

(सुंदर जीवन के 333 प्रसंग)

संकलन

सुनील हांडा

प्रकाशक

प्रभात पेपरबैक्स

4/19 आसफ अली रोड, नई दिल्ली–110002

फोन : 23289555 • 23289666 • 23289777 ❖ फैक्स : 23253233

इ–मेल : prabhatbooks@gmail.com ❖ वेब ठिकाना : www.prabhatbooks.com

संस्करण

2018

अनुवाद

पारितोष मालवीय एवं रवि रतलामी

संयोजन

एकलव्य एज्यूकेशन फाउंडेशन, अहमदाबाद

मूल्य

दो सौ पचास रुपए

अ.मा.पु.स. 978-93-5048-406-7

मुद्रक

नरुला प्रिंटर्स, दिल्ली

———— ★ ————

WAH ZINDAGI, WAH!

compiled by Sunil Handa

Published by **PRABHAT PAPERBACKS**

4/19 Asaf Ali Road, New Delhi-110002

ISBN 978-93-5048-406-7

₹ 250.00

मेरे पिता **बलदेवराज** और मेरी माँ **राजकुमारी**
मेरे जीवित भगवान्, मेरे नायक, मेरी प्रेरणा
और
मेरी पत्नी **दिव्या**,
जो इन पच्चीस वर्षों में हमेशा मेरे साथ रहीं
आपकी उम्र लंबी हो और आप अच्छे स्वास्थ्य का आनंद लें,
मुझे हमेशा आपका प्यार और सहयोग मिले,
मैं हमेशा आपकी आराधना और पूजा करता रहूँ।

से सोता हूँ। सारा दिन जमकर काम करता हूँ। सारी समस्याओं का हल निकाल लेता हूँ। कोई तनाव नहीं है। अच्छे-से-अच्छा करने की कोशिश करता हूँ और सारी चिंताएँ आपके लिए छोड़ देता हूँ। अब मेरा कुछ भी नहीं है। मैं तो सिर्फ अपना कर्तव्य पूरा कर रहा हूँ।''

हर दिन नया रास्ता

''पथ क्या होता है?'' शिष्य ने गुरु से पूछा।

उसे जवाब मिला, ''जिंदगी का हर दिन एक नया पथ होता है।''

शिष्य ने फिर पूछा, ''क्या इसका अध्ययन करना संभव है?''

तब गुरु ने कहा, ''अगर तुम इसकी कोशिश करोगे तो इससे भटक जाओगे।''

ईश्वर को उपहार

एक राजा था, जो बहुत ही धार्मिक प्रवृत्ति का था। सब देवी-देवताओं को प्रसन्न रखने के लिए उसने सभी को अद्वितीय उपहार देने का मन बनाया।

इस बारे में उसने अपने प्रधानमंत्री सहित सारे दरबारियों से सलाह की। किसी ने सोने का मंदिर बनवाने का सुझाव दिया तो किसी ने सारे देवी-देवताओं को राज्य के संपूर्ण स्वर्ण दान का। और इसी तरह के कई और सुझाव राजा को मिलते रहे।

इसके बाद राय-मशविरा करने के लिए राजा राजगुरु के पास पहुँचा। राजा ने उनके सामने अपनी समस्या रखी और इस बारे में अब तक जो सुझाव उसे मिले थे, उनके बारे में बताया। राजगुरु ने राजा की बात को गौर से सुना और कुछ क्षण विचार करने के बाद बोले, ''जो तुम (तुम्हारा शरीर) हो, वह ईश्वर का ही दिया उपहार है और इससे जो तुम करते हो, वही ईश्वर के लिए सबसे कीमती उपहार है।''

वृद्धों की अहमियत

एक बार की बात है। एक राज्य के सारे नौजवानों ने मिलकर तय किया कि सारे वृद्धों को मार दिया जाना चाहिए, क्योंकि ये अब किसी काम के नहीं रह

गए हैं, और अब तक जी भी काफी लिये हैं। उस राज्य का राजा भी युवा ही था। इसलिए उसने सारे नौजवानों की बात मान ली और बेझिझक आदेश दे दिया कि राज्य में पचास साल और इससे ऊपर के सारे लोगों की हत्या कर दी जाए।

राजा के इस फरमान पर अमल शुरू हो गया। राज्य में कई बुद्धिमान और अनुभवी लोगों को मार डाला गया। नतीजा यह हुआ कि उनका सारा ज्ञान और अनुभव भी उनके साथ ही चला गया। लेकिन एक नौजवान ने, जो कि बहुत ही दयालु था, अपने पिता को बचा लिया। उसे लगा कि आखिरकार उसके पिता ने ही तो उसे पाल-पोसकर बड़ा किया है। यही सोचकर उसने पिता को घर की एक कोठरी में छिपा लिया और उनकी जान बच गई। वह जीवन भर अपने पिता की देखभाल करता रहा।

कुछ समय बाद ही उस राज्य में भयंकर अकाल पड़ा। यह वह समय था, जब बर्फ पिघलने का मौसम करीब आता जा रहा था। लेकिन किसी के पास बोने के लिए बीज नहीं थे। अकाल को लेकर हर कोई परेशान था, लेकिन समस्या का हल किसी के पास नहीं था। यह नौजवान भी काफी चिंतित था। एक दिन उसके पिता ने उससे पूछ ही लिया कि आखिर वह इतना परेशान क्यों है। लड़के ने भयंकर अकाल की बात बताई। इस पर उसके वृद्ध पिता ने कहा कि वह सड़क के किनारे-किनारे हल चलाना शुरू कर दे। उस नौजवान ने पिता की बात मानी और काम शुरू कर दिया।

बर्फ पिघलनी शुरू हो चुकी थी। कुछ दिनों के बाद ही उस नौजवान ने देखा कि सड़क किनारे जहाँ-जहाँ उसने हल चलाया था, वहाँ अंकुर फूटने लगे हैं। यह देख लोगों के आश्चर्य का ठिकाना न रहा। यह खबर राजा तक भी पहुँच गई। राजा ने उसे बुलाया और इसका राज पूछा। इस पर उस नौजवान ने सबकुछ सच-सच बता दिया। इसके बाद राजा ने उसके वृद्ध पिता को दरबार में बुलाया और पूछा कि उसे कैसे पता था कि सड़क के किनारे बीज पड़े होंगे। इस पर वृद्ध ने जवाब दिया कि "जब लोग अपनी बैलगाड़ियों पर अनाज लादकर ले जाते हैं तो उसमें से कुछ अनाज सड़क के दोनों किनारों की ओर बिखरता जाता है।"

वृद्ध की बात सुनकर राजा बहुत ही प्रभावित हुआ। उसने फिर एक आदेश जारी किया कि "अब राज्य में किसी भी वृद्ध की हत्या नहीं की जाएगी।"

इसीलिए कहा गया है कि संकट के समय वृद्धों की बातें और अनुभव ही काम आते हैं।

शब्दों की सीमा

एक बार एक गुरुकुल में छात्रों के बीच लाओ त्जु के इस कथन पर कि 'जो जानते हैं वे कहते नहीं हैं; जो कहते हैं वे जानते नहीं हैं।' पर चर्चा शुरू हुई।

जैसे ही गुरुजी ने कक्षा में प्रवेश किया तो छात्रों ने उनसे पूछा कि "आखिर इसका सही-सही अर्थ क्या है?"

इस पर गुरुजी बोले, "तुममें से ऐसे कितने हैं जो गुलाब की खुशबू के बारे में जानते हैं?"

इस पर सभी ने हाँ में सिर हिलाया।

तब गुरुजी ने इस जवाब को शब्दों में देने के लिए कहा।

इस बार सारे छात्र चुप थे।

कौन बड़ा?

एक बार एक आश्रम में दो शिष्यों के बीच इस बात को लेकर विवाद छिड़ गया कि आखिर दोनों में से बड़ा कौन है। इस विवाद को लेकर दोनों अपने गुरु के पास पहुँचे। इस पर गुरु ने कहा, "यह तो बहुत ही साधारण सी बात है। जो दूसरे को बड़ा समझे, वही बड़ा है।"

गुरुजी की यह बात सुनकर दोनों एक-दूसरे को बड़ा बताने लगे।

तो फिर लिखो

मुल्ला नसरुद्दीन एक बहुत ही मशहूर लेखक भी थे। एक बार उन्हें एक कॉलेज में भाषण देने के लिए बुलाया गया। यहाँ जो छात्र उन्हें सुनने आए थे, वे सब लेखक बनना चाहते थे।

मुल्ला ने अपनी बात एक सवाल से शुरू की और छात्रों से पूछा, "आप में से वाकई कितने लोग लेखक बनने का इरादा रखते हैं?"

इस पर सभी ने हाथ उठा दिए।

मुल्ला ने देखा, फिर बोले, "तो फिर मेरी आप सभी को सलाह है कि घर जाएँ और लिखें।"

सबसे बड़ा दान

एक बार महात्मा गांधी चरखा संघ के लिए पैसा जुटाने देश भर की यात्रा पर निकले। वे हर शहर, हर गाँव गए। इसी दौरान उड़ीसा के एक गाँव में उन्होंने जनसभा की। जैसे ही सभा खत्म हुई, भीड़ के बीच से एक गरीब वृद्धा खड़ी हुई और गांधीजी के पास पहुँचने की कोशिश करने लगी। स्वयंसेवकों ने उसे रोका, लेकिन वह नहीं मानी, आखिरकार गांधीजी के पास पहुँचकर उनके चरणों में बैठ गई।

उस वृद्धा ने अपनी फटी-पुरानी धोती के कोने में बँधी गाँठ से ताँबे का एक सिक्का निकाला और गांधीजी के चरणों में रख दिया। गांधीजी ने उस सिक्के को उठाकर अपने पास रख लिया।

चरखा संघ का सारा कामकाज जमनालाल बजाज के हाथों में था। उन्होंने गांधीजी से वह सिक्का माँगा, लेकिन गांधीजी ने सिक्का देने से इनकार कर दिया। इस पर हँसते हुए जमनालाल बजाज बोले, ''चरखा संघ के लिए मैं हजारों रुपए के चेक रखता हूँ, फिर भी इस ताँबे सिक्के को लेकर आपको मुझ पर भरोसा नहीं है।''

इस पर गांधीजी ने उनसे कहा, ''ताँबे के इस सिक्के की कीमत आपके पास रखे हजारों रुपए के चेकों से कहीं ज्यादा है। अगर किसी व्यक्ति के पास लाखों रुपए हों और उसमें से वह एक-दो हजार रुपए दे देता है तो यह कोई बड़ी बात नहीं है। लेकिन इस वृद्धा के पास यह जो सिक्का था, यही इसकी सारी पूँजी थी, जो इसने मुझे दे दिया। इसलिए इस सिक्के की कीमत तो मेरे लिए करोड़ों से भी ज्यादा है।''

महात्मा, साधु महाराज और साधु बाबा

एक बार एक राजा अपने मंत्री और सैनिक के साथ शिकार पर निकला। थोड़े समय बाद शिकार की खोज में तीनों भटक गए और एक-दूसरे से बिछुड़ गए।

रास्ते में राजा को एक साधु मिला। वह अपने ध्यान में मग्न था। राजा साधु के पास पहुँचा और प्रणाम किया। राजा ने साधु से पूछा, ''हे महात्मा, मैं रास्ता भटक गया हूँ। कृपया मुझे शहर का रास्ता बताने की कृपा करें।'' इस पर साधु ने राजा से बाईं ओर जाने को कहा।

थोड़ी ही देर बाद राजा का मंत्री उस साधु के पास पहुँचा और पूछा,

"साधु महाराज, अभी यहाँ कोई आया था क्या?"

साधु बोला, "हाँ, राजा आया था और अब वह बाईं ओर गया है।" साधु का जवाब सुनकर मंत्री भी बाईं ओर चल दिया।

फिर थोड़ी देर बाद राजा का सैनिक साधु के पास पहुँचा और पूछने लगा, "साधु बाबा, यहाँ कोई आया था क्या?" साधु ने कहा, "पहले राजा आया था, उसके बाद मंत्री और दोनों बाईं ओर गए हैं।" यह सुनकर सैनिक भी बाईं तरफ चल दिया।

राजा, मंत्री और सैनिक तीनों ही सुरक्षित स्थान पर एक-दूसरे को मिल गए और तीनों ने एक-दूसरे को अपने अनुभव सुनाए। तीनों को बड़ा आश्चर्य हुआ कि साधु अंधा है, फिर भी उसने कैसे पता लगा लिया कि पहले राजा आया, फिर मंत्री और उसके बाद सैनिक। इसलिए तीनों साधु के पास गए और अपनी जिज्ञासा उसके सामने रखी।

साधु ने जवाब दिया, "बहुत ही आसान सी बात है। राजा ने मुझे महात्मा कहकर संबोधित किया, मंत्री ने साधु महाराज कहा और सैनिक ने साधु बाबा। सभी ने अपनी वाणी से अपना परिचय दे डाला।"

इसलिए कहते हैं—आप दूसरों से जिस तरह से बात करते हैं, उससे आपके स्तर के बारे में पता चल जाता है।

ब्रह्मज्ञान

एक बार एक व्यक्ति महान् दार्शनिक अरस्तु के पास पहुँचा। वह दिखने में एकदम भिखारी जैसा लग रहा था। उसने अरस्तु से ब्रह्मज्ञान देने की इच्छा जाहिर की।

अरस्तु ने उसे ऊपर से नीचे तक गौर से देखा और फिर बोले, "सबसे पहले तो रोजाना अपने कपड़े साफ करो और बालों में कंघी किया करो। गलतियाँ करो, पर उन गलतियों को दोहराओ मत और उन गलतियों से सीखो। आत्म-निरीक्षण के लिए तपस्या करो और गलतियों को सुधारो।"

अरस्तु थोड़ा रुके और फिर बोले, "यही रास्ता तुम्हें ईश्वर की ओर ले जाएगा।"

स्वधर्म

एक साधु नदी में नहा रहा था। तभी उसने देखा कि एक बिच्छू पानी में डूब रहा है। साधु से रहा न गया। उसने बिच्छू को अपने हाथ पर लिया और नदी किनारे जमीन पर छोड़ने की कोशिश की। लेकिन तभी बिच्छू ने साधु को डंक मार दिया और पानी में गिर गया। साधु ने फिर उसे अपने हाथ पर लेकर बचाने की कोशिश की। इस बार भी बिच्छू ने उसे डंक मार दिया। ऐसा कई बार होता रहा। बिच्छू पानी में गिरता, साधु उसे अपने हाथ पर लेता और बिच्छू उसे डंक मार देता।

किनारे पर खड़ा एक व्यक्ति यह नजारा देख रहा था। वह साधु के करीब आया और बोला, ''साधु महाराज, आप हर बार इसे बचा रहे हैं और बदले में यह आपको डंक मार रहा है। आप इसे पानी में ही क्यों नहीं छोड़ देते?''

साधु ने जवाब दिया, ''डंक मारना तो बिच्छू का स्वभाव है। अगर यह अपना स्वभाव नहीं छोड़ सकता तो मैं कैसे छोड़ सकता हूँ। सही मायनों में तो उसने मुझे अपने स्वधर्म के प्रति और ज्यादा प्रतिबद्ध बना दिया है।''

इससे यही शिक्षा मिलती है कि लोग कितना ही बुरा-भला क्यों न कहें, आपको दूसरों को स्नेह और भला करना कभी नहीं छोड़ना चाहिए।

गधे का मूल्य

नसरुद्दीन अकसर हर हफ्ते लगनेवाले हाट में बेचने के लिए गधे खरीदा करता था। उसके ये गधे कोई ज्यादा ताकतवर नहीं होते थे। इसलिए उसे इनका कम दाम ही मिलता था। नतीजा यह होता था कि सारे गधे बेच देने के बाद भी उन्हें बहुत ही कम पैसा हाथ लगता था।

एक दिन की बात है। एक अमीर व्यापारी उसके पास पहुँचा। यह व्यापारी भी इसी बाजार में गधे बेचता था। उसने नसरुद्दीन से पूछा, ''नसरुद्दीन, यह कैसे संभव है? मैं अपने गधे बहुत ही कम दाम पर बेचता हूँ और थोड़ा ही मुनाफा कमा पाता हूँ। इन गधों को खिलाने-पिलाने पर भी मुझे कुछ खर्च नहीं करना पड़ता, क्योंकि किसानों से मुफ्त में ही घास ले लेता हूँ। मेरे नौकर-चाकर इनकी देखभाल कर लेते हैं और इसके लिए मुझे उनको कुछ नहीं देना पड़ता। लेकिन तुम तो मुझसे भी कम दाम पर गधे बेचते हो, लेकिन तुम्हें हर बार मुझसे ज्यादा मुनाफा होता है।''

नसरुद्दीन ने जवाब दिया, "यह कोई मुश्किल काम नहीं है, तुम अपने गधों के लिए खाना और लोगों की मेहनत की चोरी करते हो और मैं तुम्हारे गधों की।"

वक्त और हालात के साथ जीना

एक बार एक शख्स मनोचिकित्सक के पास गया और बोला, "मुझे रात को सपने में रोजाना तीन सिरवाला बारह फीट ऊँचा ड्रैगन दिखाई देता है। इस कारण मैं कई दिनों से सो नहीं पा रहा हूँ। डर और चिंता के कारण जान सूखी जा रही है। हालत यह है कि एक बार तो आत्महत्या तक का विचार मन में आ गया।"

यह सुनकर मनोचिकित्सक ने कहा, "मुझे लगता है, मैं तुम्हारी मदद कर सकता हूँ, लेकिन इस काम में एक से दो साल का समय लग जाएगा और तीन हजार डॉलर से ज्यादा का खर्चा आ जाएगा।"

यह सुनकर वह शख्स चौंक गया और बोला, "तीन हजार डॉलर! तब तो मुझे इसे भूल जाना चाहिए और मुझे इसे अपना दोस्त बना लेना चाहिए।"

वक्त की कीमत

एक बार की बात है। एक गाँव के पास जंगल में आग लग गई। आग में देवदार के सारे पेड़ राख हो गए। गाँव के गुरुकुल में जब गुरुजी को इस बात का पता चला तो उन्होंने अपने सब शिष्यों को बुलाया और बोले, "अब हमें फिर से देवदार के वृक्षों को लगाना चाहिए।" उनका यह आदेश सुनकर शिष्य आश्चर्य में पड़ गए। शिष्यों ने गुरुजी से कहा, "लेकिन ये तो बड़े होने में दो हजार साल ले लेते हैं।"

इस पर गुरुजी ने कहा, "इसीलिए तो अब हमें एक क्षण भी बरबाद नहीं करना है। हमें फिर से इन वृक्षों को लगाने का काम शुरू कर देना चाहिए।"

वेदव्यास और उनके मामा

एक दिन वेदव्यास के मामा उनके पास पहुँचे और बोले, "तुम्हारे तो ब्रह्माजी से काफी अच्छे संबंध हैं। तुमने तो ब्रह्मपुराण लिखा है। इसलिए उनसे मेरा

एक काम करा दो—मुझे उनसे अमर होने का वरदान दिलवा दो।''

इसके बाद वेदव्यास मामा को लेकर ब्रह्माजी से मिलने चल दिए। ब्रह्माजी के पास पहुँचकर वेदव्यास ने उन्हें अपने आने का कारण बताया। यह सुनकर ब्रह्माजी बोले, ''ऐसा वरदान दे पाना मेरे लिए तो संभव नहीं है। लेकिन इस काम के लिए हम लोग भगवान् विष्णु के पास चलते हैं। वही ऐसा वरदान दे सकते हैं।''

यह सुनकर सरस्वती ने उनके साथ चलने की इच्छा जाहिर की। वे बोलीं कि ''मैं अपनी बहन लक्ष्मी से मिल लूँगी।''

चारों भगवान् विष्णु से मिलने चल दिए। विष्णुजी के पास पहुँचकर ब्रह्माजी ने उन्हें अपने आने का कारण बताया। वरदान की बात सुनते ही भगवान् विष्णु ने कहा कि ''इस काम के लिए तो हमें शिव के पास चलना पड़ेगा।'' जैसे ही सरस्वती और लक्ष्मी ने यह सुना तो दोनों ने कहा कि ''हम भी साथ चलेंगी, क्योंकि काफी समय से पार्वती से मिलना नहीं हुआ है, इसलिए इस बहाने हम पार्वती से मिल लेंगी।''

इसके बाद सभी भगवान् शिव के पास पहुँचे और बताया कि यहाँ किस उद्देश्य से आए हैं। यह सुनकर शिव ने कहा कि ''इस काम को तो यम देखते हैं।'' उन्होंने यम को बुलाया। यम ने कहा कि ''वह तो इस तरह का काम आजकल करते नहीं हैं।'' यह तो उनके सहायक चित्रगुप्त देख रहे हैं।'' उस वक्त चित्रगुप्त काशी में थे। उन्हें तत्काल बुलाया गया। यम ने उनसे वेदव्यास के मामा की मृत्यु की तिथि बताने को कहा। चित्रगुप्त अपने लैपटॉप पर वेदव्यास के मामा का ब्योरा निकाल ही रहे थे, तभी अचानक उनके मुँह से चीख निकली और वह बेहोश हो गए। इसके तुरंत बाद ही वेदव्यास के मामा की मृत्यु हो गई। यह सब देखकर यम को बड़ा ताज्जुब हुआ। उन्होंने देखा कि लैपटॉप पर चित्रगुप्त ने जो फाइल खोल रखी थी, वह बहुत ही भारी विपत्ति का संकेत थी और यही वेदव्यास के मामा की मौत का कारण बनी।

इस पूरे प्रसंग को इस तरह से देखें—एक दिन जब ब्रह्मा और सरस्वती, विष्णु और लक्ष्मी, शिव और पार्वती, यम और चित्रगुप्त व वेदव्यास और उनके मामा एक जगह इकट्ठे हुए तो वह वेदव्यास के मामा के जीवन का अंतिम दिन था।

यम से मुलाकात

तुर्की की राजधानी इस्तांबुल के पास एक छोटे से गाँव में बहुत ही अमीर व्यापारी रहता था। नाम था अलादीन। उसके पास बहुत सारे नौकर-चाकर थे। व्यापारी बहुत ही दयालु और नेक इनसान था। गाँव के लोग भी उसकी काफी इज्जत करते थे।

एक दिन सुबह व्यापारी ने अपने एक नौकर मुस्तफा को सामान लाने के लिए बाजार भेजा। लेकिन मुस्तफा तुरंत ही खाली हाथ लौट आया। वह बहुत ही डरा हुआ था। चेहरे पर हवाइयाँ उड़ रही थीं। शरीर काँप रहा था। उसे देखकर लग रहा था, मानो रास्ते में उसने भूत देख लिया हो। मुस्तफा की यह हालत देख अलादीन को आघात लगा। उसने मुस्तफा से पूछा कि आखिर बात क्या है। मुस्तफा बोला, ''बाद में बताऊँगा। सबसे पहले तो मुझे आप अपना सबसे तेज घोड़ा दीजिए। मुझे तत्काल इस्तांबुल पहुँचना है।''

अलादीन ने उसे अपना सबसे तेज घोड़ा दिया। घोड़ा लेकर मुस्तफा इस्तांबुल की ओर रवाना हो गया। थोड़ी देर बाद अलादीन ने सोचा कि आखिर बात क्या है, वह खुद इसका पता लगाएगा। अलादीन बाजार गया। वहाँ उसने यम को देखा। वह यम के पास गया और पूछा कि ''क्या मुस्तफा उसे देखकर डर गया था।''

इस पर यम ने कहा, ''मुस्तफा को यहाँ देखकर तो मैं खुद भी आश्चर्य में पड़ गया था। वह यहाँ कर क्या रहा था, क्योंकि मैंने तो उसे दो घंटे बाद इस्तांबुल में मिलने का वक्त दिया था।''

साख को आँच नहीं

एक बार एक व्यक्ति मुल्ला के पास पहुँचा और उसे बताया कि एक अखबार ने उसके खिलाफ कुछ अपमानजनक बात छाप दी है। उस व्यक्ति ने मुल्ला से पूछा कि ''उसे अखबार के खिलाफ क्या काररवाई करनी चाहिए?''

इस पर मुल्ला बोला, ''कुछ मत करो। जितने लोग अखबार खरीदते हैं, उनमें से आधे लोग तो कभी लेख देखते तक नहीं हैं। और जो आधे लोग पढ़ते हैं, उनमें से आधे लोग लेख को समझ ही नहीं पाते। जो आधे लोग समझते हैं, उनमें से आधे लोगों को इस पर भरोसा नहीं होता; और जो आधे लोग इस पर यकीन करते हैं, उनमें से भी आधे लोगों का इससे कोई सरोकार नहीं होता।''

इस तरह अगर कोई आपके नाम, प्रतिष्ठा आदि को नुकसान पहुँचाने की कोशिश करता है तो आपको जाननेवाले आपके दोस्त, रिश्तेदार उस पर भरोसा ही नहीं करेंगे।

उत्तर प्रदेश के मुख्यमंत्री—तब और अब

उत्तर प्रदेश के पूर्व मुख्यमंत्री पं. गोबिंद बल्लभ पंत बहुत ही ईमानदार थे। वे सरकारी पैसे के हिसाब और अपने निजी खर्च के हिसाब को हमेशा अलग-अलग रखा करते थे। पंतजी अपने और परिवार की जरूरतों पर अपने पास से ही खर्च करते थे।

एक बार की घटना है। पंतजी ने छह रुपए और 12 आने का बिल पास करने से मना कर दिया। यह बिल एक सरकारी बैठक के दौरान चाय के साथ दिए गए नाश्ते का था। उनका कहना था कि नियमों के मुताबिक सरकारी बैठक में सिर्फ चाय ही सरकारी खर्च पर दी जाती है, चाय के साथ नाश्ते की इजाजत नहीं है। लेकिन जब अधिकारियों ने उनसे बार-बार इसे पास करने का अनुरोध किया तो पंतजी ने अपने बटुए से छह रुपए और 12 आने निकालते हुए कहा, ''यह पैसा लीजिए और इस बिल को चुका दीजिए। नाश्ते पर हुए खर्च को मैं सरकारी पैसे से चुकाने की इजाजत नहीं दे सकता।''

और आज के मुख्यमंत्री··· !

विक्रमादित्य का सिंहासन

बहुत समय पहले की बात है। भोज नाम के एक राजा हुआ करते थे। वह बहुत ही निडर, बहादुर और न्यायप्रिय थे। उनके राज में सुख और शांति थी।

एक दिन एक ब्राह्मण राजा के पास आया और बोला, ''मेरी एक समस्या है और मुझे न्याय चाहिए।'' इस पर राजा ने उससे समस्या पूछी। ब्राह्मण ने बताना शुरू किया—दो महीने पहले मैं तीर्थयात्रा पर काशी गया था। मेरे पास बहुत ही बेशकीमती तीन पत्थर थे। मेरे घर पर पत्नी और छोटे बच्चे हैं। इसलिए मैंने पड़ोसी पर भरोसा किया और इस विश्वास के साथ कि वह इन पत्थरों को सुरक्षित रख लेगा, मैंने उसे ये पत्थर दे दिए। जब मैं तीर्थ करके लौटा तो पड़ोसी से अपने

तीनों पत्थर वापस माँगे। लेकिन उसने कहा कि पत्थर तो उसने मेरी पत्नी को लौटा दिए हैं। लेकिन मेरी पत्नी का कहना है कि पड़ोसी ने उसे कोई पत्थर नहीं लौटाया। इसलिए मेरी आपसे विनती है कि पड़ोसी को बुलाकर पूछें और मेरे पत्थर मुझे वापस दिलवाएँ।

राजा ने ब्राह्मण की बात सुनने के बाद पड़ोसी को बुलवाया और उससे पूछा, ''इसने क्या तुम्हें तीन पत्थर दिए थे? क्या तुमने वाकई इस ब्राह्मण को तीनों पत्थर लौटा दिए हैं? क्या उस समय कोई गवाह मौजूद था?''

पड़ोसी ने जवाब दिया, ''हाँ, जब मैंने ब्राह्मण की पत्नी को तीनों बेशकीमती पत्थर लौटाए तो उस वक्त मौके पर कोतवाल और सरपंच दोनों मौजूद थे।''

राजा ने कोतवाल और सरपंच को बुलाया। दोनों ने कहा कि उनके सामने ही इसने ब्राह्मण की पत्नी को पत्थर लौटाए थे।

इस पर राजा ने ब्राह्मण की ओर देखते हुए गुस्से में कहा, ''तुम तो बहुत ही बेईमान हो। इस व्यक्ति के पास तो दो गवाह भी हैं, जो कह रहे हैं कि इसने तुम्हारी पत्नी को पत्थर लौटा दिए और तुम कह रहे हो कि पत्थर तुम्हारी पत्नी के पास नहीं हैं। अगर तुम काशी नहीं गए होते और तीर्थ का पुण्य कमाकर नहीं लौटे होते तो मैं तुम्हें जेल में डलवा देता। जो कुछ तुम्हारे पास है, उसी में खुश रहो, दूसरों की चीजों को देखकर लालची मत बनो।''

राजा का यह रवैया देखकर ब्राह्मण बहुत ही क्रोधित हुआ। उसने कहा, ''आप कितने अन्यायी राजा हैं। आपसे अच्छा और सच्चा न्याय तो पहाड़ की टेकरी पर बैठा वह गड़रिया बालक ही कर देता है। मैं तो न्याय के लिए अब उसी के पास जाऊँगा।''

राजा भोज ने इस गड़रिए बालक के बारे में सुन रखा था। अब राजा के मन में इस गड़रिए के न्याय को देखने की उत्सुकता जागी। उसने ब्राह्मण से कहा कि गड़रिए के पास वह भी उसके साथ चलेगा। दोनों गड़रिए के पास पहुँचे और ब्राह्मण ने उसे सारी बात बताई। इस पर गड़रिए ने ब्राह्मण की पत्नी, पड़ोसी, कोतवाल और सरपंच को बुलवाया।

गड़रिए ने सबसे पहले ब्राह्मण की पत्नी से पूछा कि क्या पड़ोसी ने उसे पत्थर लौटाए। उसने जवाब दिया, ''नहीं।'' लेकिन पड़ोसी अपनी इस बात पर डटा रहा कि उसने कोतवाल और सरपंच की मौजूदगी में ब्राह्मण की पत्नी को पत्थर लौटाए थे। कोतवाल और सरपंच ने भी पड़ोसी की बात को सही बताया।

इसके बाद गड़रिए ने राजा भोज के अलावा सभी से थोड़ा दूर चले जाने को

कहा और सबसे पहले कोतवाल को बुलाया। गड़रिए ने कोतवाल से पूछा, ''क्या तुम मुझे उन पत्थरों के बारे में बता सकते हो? दिखने में कैसे थे पत्थर? उनका रंग कैसा था? कितने बड़े थे?''

कोतवाल ने जवाब दिया, ''पत्थर बहुत ही सुंदर, नीले, तेज चमकवाले और नीबू जितने बड़े थे।''

इसके बाद उसने सरपंच को बुलाकर पत्थरों के बारे यही जानकारी माँगी। सरपंच बोला, ''पत्थर खून के रंग जैसे लाल और आकार में छोटे थे।''

गड़रिए ने सभी को बुलाया और कहा कि पड़ोसी झूठ बोल रहा है। उसने पड़ोसी को आदेश दिया कि वह ब्राह्मण को उसके पत्थर लौटाए।

गड़रिए के इस न्याय को देखकर राजा भोज बहुत ही प्रभावित हुए। उन्होंने गड़रिए से पूछा, ''तुमने ऐसा अच्छा फैसला आखिर दिया कैसे?'' गड़रिया बोला, ''यह तो मैं नहीं जानता। जब मैं इस टेकरी पर बैठता हूँ तो मैं न्याय प्रदान कर पाने में सक्षम हो जाता हूँ और अगर कहीं दूसरी जगह होता हूँ तो न्याय नहीं दे पाता।''

इस पर राजा भोज समझ गए कि जिस जगह यह बालक बैठा है, जरूर उसके नीचे कोई राज छिपा है, जिसकी वजह से यह बालक बुद्धिमत्तापूर्ण न्याय देता है। राजा ने उस जगह की खुदाई कराने का आदेश दे दिया। कुछ दिनों की खुदाई के बाद उसमें से एक सुंदर और विशालकाय सिंहासन निकला। इस सिंहासन में बत्तीस महिलाओं की मूर्तियाँ लगी थीं। सिंहासन कीचड़ में डूबा हुआ था, लेकिन तब भी इसकी सुंदरता और भव्यता का अंदाजा लगाया जा सकता था। राजा ने इसे निकलवाकर साफ करवाया। भोज ने इतना प्यारा सिंहासन अब तक नहीं देखा था। यह उज्जैन के राजा विक्रमादित्य का सिंहासन था। भोज ने इसे तत्काल अपने बैठने के लिए तैयार करा लिया।

राजा भोज ने इस नए सिंहासन पर बैठने के लिए शुभ मुहूर्त निकलवाया। जैसे ही राजा ने सिंहासन की ओर पहला कदम बढ़ाया, उसमें लगी पहली मूर्ति जीवित हो उठी और कहने लगी, ''हे राजन्, ठहरो! यह सिंहासन बहादुर और पराक्रमी राजा विक्रमादित्य का है। अगर तुम उन्हीं की तरह महान्, साहसी, बहादुर, न्यायप्रिय हो, तभी इस पर बैठ सकते हो।'' इसके बाद उस जीवित हुई मूर्ति ने भोज को राजा विक्रमादित्य के पराक्रम की कहानी सुनाई।

कहानी सुनने के बाद राजा भोज मन-ही-मन बहुत शर्मिंदा हुआ और उसने उस सिंहासन को उसी जगह रखवा दिया। कुछ दिन गुजर जाने के बाद राजा भोज ने एक बार फिर इस तरह की कोशिश की। जैसे ही उसने सिंहासन की ओर कदम

बढ़ाए, मूर्ति जीवित हो उठी और उसने भी विक्रमादित्य की महानता की गाथा सुनाई।

ऐसा बत्तीस बार हुआ। यहीं से सिंहासन बत्तीसी की कहानियाँ शुरू हुईं।

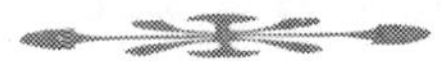

जिसको राम छोड़े उसे कौन बचाए

राम, लक्ष्मण और वानरराज सुग्रीव लंका पर चढ़ाई की योजना बना रहे थे। इस हमले के लिए समुद्र पार करना था। इसलिए समुद्र पर पुल बनाने का काम चल रहा था। हजारों वानर इस काम में जुटे थे। पुल के लिए बड़ी-बड़ी शिलाओं को समुद्र में डाला जा रहा था। कोई भी शिला डूब नहीं रही थी, बल्कि पानी पर तैर रही थी।

राम बैठे हुए यह सब देख रहे थे और चिंतन में डूबे थे। कुछ समय बाद उन्होंने सोचा कि ये सारे वानर इतनी कड़ी मेहनत कर रहे हैं, इसलिए यह तो उचित नहीं है कि मैं इन्हें बैठा-बैठा देखता रहूँ। मुझे भी इनकी मदद करनी चाहिए।

यह सोचकर राम उठे और एक बड़ी शिला उठाकर समुद्र में डाल दी। वह शिला तैरने के बजाय पानी में डूब गई। यह देखकर राम बहुत ही परेशान हुए। उन्हें लगा कि आखिर यह क्या अनर्थ हो गया! अगर वानर समुद्र में शिला फेंक रहे हैं तो वह तैरने लगती है और उनकी डाली हुई शिला डूब गई। लेकिन वे निराश नहीं हुए। उन्होंने एक बार फिर प्रयास किया। लेकिन इस बार भी असफलता ही हाथ लगी। तीसरी बार भी यही हुआ।

हनुमान यह सब देखकर हँस रहे थे। राम ने हनुमान की ओर देखा। तब हनुमान ने कहा, ''हे राम, जिसको आपने छोड़ दिया, उसे कौन बचाए…।'' यह सुनकर राम मुसकरा दिए। वे भक्त की भावना को समझ गए थे।

जीवन अमूल्य है

एक बार एक लड़का नदी में डूब रहा था। वह मदद के लिए चिल्ला रहा था। इसी बीच वहाँ से गुजर रहे एक राहगीर ने उसकी पुकार सुनी और उसे बचाने के लिए वह नदी में कूद गया। उसने लड़के को बचा लिया। जब वह जाने लगा तो लड़के ने उससे कहा, ''धन्यवाद।''

राहगीर ने पूछा, "धन्यवाद किसलिए?"

लड़के ने जवाब दिया, "आपने मेरी जान बचाई।"

राहगीर ने लड़के की आँखों में झाँकते हुए कहा, "बच्चे, जब तुम बड़े हो रहे हो तो यह जरूर समझो कि जीवन अमूल्य है।"

एकाग्रता का रहस्य

घटना उस समय की है जब स्वामी विवेकानंद अमेरिका में थे। एक दिन स्वामीजी ने देखा कि कुछ लड़के नदी के पुल पर खड़े हैं और नदी में तैर रहे अंडे के खोलों पर निशाना साध रहे हैं। लेकिन किसी का भी निशाना नहीं लग रहा था। अंडे के खोल पानी की सतह पर आते और फिर डूब जाते। यह सिलसिला काफी देर तक चलता रहा।

लड़कों ने देखा कि स्वामीजी यह सब देख रहे हैं। उन्होंने विवेकानंद को बुलाया और बोले, "आप हमें यह सब करते हुए देख रहे हैं। क्या आपको लगता है कि आप इस पर निशाना लगा सकते हैं?"

यह सुनकर स्वामीजी मुसकराए और बोले, "मैं कोशिश करूँगा।"

स्वामीजी ने बंदूक उठाई और अंडे के खोल पर निशाना साधा। वे कुछ देर स्थिर खड़े रहे और फिर ट्रिगर दबा दिया। पहले ही निशाने में खोल उड़ गया। लड़के स्वामीजी का निशाना देखकर दंग रह गए। लड़कों को लगा कि एक आदमी किस तरह से इतने हलके खोल पर निशाना लगा सकता है। उन्होंने स्वामीजी से कहा, "आखिर आपने यह किया कैसे?"

स्वामी विवेकानंद हँस पड़े और बोले, "तुम चाहे जो काम कर रहे हो, अपना सारा ध्यान उसी पर लगाकर रखो। अगर तुम निशाना लगा रहे हो, तो तुम्हारा ध्यान सिर्फ लक्ष्य पर ही होना चाहिए। अगर ऐसा होगा तो निशाना कभी नहीं चूकेगा। अगर पढ़ाई कर रहे हो तो सिर्फ उसी में चित्त लगाओ। मेरे देश में तो बच्चे ऐसा ही करते और सीखते हैं।"

शिक्षा क्या है

एक बार एक नौजवान अधिकारी ईश्वरचंद्र विद्यासागर का भाषण सुनने के लिए उनके नगर में पहुँचा। वह नौजवान सूटकेस लेकर ट्रेन से उतरा। खुद

ईश्वरचंद्र विद्यासागर भी इसी ट्रेन से वहाँ उतरे। नौजवान कुली की तलाश में था और 'कुली-कुली' की आवाज लगा रहा था।

विद्यासागरजी इस नौजवान के पास आए और उससे पूछा, "इस छोटे से सूटकेस को उठाने के लिए तुम्हें कुली की जरूरत क्यों पड़ गई? क्या तुम खुद इसे नहीं उठा सकते हो?"

इस पर नौजवान ने जवाब दिया, "अपना सूटकेस मैं खुद उठाऊँ, यह मेरी गरिमा के अनुकूल नहीं है। मैं एक शिक्षित व्यक्ति हूँ।"

नौजवान की बात सुनकर विद्यासागरजी उससे बोले, "शिक्षा की पहचान तो विनम्रता होती है, न कि अभिमान। अगर तुम अपना सूटकेस नहीं उठा सकते हो तो तुम अपने शरीर का बोझ कैसे ढो रहे हो? अगर तुमसे अपना सूटकेस नहीं उठाया जाता है तो मैं इसे उठाकर ले चलूँगा।"

विद्यासागरजी ने उस नौजवान का सूटकेस उठा लिया और उस जगह के लिए चल दिए जहाँ उस नौजवान को जाना था। जब वह युवक अपने गंतव्य पर पहुँच गया तो उसने सूटकेस उठाकर लाने के एवज में विद्यासागरजी को कुछ पैसा देना चाहा। इस पर विद्यासागरजी ने कहा, "आपकी सेवा ही मेरा मेहनताना है।"

इसके बाद वह नौजवान अधिकारी तैयार होकर उस जगह के लिए रवाना हुआ, जहाँ विद्यासागरजी का भाषण होना था। वहाँ पहुँचकर इस युवक ने देखा कि भीड़ मालाएँ पहनाकर ईश्वरचंद्र विद्यासागर का स्वागत कर रही है। युवक यह देखकर भौंचक्क रह गया कि जो शख्स स्टेशन से उसका सूटकेस उठाकर लाया था, वह कोई और नहीं बल्कि खुद ईश्वरचंद्र विद्यासागर थे। वह नौजवान अपने मन में बहुत शर्मिंदा हुआ। तब उसे महसूस हुआ कि वाकई विद्यासागरजी की शिक्षा क्या है और उसकी क्या। उसे अपने किए व्यवहार पर बहुत ही ग्लानि हो रही थी।

वफादारी

एक बार एक राजा रात को अपने पूरे लाव-लश्कर के साथ शहर के दौरे पर निकला। राजा ने जमकर शराब पी रखी थी। वह पूरी तरह से नशे में चूर था। नशे में उसने महिलाओं और लड़कियों के साथ खूब छेड़छाड़ की। लेकिन उसके साथ चल रहे उसके मंत्रियों, सलाहकारों व सैनिकों में से किसी ने भी उसे रोकने का साहस नहीं किया। राजा का एक बहुत ही उम्रदराज नौकर था। उसने राजा को ऐसा करने से रोका और उसे महल में ले आया।

सुबह जब राजा का नशा उतरा तो दरबार लगा। सभी दरबारियों ने राजा से उस नौकर की गुस्ताखी की शिकायत करते हुए उसे सजा देने की माँग की।

लंबी चुप्पी के बाद राजा ने कहा, ''जो व्यक्ति वाकई राजा के प्रति वफादार होगा, वह उसे कभी भी गलत काम नहीं करने देगा और भ्रष्ट होने से बचाएगा।'' यह कहते हुए राजा ने उस नौकर को पुरस्कार के रूप में अपने दरबार नें बड़ा ओहदा दिया।

पेपर क्लिप

एक बार की बात है। मशहूर वैज्ञानिक अल्बर्ट आइंस्टीन और उनका एक सहायक दफ्तर में काम खत्म कर चुके थे और पेपर क्लिप ढूँढ़ रहे थे। आखिरकार उन्हें एक खराब सी मुड़ी हुई क्लिप मिल गई।

आइंस्टीन इस क्लिप को सीधा करने में लग गए। इस बीच उनका सहायक दूसरी दराजों में पिनें खोज रहा था। संयोग से उसे क्लिपों का पैकेट ही मिल गया। उसने देखा कि आइंस्टीन अभी भी क्लिप को सीधा करने की कोशिश में लगे हैं। उसने पूछा, ''जब इतनी सारी क्लिपें मिल गई हैं तो आप इसके पीछे क्यों पड़े हैं?'' इस पर आइंस्टीन बोले, ''एक बार मैं जब अपना लक्ष्य तय कर लेता हूँ तो उससे हटना मेरे लिए मुश्किल हो जाता है।''

संघर्ष से ही बुद्धि और शक्ति मिलती है

महाभारत के युद्ध में कौरवों ने अपनी सेना का सेनापति द्रोणाचार्य को बनाया था। युद्ध के पहले दिन कौरव बड़ी बहादुरी के साथ लड़े, लेकिन अर्जुन ने नाकों चने चबवा दिए। कौरव हार गए।

इससे दुर्योधन को जबरदस्त धक्का लगा। वह द्रोणाचार्य के पास पहुँचा और बोला, ''गुरुदेव, अर्जुन तो आपका शिष्य है, उसे आप पल भर में हरा सकते हैं। तो फिर आप देर क्यों कर रहे हैं?''

दुर्योधन की यह बात सुनकर लंबी चुप्पी के बाद द्रोणाचार्य बोले, ''तुम सही कह रहे हो दुर्योधन, अर्जुन मेरा शिष्य है और मैं उसकी सारी रणनीतियों व कलाओं के बारे में जानता हूँ। लेकिन मैंने तो अपना जीवन महलों में बहुत ही आराम और शान-शौकत में बिताया है, जबकि अर्जुन का जीवन संघर्षभरा रहा है।

और इसी संघर्षभरे जीवन की वजह से उसने अपने भीतर शक्ति और बुद्धि हासिल करने में सफलता पा ली है, जो कि मैं खुद नहीं कर पाया।''

सबसे बड़ी सेवा

एक बार की घटना है। गांधीजी रेल से यात्रा कर रहे थे। वे डिब्बे में जिस जगह बैठे थे, वहाँ ऊपर से पानी टपक रहा था। जैसे ही यह बात टी.टी. को पता लगी तो वह गांधीजी के पास पहुँचा और उनसे दूसरे डिब्बे में चलने का अनुरोध किया।

इस पर गांधीजी ने उससे कहा, ''तो फिर इस डिब्बे का क्या होगा? क्या इसमें और लोग नहीं बैठेंगे? क्या इस टपकते पानी से उनको कष्ट नहीं होगा? इसलिए मैं ही क्यों न इसमें यात्रा कर लूँ और दूसरों को इस कष्ट से बचा लूँ?''

गांधीजी की बात सुनने के बाद टी.टी. से कोई जवाब देते न बना। उसने कहा, ''बापू, यदि इसके अतिरिक्त मैं आपके लिए कुछ कर सकता हूँ तो बताएँ। आपके लिए कुछ भी करने में मुझे बहुत खुशी होगी।''

गांधीजी बोले, ''सभी यात्रियों की सुविधाओं का खयाल रखना ही तुम्हारा काम है। जाओ और खुशी से अपनी जिम्मेदारी निभाओ। मेरे लिए तो यही तुम्हारी सबसे बड़ी सेवा होगी।''

बंदर और मछली

एक बार एक नदी के पास से गुजरते यात्री ने देखा कि एक बंदर मछली को पानी से निकालकर पेड़ पर ले जा रहा है। उसने बंदर से पूछा, ''अरे, यह तुम क्या कर रहे हो?''

बंदर ने तपाक से जवाब दिया, ''मैं तो इसे डूबने से बचा रहा हूँ।''

यही पुण्य है

एक बहुत ही प्रसिद्ध संत थे। अपने निधन के बाद वे स्वर्ग पहुँचे। स्वर्ग के द्वार पर चित्रगुप्त अपना बही-खाता लिये बैठे थे। उन्होंने संत से उनका नाम

आदि पूछा। आवेश और अहंकार में संत ने कहा, "क्या तुम्हें नहीं मालूम कि मैं धरती पर इतना प्रसिद्ध संत था?"

चित्रगुप्त ने पूछा, "तुमने अपने जीवन में क्या किया है?" साधु ने जवाब दिया, "अपने जीवन के पहले चरण में मैं दुनियादारी में रमा था और हरेक के प्रति मेरे मन में स्नेह और आकर्षण था। जीवन के दूसरे चरण में मैंने सबकुछ त्याग दिया और तपस्या की।"

जैसे-जैसे संत बताता गया, चित्रगुप्त उसे अपने बही-खाते में लिखता गया। इसके बाद चित्रगुप्त ने कहा, "मेरे बही-खाते के मुताबिक तो तुमने अपने जीवनकाल के पहले चरण में सारे पुण्य किए हैं, लेकिन बाद में कुछ नहीं किया।"

यह सुनकर संत ताज्जुब में पड़ गया और बोला, "जो मैंने बताया, यह तो ठीक उसके उलट है। अपने जीवन के पहले चरण में तो मैंने इस दुनिया के आम आदमी की तरह ही जीवन बिताया, दूसरा चरण ईश्वर के लिए समर्पित कर दिया और तपस्या की।"

इस पर चित्रगुप्त ने संत को समझाया कि धरती पर सांसारिक बनना, अच्छा करना, हरेक से प्रेम करना और हमेशा दूसरों की मदद करना ही पुण्य कहलाता है। इस पुण्य की वजह से ही तुम्हें यह स्वर्ग मिला है।

उकाव और लोमड़ी

एक उकाव और एक लोमड़ी लंबे समय से साथ-साथ रहते थे। एक ही जगह पर रहने की वजह से दोनों में दोस्ती भी गहरी थी। उकाव का घोंसला एक ऊँचे पेड़ पर था, जबकि लोमड़ी उसी पेड़ के नीचे रहती थी।

एक दिन की बात है। उकाव को दिन भर कहीं भी कुछ खाने को नहीं मिला। उसके बच्चे भी भूखे थे। उसने देखा कि लोमड़ी घर पर नहीं है। वह पेड़ से नीचे उतरी और लोमड़ी के बच्चों में से एक को उठाकर ले आई।

थोड़ी देर बाद लोमड़ी लौटी। उसने देखा कि उकाव उसके एक बच्चे को उठा ले गई है और मारकर खाने की तैयारी में है। लोमड़ी ने उकाव से बच्चे को छोड़ देने को कहा, लेकिन उसने एक न सुनी।

तभी लोमड़ी पासवाले खेत में गई। वहाँ एक किसान ने आग जला रखी थी। लोमड़ी ने जलती हुई एक लकड़ी उठा ली और उस पेड़ में आग लगा दी,

जिस पर उकाब का घर था। जैसे ही पेड़ जलने लगा, उकाव को अपनी और अपने बच्चों की चिंता हुई। तब उसने लोमड़ी के बच्चे को सुरक्षित उसे लौटा दिया।

इसीलिए कहा गया है कि तानाशाह उन लोगों से कभी भी सुरक्षित नहीं रह पाते, जिनका वे दमन करते हैं।

काम नहीं तो खाना नहीं

सदियों पहले चीन में हयाकुजो नाम के एक आध्यात्मिक गुरु हुआ करते थे। उम्र थी अस्सी के पार। लेकिन कड़ी मेहनत करते थे। अपने शिष्यों के साथ मिलकर बागवानी का पूरा काम करते थे। यह देखकर उनके शिष्य भी परेशान रहते थे। शिष्यों को लगता था कि गुरुजी इतने वृद्ध हो चुके हैं, लेकिन फिर भी इस कदर काम में जुटे रहते हैं। लेकिन उनको कहने का कोई फायदा नहीं था। जानते थे कि इस बारे में वे किसी की नहीं सुननेवाले। इसलिए एक दिन सभी चेलों ने तय किया कि गुरुजी जिन औजारों से बागवानी करते हैं, उनको छिपा दिया जाए।

इस वजह से गुरुजी उस दिन काम नहीं कर पाए और उन्होंने खाना नहीं खाया। इसके अगले दिन भी और उसके अगले दिन भी ऐसा ही हुआ। गुरुजी ने अन्न ग्रहण नहीं किया। शिष्यों को लगा कि उन्होंने औजार छिपा दिए हैं, इसलिए गुरुजी नाराज हैं। शिष्यों ने तय किया कि गुरुजी के औजार वापस लौटा दिए जाएँ।

शिष्यों ने गुरुजी के औजार लौटा दिए। उन्होंने सबके साथ मिलकर पहले की तरह ही काम किया और उस दिन हमेशा की तरह खाना भी खाया। फिर शाम को अपने शिष्यों को प्रवचन के दौरान कहा, "काम नहीं तो खाना नहीं।"

सबसे अच्छा

एक बार एक शिष्य ने गुरुजी से पूछा, "सबसे महत्त्वपूर्ण कार्य कौन सा है, सबसे महत्त्वपूर्ण व्यक्ति कौन है और जीवन का सबसे अच्छा समय कौन सा होता है?"

शिष्य का सवाल सुनकर गुरुजी बोले, "जो काम तुम्हारे हाथ में है, वही सबसे महत्त्वपूर्ण है। जिसके साथ तुम काम कर रहे हो, जिसके लिए कर रहे हो (जैसे गुरु के लिए छात्र, डॉक्टर के लिए मरीज) वही सबसे अच्छा और महत्त्वपूर्ण

व्यक्ति है। और जो वर्तमान है, वही समय सबसे अच्छा है, इसलिए इसे कभी भी बरबाद मत करो।''

खतरा

एक आँखवाली एक हरिणी अकसर समुद्र के पास चरने चली जाती थी। उसे हमेशा इस बात का डर भी लगा रहता था कि कहीं कोई उस पर हमला न कर दे। इसलिए वह अपनी जिंदा आँख जमीन पर गड़ाए रखती थी और दूसरी आँख थी, जिससे वह देख नहीं पाती थी, वह समुद्र की ओर लगी रहती थी, क्योंकि उस ओर से उसे कोई खतरा नहीं था।

एक दिन अचानक समुद्र की ओर से कुछ नाविक आए। उन्होंने हरिणी को देखा। उनके मन में शिकार का विचार आया। इसके बाद शिकारी नाविकों ने उसे गोली मार दी।

घायल हालत में हाँफते और कराहते हुए हरिणी ने कहा, ''कितनी बदनसीब हूँ मैं। जमीन पर जहाँ मुझे शिकारियों का सबसे ज्यादा खतरा लगता था, वहाँ तो मैं सुरक्षित थी, और समुद्र, जिसे मैंने सबसे सुरक्षित माना था, वहीं दुश्मन ने हमला कर दिया।''

इसलिए कहा जाता है—खतरे हमेशा वहीं से आते हैं, जिन्हें हम सबसे कम संदिग्ध मानकर चलते हैं।

मुल्ला की नसीहत

एक बार मुल्ला नसरुद्दीन ने एक लड़के को कुएँ पर पानी लेने के लिए भेजा। लेकिन जैसे ही लड़का पानी लेने के लिए जाने लगा, तभी उसने लड़के को जोरदार तमाचा जड़ दिया और कहा, ''ध्यान रखना, जब तुम पानी भरकर ला रहे हो तो कहीं ये घड़ा गिरकर टूट न जाए।''

इसी दौरान वहाँ से एक राहगीर गुजर रहा था। वह यह सब देखकर हैरान हुआ। उसने मुल्ला से पूछा कि ''जब इस लड़के ने कुछ किया ही नहीं तो भी तुमने इसे क्यों मारा?''

मुल्ला दो-टूक शब्दों में बोला, ''अगर यह घड़ा तोड़कर लौटता और मैं

तब इसे मारता, तब तक तो बहुत देर हो चुकी होती। अब यह अतिरिक्त सावधानी बरतेगा और घड़े को सुरक्षित वापस लाएगा। तुम्हीं बताओ, क्या मैंने गलत किया?''

लालची सुनार और कीमती मोती

नसरुद्दीन के पास बीस बेशकीमती पुश्तैनी मोती थे। एक दिन वह सुनार के पास गया और बोला कि इन मोतियों का बहुत ही सुंदर हार बना दे। सुनार बहुत ही लालची था। कीमती मोती देखकर उसके मन में लालच आ गया। उसने नसरुद्दीन से कहा, ''ठीक है, लेकिन पहले मैं इन मोतियों को तुम्हारे सामने गिन तो लूँ।''

जब सुनार मोती गिन रहा था, तभी उसने चुपके से एक मोती अपनी गोद में गिरा लिया और नसरुद्दीन से बोला, ''ये तो सिर्फ उन्नीस ही हैं।''

नसरुद्दीन ने सुनार को गोद में मोती गिराते हुए देख लिया था। लेकिन उसने सुनार से इस बारे में कुछ नहीं कहा। बाद में उसने सुनार से कहा, ''लाओ, अब मुझे गिनने दो।''

नसरुद्दीन ने मोती गिनने शुरू किए और गिनने के दौरान मौका पाते ही एक मोती अपनी गोद में गिरा लिया। नसरुद्दीन ने सुनार से कहा, ''हाँ, ये तो वाकई 19 ही हैं।''

तब सुनार ने कहा, ''ठीक है। मैं इनका हार बना दूँगा। कल आकर ले जाना।''

शाम को जब सुनार हार बनाने बैठा तो उसने मोती गिने। लेकिन मोती 18 निकले। उसने मन में कहा कि कल जब नसरुद्दीन ने इन्हें मेरी मौजूदगी में गिना था तब तो ये 19 थे। अब मैं क्या करूँ? इस हार में कोई दूसरा मिलता-जुलता मोती तो लगाया नहीं जा सकता।

सुनार के पास अब कोई रास्ता नहीं था। अगले दिन जब नसरुद्दीन उसके पास पहुँचा तो उसने अपने पास छिपाकर रखा मोती और बाकी 18 मोती उसे लौटा दिए।

फर्नीचर

बात पिछली सदी की है। एक विदेशी पर्यटक जाने-माने पॉलिश साहित्यकार होफेत्ज चेम से मिलने उनके घर पहुँचा। उसे यह देखकर बहुत ही आश्चर्य हुआ कि होफेत्ज का घर बहुत ही साधारण सा था और कमरा किताबों से भरा था।

फर्नीचर के नाम पर सिर्फ एक कुरसी और टेबल रखी थी।

पर्यटक ने होफेत्ज से पूछा कि "आपके घर में फर्नीचर कहाँ है?"

जवाब में उन्होंने भी पर्यटक से यही सवाल किया, "तुम्हारा कहाँ है?"

"मेरा? लेकिन मैं तो यहाँ से गुजर रहा हूँ और यहाँ सिर्फ आपसे मिलने आया हूँ।"

होफेत्ज ने कहा, "और यही मैं भी हूँ।"

भीतर की रोशनी

एक महात्मा लंबे समय से बेहोशी में थे। एक दिन अचानक उन्होंने अपने सबसे प्रिय शिष्य को देखने के लिए आँख खोलीं। महात्मा ने शिष्य से कहा, "तुम कभी भी मेरे पास से नहीं हटे। ऐसा क्यों? क्या तुम जाना नहीं चाहते।"

बड़ी ही विनम्रता से शिष्य ने जवाब दिया, "मैं जा ही नहीं सकता, क्योंकि आप तो मेरे जीवन की रोशनी हैं।"

इस पर गुरु ने लंबी साँस लेते हुए कहा, "वत्स, क्या मैंने तुम्हें इतनी चकाचौंध में डाल दिया है कि तुम अब भी अपने भीतर की रोशनी को नहीं देख पा रहे हो?"

इसके बिना भी...

महान् दार्शनिक सुकरात का मानना था कि बुद्धिमान व्यक्ति को अपने सहज ज्ञान से मितव्ययिता का जीवन जीना चाहिए।

सुकरात खुद भी कभी जूते नहीं पहनते थे, फिर भी वे नियमित रूप से बाजार जाते और दुकानों में रखे-टँगे सारे कपड़े-जूते आदि देखते।

एक बार उनके एक दोस्त ने उनसे इस आदत के बारे में पूछा कि आप जूते तक तो पहनते नहीं हैं, फिर हमेशा बाजार में कपड़े आदि क्यों देखते हैं? इस पर सुकरात बोले, "मुझे बाजार जाना पसंद है और मैं वहाँ जाकर यह देखता हूँ कि आखिर ऐसी कितनी चीजें हैं, जिनके बिना मेरा काम चल सकता है।"

जब गोखले ने निभाया कर्तव्य

बहुत पुरानी लेकिन मशहूर घटना है। एक हाई स्कूल में वार्षिकोत्सव का मौका था। समारोह के मुख्य अतिथि थे—मुख्य न्यायाधीश महादेव गोविंद रानाडे। समारोह में आनेवालों के निमंत्रण-पत्र देखने के लिए एक छात्र को स्वयंसेवक के रूप में स्कूल के प्रवेश-द्वार पर तैनात कर दिया गया था।

मुख्य अतिथि रानाडे जैसे ही स्कूल के प्रवेश-द्वार पर पहुँचे, इस छात्र ने उनसे बड़ी ही विनम्रता के साथ निमंत्रण-पत्र दिखाने का अनुरोध किया। इस पर रानाडे ने भी नम्रता से जवाब दिया, ''मैं तो अपना निमंत्रण-पत्र नहीं लाया।''

इस पर छात्र ने बहुत ही शालीनता से अपनी असमर्थता व्यक्त करते हुए कहा, ''माफ कीजिए, तब आप अंदर नहीं जा सकते।'' संयोग से उसी वक्त स्वागत समिति के सदस्य रानाडे का स्वागत करने प्रवेश-द्वार पर पहुँच गए और उन्हें मंच तक ले जाने लगे। लेकिन इस छात्र ने सभी को रोक दिया और कहा, मान्यवर, अगर स्वागत समिति के सदस्य ही मेरे इस काम में दखल डालेंगे तो फिर मैं अपना काम कैसे कर पाऊँगा। मुख्य अतिथि कोई भी क्यों न हों, उन्हें निमंत्रण-पत्र तो दिखाना ही होगा। इस मामले में मैं भेदभाव नहीं कर सकता।''

आगे चलकर यही छात्र भारत का एक बड़ा स्वतंत्रता संग्राम सेनानी बना—गोपाल कृष्ण गोखले। गोखले को महात्मा गांधी ने अपना पथ-प्रदर्शक कहा था।

ऐसे सच होते हैं सपने

एक बार मेढकों ने दौड़ प्रतियोगिता करने का फैसला किया। इसमें सभी को एक ऊँचे टावर पर चढ़ना था। मेढकों की इस दौड़ को लेकर लोगों में गजब का उत्साह था। इसलिए दौड़ देखने के लिए टावर के चारों ओर भारी भीड़ जमा हो गई थी।

तय समय के मुताबिक दौड़ शुरू हुई। भीड़ में किसी को भी इस बात का भरोसा नहीं हो रहा था कि मेढक टावर पर चढ़ जाएँगे। कोई कहता, ''अरे, यह तो बहुत ही मुश्किल है। ये तो वहाँ पहुँच ही नहीं सकते।'' कहीं से आवाज आई, ''अरे टावर इतना ऊँचा है कि ये वहाँ कभी नहीं पहुँच पाएँगे।''

इसी बीच कई मेढक चढ़ते में गिरने लगे। कुछ थक गए और दौड़ छोड़कर

बीच से ही लौट लिये। सिर्फ वही मेढक ऊपर की ओर बढ़ते नजर आ रहे थे, जिन्होंने इस दौड़ को जीतने की ठान ली थी और किसी की नहीं सुन रहे थे।

इसी बीच भीड़ में लोगों का चिल्लाना जारी था। लोगों को लग रहा था कि कई मेढक तो गिरकर मर चुके हैं और जो चढ़ने की कोशिश कर रहे हैं, वे भी लक्ष्य तक पहुँच नहीं पाएँगे। लेकिन एक छोटा सा मेढक बिना किसी की परवाह किए टावर की ओर बढ़ता जा रहा था, और आखिर वह अपने लक्ष्य तक पहुँच ही गया।

इसके बाद दूसरे मेढकों में यह उत्सुकता जगी कि आखिर इतना छोटा सा मेढक कैसे अपने लक्ष्य तक पहुँच गया। दौड़ में हिस्सा लेनेवाले एक मेढक ने उससे पूछा, "अरे भाई, तुम कैसे वहाँ तक पहुँच गए?"

लेकिन किसी को यह नहीं पता था कि जीतनेवाला मेढक सुन नहीं सकता था। वह बहरा था। इसलिए उसने लोगों की बातें नहीं सुनीं और अपना काम करता हुआ आगे बढ़ता रहा, और अंत में विजयी हुआ।

इसलिए कभी भी यह नहीं सोचना चाहिए कि लोग क्या कह रहे हैं। लोगों की नकारात्मक प्रवृत्ति पर कभी भी ध्यान नहीं देना चाहिए। जो लोग ऐसी किसी भी बात को नहीं सुनते और सकारात्मक रूप से अपने काम में लगे रहते हैं, वे हमेशा अपना लक्ष्य हासिल करने में कामयाब होते हैं।

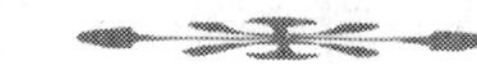

प्यार ही सबसे बड़ी दवा

एक लड़का कई दिनों से बहुत ही उदासी और हताशा में रह रहा था। वह स्वभाव से अंतर्मुखी था और हमेशा चुपचाप सा रहता। न खेलता-कूदता, न दोस्तों से घुलता-मिलता। यह देखकर उसकी माँ बहुत ही परेशान थी। उसे लग रहा था कि उसका बेटा अवसादग्रस्त होता जा रहा है।

एक दिन वह बेटे को डॉक्टर के पास ले गई। डॉक्टर को सारी बात विस्तार से बताई। डॉक्टर ने अच्छी तरह से लड़के की जाँच की। लेकिन उसे लड़के में कहीं किसी बीमारी के लक्षण नजर नहीं आए। लड़के की माँ को संतुष्ट करने के लिए उसने कुछ दवाइयाँ तो लिख दीं, लेकिन जो असली दवा उसने बताई, वह तो कुछ और ही थी। डॉक्टर ने कहा, "वैसे तो मैंने इसके लिए कुछ दवाइयाँ लिख दी हैं, लेकिन जो सबसे बड़ी और असली दवा है, वह है प्यार। इसे आप जितना प्यार

दे सकती हैं, उतना दीजिए। यही इसकी सबसे बड़ी और सबसे बढ़िया दवा है। मैं आपको भरोसा दिलाता हूँ कि इससे यह बिलकुल ठीक हो जाएगा।''

इस पर महिला ने डॉक्टर से पूछा, ''अगर इससे असर न हो तो क्या करना है?'' डॉक्टर ने जवाब दिया, ''सिर्फ खुराक को दुगना कर देना।''

असली ईश्वर तो माँ-बाप होते हैं

एक बार एक शिष्य ने अपने गुरु से पूछा, ''क्या हम ईश्वर को देख सकते हैं? अगर हमें ईश्वर के दर्शन करने हों तो क्या करना चाहिए?''

इस पर गुरु ने जवाब दिया, ''हाँ, ऐसा संभव है। कुछ ऐसे तरीके हैं जिनसे तुम ईश्वर के दर्शन कर सकते हो। इन्हीं में से एक है तपस्या। तपस्या कर ईश्वर को पाया जा सकता है।''

गुरु की बात सुन ध्रुव ने ऐसा ही किया। उसने बड़ी विनम्रता और मन से तपस्या की। लेकिन ईश्वर ने दर्शन नहीं दिए। पर ध्रुव ने हार नहीं मानी और तपस्या जारी रखी। अंत में ईश्वर को उसे दर्शन देने ही पड़े।

विद्वान् और महान् राजा रावण ने भी भगवान् शिव के दर्शन के लिए बड़ी तपस्या की थी। लेकिन उसे भगवान् के दर्शन नहीं हुए। इसका कारण यह था कि रावण की तपस्या में विनम्रता नहीं थी। रावण बड़ा ही घमंडी राजा था। उसने बड़े गुस्से में शिव से पूछा कि उसकी तपस्या क्यों नहीं सफल हुई?

अंततः जब भगवान् शिव ने रावण को दर्शन नहीं दिए तो उसने उन्हें प्रसन्न करने के लिए बलि के तौर पर एक-एक करके अपने सिर काटने शुरू कर दिए। यह रावण की तपस्या का चरम रूप था। भगवान् शिव उसकी इस तपस्या से खुश हुए और उसके सामने प्रकट हो गए।

ऐसी ही एक और घटना है। कर्नाटक में मणिपाल के पास एक छोटा सा कस्बा है—उडिपि। यह वह जगह है जहाँ आदि शंकराचार्य कुछ समय के लिए रहे थे और डोसे की शुरुआत इसी जगह से हुई। यहाँ एक बहुत ही प्रसिद्ध कनकदास मंदिर है। कनकदास एक शूद्र थे, जिन्हें भगवान् कृष्ण के मंदिर में जाने की इजाजत नहीं थी। इसलिए कनकदास मंदिर के पीछे चले गए और मंदिर के पीछे बनी जाली में से झाँककर भगवान् के दर्शन कर लिये। उनकी आँखें भर आईं। इसके बाद वे रोजाना दो बार मंदिर के पीछे जाकर चुपचाप जाली से भगवान्

को देख लेते और आँखें बंद कर मन से उन्हें याद करते। एक दिन भगवान् कृष्ण की मूर्ति उनकी ओर घूम गई और कृष्ण ने अपने इस भक्त को देख लिया। उस दिन के बाद से वह मूर्ति उसी दिशा में हो गई। इस तरह कनकदास की भक्ति ने कृष्ण को विवश कर दिया दर्शन देने के लिए।

लेकिन अब सवाल आता है कि आज कलियुग में ईश्वर के दर्शन या उनकी कृपा हासिल करने के लिए क्या करना चाहिए? क्या कोई ऐसा तरीका या रास्ता है, जिससे हम ईश्वर को पा सकें? वैसे तो इसके कई रास्ते हो सकते हैं। लेकिन जो सबसे आसान, बिना मेहनत का और बिना खर्च का तरीका है, वह यह कि हम अपने माता-पिता का सम्मान करें और उनकी देखभाल करें। क्योंकि माता-पिता ही साक्षात् भगवान् होते हैं और उनकी सेवा करके ही हम सही मायनों में ईश्वर-दर्शन कर सकते हैं।

सुनहरा भविष्य

एक धोबी था। उसके पास जो गधा था वह बहुत थक चुका था और अपने जीवन से हताश हो चुका था। इस वजह से वह अपने मालिक को छोड़ने की ठान चुका था।

एक दिन घाट पर गधे की मुलाकात दूसरे धोबी के गधे से हुई। दोनों में बातचीत हुई। एक ने दूसरे से अपना दुखड़ा रोया और कहा कि वह अपने मालिक से परेशान है तथा उसे छोड़ना चाहता है। इस पर दूसरे गधे ने उससे कहा, ''देखो, मैं भी अपनी जिंदगी से हताश हो चुका था। मेरी जिंदगी में कोई उत्साह नहीं रह गया था। लेकिन हाल ही में मेरे जीवन में ऐसी घटना घटी, जिसने मेरे मन में सुनहरे भविष्य का सपना पैदा कर दिया।'' गधे ने बताना शुरू किया, ''पिछले हफ्ते मेरे मालिक ने अपनी बेटी को डाँटते हुए कहा कि अगर तुमने मुझे ज्यादा परेशान किया तो मैं इस गधे से तुम्हारी शादी कर दूँगा। यह बात मैंने सुन ली और मुझे लगने लगा है कि मेरा भविष्य तो वाकई बहुत अच्छा है।''

साथी गधे की बात से हताश गधा प्रभावित हुआ और उसने जिंदगी के बारे में नजरिया बदल लिया।

कल दूँगा जवाब

सदियों पुरानी बात है। जुनैद नाम के एक सूफी फकीर हुआ करते थे। जब भी कोई उनका नाम लेकर पुकारता तो वे यही जवाब देते थे, ''मैं कल आऊँगा, तभी जवाब दूँगा।'' अगले दिन जब वे आते तो कह देते कि अब तो जवाब देने की कोई जरूरत ही नहीं है। अगर उनसे पूछा जाता कि आपने तो कहा था कि कल आकर जवाब दूँगा तो फिर आज आप जवाब क्यों नहीं दे रहे? बड़े अजीब शख्स हैं आप। अगर कोई भी किसी को नाम लेकर आवाज देता है या बुलाता है तो वह तत्काल जवाब देता है, जरा भी नहीं हिचकिचाता।

तो इस पर जुनैद कहते, ''मेरे गुरु ने मुझे सिखाया है कि अगर तुम फौरन जवाब दे देते हो तो तुम बेसुध हो जाओगे, इसलिए थोड़ा सा वक्त गुजर जाने दिया करो। अगर कोई तुम्हें नाम लेकर पुकारता है और तुम तत्काल जवाब दे देते हो तो तुम्हारा जवाब अनजाने में चला जाएगा, क्योंकि तुम्हारे मन में कड़वाहट भरी होगी, सिर में गरमी चढ़ी होगी। इसलिए जवाब देने के लिए 24 घंटे का वक्त रखो।''

जुनैद ने यह भी कहा कि उनके जो गुरु थे, वे बहुत ही चतुर व्यक्ति थे, क्योंकि उसके बाद से मैं कभी जवाब नहीं दे पाया।

मुल्ला और नाव

मुल्ला नसरुद्दीन नदी की ओर तेजी से दौड़ता चला जा रहा था। उसे दूसरे शहर जाना था। उसे लग रहा था कि उस शहर के लिए जानेवाली दिन की आखिरी नाव कहीं निकल न जाए। इसलिए वह तेजी से नदी के किनारे की ओर बढ़ रहा था। जैसे ही वह नदी के किनारे पहुँचा, उसे लगा कि नाव चल पड़ी है। नाव पकड़ने के लिए वह तेजी से उसकी ओर लपका। इसी आपाधापी में उसे चोट लग गई और खून निकलने लगा व कपड़े भी फट गए। हालाँकि वह नाव पर चढ़ गया था। तभी उसने यात्रियों से कहा, ''आखिर मैं नाव पकड़ने में कामयाब हो ही गया, वरना यह छूट जाती।'' उसकी बात सुनकर लोग बोले, ''हमें समझ नहीं आ रहा कि आखिर तुम्हें इतनी जल्दी क्या थी? यह नाव कहीं जा थोड़े ही रही है, यह तो आ रही है।''

भय बिन होय न प्रीत

भगवान् राम को मर्यादा पुरषोत्तम कहा गया है। वे धर्म और अनुशासन से पूरी तरह बँधे हुए थे। अपनी भक्त वानर सेना के साथ वे समुद्र के किनारे पहुँचे और समुद्र देवता को प्रणाम करते हुए उसे पार करने की अनुमति माँगी, ताकि लंका पहुँचकर सीताजी को रावण से मुक्त कराया जा सके।

श्रीराम को प्रतीक्षा थी कि समुद्र देवता उन्हें अनुमति देंगे, तभी वे आगे कदम बढ़ाएँगे। एक दिन गुजर गया, दो दिन गुजर गए। तीसरे दिन शाम को उन्होंने फिर प्रार्थना की, पर समुद्र देवता ने कोई जवाब नहीं दिया।

सूर्यास्त होने जा रहा था। राम को जवाब की प्रतीक्षा थी। वे अपना धैर्य खो चुके थे, उन्हें गुस्सा आ गया। उन्होंने अपना धनुष निकाला और समुद्र देवता पर हमले के लिए उसकी ओर निशाना साधा। राम तीर छोड़ते, इससे पहले ही समुद्र-देव सामने प्रकट हो गए और बोले, ''हे ब्रह्मांड के स्वामी, मुझे क्षमा करें। आपको प्रतीक्षा करनी पड़ी। मैं आपको अनुमति देनेवाला कौन होता हूँ? आप मुझ पर पुल बनाइए और लंका पहुँचिए।''

समुद्र देवता की बात सुन राम ने तत्काल अपनी सेना को समुद्र पर पुल बनाने का आदेश दिया।

इसी घटना को लेकर तुलसीदास जी ने यह दोहा लिखा था—

बिनय न मानत जलधि जड़, गए तीन दिन बीत।
बोले राम सकोप तब, भय बिन होय न प्रीत।

गलत और सही

जब बेंकेइ अपने कई हफ्तों के ध्यान के बाद लौटे तो आश्रम में जापान के कोने-कोने से उनके भक्त दर्शन के लिए वहाँ पहुँचे हुए थे। सबने गुरु के दर्शन किए। इसी दौरान वहाँ आश्रम में रहनेवाले शिष्यों ने अपने एक साथी शिष्य को चोरी करते हुए पकड़ लिया और बेंकेइ के पास ले गए। सभी ने उनसे कहा कि इस चोर शिष्य को आश्रम से निकाल दिया जाना चाहिए। लेकिन गुरु ने सबकी बात को नजरंदाज करते हुए मामले को वहीं खत्म कर दिया।

कुछ दिन बाद वह शिष्य फिर एक ऐसी ही घटना में पकड़ा गया और तब भी बेंकेइ ने मामले को अनदेखा कर दिया। इससे उन शिष्यों में नाराजगी फैल गई,

जो उसे निकालने की माँग कर रहे थे। इन शिष्यों ने गुरु से कहा कि अगर अब इस चोर को आश्रम से नहीं निकाला गया तो वे सब ही संघ छोड़ देंगे।

इसके बाद बेंकेइ ने सारे शिष्यों को बुलाया और कहा, "तुम सब बुद्धिमान हो। तुम अच्छी तरह जानते हो कि क्या गलत है और क्या सही। अगर तुम विद्या प्राप्ति के लिए कहीं और जाना चाहते हो तो तुम्हारी मरजी, तुम जा सकते हो। लेकिन इस गरीब को तो सही-गलत कुछ नहीं मालूम। अगर मैं इसे निकाल दूँगा तो फिर इसे पढ़ाएगा कौन? अगर तुम सब लोग आश्रम छोड़कर जाना चाहते हो तो जा सकते हो, लेकिन इसे मैं नहीं निकालूँगा।"

गुरु की यह बात सुनकर चोरी करनेवाले शिष्य की आँखों से आँसू निकल पड़े और उसने चोरी की आदत हमेशा के लिए छोड़ दी।

सौ फीसद महत्त्व

एक विद्वान् गुरु के निधन के बाद नए गुरु ने एक दिन एक शिष्य से पूछा, "तुम्हारे गुरुजी ने सबसे ज्यादा अहमियत किस बात को दी?" इस पर शिष्य एक क्षण के लिए सोच में पड़ गया और फिर बोला, "वे जिस वक्त जो काम कर रहे होते थे, उस काम को।"

यह तो देखने का तरीका है

गाँव के बाहर एक व्यक्ति बैठा था। वह बहुत ही बुद्धिमान था। तभी वहाँ से एक राहगीर निकला। उसने उस व्यक्ति से पूछा, "इस गाँव में किस तरह के लोग रहते हैं, क्योंकि मैं जहाँ रह रहा हूँ, वहाँ से निकलना चाहता हूँ।"

इस पर बुद्धिमान् व्यक्ति ने कहा, "जहाँ से तुम निकलना चाहते हो, वहाँ किस तरह के लोग हैं?"

इस पर राहगीर ने कहा, "बहुत ही खराब, क्रूर, बदमिजाज।"

बुद्धिमान ने जवाब दिया, "ठीक इसी तरह के लोग इस गाँव में हैं।"

थोड़ी ही देर बाद दूसरा राहगीर वहाँ आया और उसने भी बुद्धिमान व्यक्ति से यही सवाल पूछा कि इस गाँव में किस तरह के लोग रहते हैं। बुद्धिमान व्यक्ति

ने उसे भी जवाब में यही कहा, "जहाँ तुम इस समय रह रहे हो, वहाँ के लोग कैसे हैं?" इस पर राहगीर ने कहा, "बहुत ही अच्छे, विनम्र, मददगार।"

तब बुद्धिमान व्यक्ति बोला, "यहाँ भी तुम्हें ऐसे ही लोग मिलेंगे।"

अगर आजादी चाहते हो तो पहले मरना सीखो

बहुत पुरानी बात है। एक गाँव में एक व्यक्ति रहता था। उसके पास एक तोता था। एक दिन उस व्यक्ति को काम से दूसरे गाँव जाना था। यह बात तोते को पता चल गई। उसने अपने मालिक से कहा, "जहाँ आप जा रहे हैं, वहाँ मेरा गुरु तोता रहता है। क्या आप उस तक मेरा एक संदेश पहुँचा देंगे?" मालिक ने जवाब दिया, "हाँ, जरूर।"

तोते ने गुरु तोते के लिए संदेश दिया, "आजाद हवाओं में साँस लेनेवालों के नाम, एक बंदी तोते का सलाम।"

तोते का मालिक दूसरे गाँव पहुँचा और अपना काम निपटाने के बाद गुरु तोते से मिला और उसे अपने तोते की ओर से भिजवाया संदेश सुनाया। संदेश सुनने के बाद गुरु तोते की मौत हो गई।

तोते का मालिक अपने गाँव लौट आया। उसने तोते को बताया कि मैंने गुरु तोते को जैसे ही तुम्हारा संदेश सुनाया, सुनते ही उसकी मौत हो गई।

जैसे ही तोते ने यह बात सुनी तुरंत उसकी भी मौत हो गई। यह देखकर तोते का मालिक बहुत ही उदास हो गया। वह मरे हुए तोते को उठाकर बाहर फेंक आया। तभी तोता तेजी से उड़ा और बोला, "मेरे गुरु तोते ने कहा था कि अगर आजादी चाहते हो तो पहले मरना सीखो।"

मिट्टी और पत्थर

एक बार दो दोस्त साथ-साथ यात्रा कर रहे थे। एक दिन रास्ते में आपस में झगड़ पड़े। एक ने दूसरे को तमाचा जड़ दिया। जिसे तमाचा लगा था, उसे गाल से ज्यादा चोट दिल पर लगी। उसने कुछ कहा तो नहीं, लेकिन मिट्टी पर लिखा—आज मेरे सबसे अजीज दोस्त ने मुझे मारा।

इसके बाद भी दोनों ने साथ यात्रा जारी रखी। एक नदी के किनारे पहुँचने के

बाद दोनों ने उसमें नहाने का फैसला किया। तभी अचानक दूसरा दोस्त (जिसे पहलेवाले ने तमाचा मारा था) नदी में डूबने लगा। दोस्त को डूबता देख उसने उसे बचा लिया। जान बचने के बाद इस बार उसने एक पत्थर पर लिखा—आज मेरे सबसे अजीज दोस्त ने मेरी जान बचाई।

यह देखकर उसका साथी मन-ही-मन बहुत परेशान हुआ। उसने पूछा, ''जब मैंने तुम्हें तमाचा मारा तो तुमने मिट्टी पर लिखा और जब मैंने तुम्हारी जान बचाई तो तुमने पत्थर पर लिखा।''

इस पर दोस्त ने जवाब दिया, ''जब कोई तुम्हें तकलीफ पहुँचाए तो उसे मिट्टी पर लिखो, ताकि माफी की हवाएँ उसे मिटा सकें। लेकिन जब कोई तुम्हारे लिए कुछ अच्छा करे तो उसे पत्थर पर लिख दो, ताकि वह हमेशा के लिए बना रहे।''

ऐब मत देखो, गुणों को देखो

एक बार महाकवि कालिदास से राजा ने पूछा, ''आप इतने बड़े कवि और विद्वान् हैं। फिर भी ईश्वर ने आपके साथ ऐसा क्यों किया कि बुद्धि के समान काया और सुंदरता नहीं दी?''

कालिदास राजा के इस व्यंग्य को तत्काल समझ गए, पर उस वक्त तो वे बिलकुल शांत रहे। जब वे महल में पहुँचे तो उन्होंने दो बरतन मँगवाए। इनमें एक मिट्टी का था और दूसरा सोने का। उन्होंने दोनों बरतनों को पानी से भर दिया। इसके बाद कालिदास ने राजा से पूछा, ''महाराज, किस बरतन का पानी ठंडा और मीठा है?''

राजा ने तपाक से जवाब दिया, ''मिट्टीवाले बरतन का।''

कालिदास मुसकराए और बोले, ''राजन्, जिस तरह जल का ठंडापन बरतन के मिट्टी का या सोने का होने पर निर्भर नहीं करता, उसी तरह बुद्धि भी व्यक्ति की बनावट पर निर्भर नहीं करती। इसलिए व्यक्ति के गुणों को महत्त्व देना चाहिए, न कि उसकी शारीरिक बनावट को। आत्मा क़ी सुंदरता ही सबसे बड़ी सुंदरता है। बुद्धि व महानता का संबंध सीधे आत्मा से होता है, न कि शरीर से।''

कालिदास के इस जवाब ने राजा की आँखें खोल दीं।

सच की ताकत

एक बहुत ही बुद्धिमान व्यक्ति थे। लोग उनका बहुत सम्मान करते थे। कुछ लोग उनके पास एक युवक को लेकर आए, जो चोरी करता पकड़ा गया था। लेकिन उसकी उम्र को देखते हुए वे उसे इतनी कड़ी सजा नहीं देना चाहते थे, जितनी कि कानून के मुताबिक उसे मिलती।

उन्होंने इस युवक से चोरी के बारे में कुछ नहीं पूछा। न ही उसे समझाया कि वह जो कर रहा है, उसका नतीजा क्या होगा। उन्होंने उससे बहुत ही प्यार से बात की और उसका भरोसा जीत लिया। उन्होंने युवक के सामने अपनी सिर्फ एक ही माँग रखी। उससे उन्होंने इस बात का वचन माँगा कि आज के बाद वह कभी झूठ नहीं बोलेगा।

युवक अपने घर लौट गया। रात को उसके मन में फिर से चोरी का विचार आया। वह उठा और चोरी करने के लिए जैसे ही घर से रवाना होने लगा तो उसके मन में एक बात आई। उसे लगा कि अगर किसी ने यह पूछ लिया कि इस वक्त कहाँ जा रहे हो तो मैं क्या जवाब दूँगा। मैंने हमेशा सच बोलने का जो वचन उस बुद्धिमान व्यक्ति को दिया है, तो मैं झूठ कैसे बोल पाऊँगा। अगर सच कह दूँगा कि चोरी करने जा रहा हूँ तो मुझे अब तक की सारी चोरियाँ स्वीकार करनी पड़ सकती हैं, जिससे सजा मिलेगी।

अब उसके लिए मुश्किल था कि चोरी कैसे करे। सच की प्रतिज्ञा ने उसे हमेशा के लिए चोरी के रास्ते से हटा दिया।

ईश्वर तो है

दुनिया के महान् वैज्ञानिक सर आइजक न्यूटन के एक दोस्त थे, जो नास्तिक थे। एक दिन वह न्यूटन से मिलने पहुँचे। उस वक्त न्यूटन सोलर सिस्टम मशीन बनाने का काम खत्म कर ही चुके थे और कुछ लिखने बैठ गए थे। उनके दोस्त ने मशीन देखी और उसके हैंडल (हत्थे) को पकड़कर घुमाने लगे। मशीन में लगे ग्रह चारों ओर घूम गए। उन्होंने न्यूटन से पूछा, ''यह मशीन किसने बनाई?'' न्यूटन ने जवाब दिया, ''किसी ने नहीं।'' और लिखने में लगे रहे।

इस पर उनके दोस्त ने कहा, ''क्या तुमने मेरी बात नहीं सुनी। यह मशीन किसने बनाई है?'' न्यूटन ने जवाब दिया, ''मैंने कहा न कि किसी ने नहीं।''

तब उनके दोस्त ने कहा कि ''इस अद्‌भुत मशीन को किसी ने तो जरूर बनाया ही है। यह मत कहो कि किसी ने इसे नहीं बनाया।''

दोस्त की इस बात को सुनते ही न्यूटन ने लिखना बंद किया और उसकी ओर देखते हुए बोले, ''क्या यह आश्चर्यचकित कर देनेवाली नहीं है? मैं तुम्हें कह रहा हूँ कि साधारण से खिलौने जैसी इस मशीन को किसी ने नहीं बनाया है और तुम्हें मेरी बात पर विश्वास ही नहीं है। फिर भी तुम टकटकी लगाए उस अंतरिक्ष में देखते रहते हो, जो तुम्हारे चारों ओर बहुत ही अद्‌भुत मशीन के रूप में है।''

न्यूटन की बात को सुनने के बाद उनके दोस्त के लिए नास्तिक बने रहना संभव नहीं था। तभी से वह ईश्वर के अस्तित्व को मानने लगा। वह अब इस बात को मानता था कि सृष्टि में जो कुछ है, वह ईश्वर की ही देन है।

धर्म-अध्यात्म में चित्त

एक व्यापारी था। उसके पास डेढ़ सौ ऊँट थे, जो माल लाने-ले जाने के काम आते थे। चालीस नौकर हमेशा उसके पास रहते थे। एक दिन शाम को व्यापारी ने अपने दोस्त सादी को मिलने बुलाया।

दोनों दोस्तों में रात भर बातें होती रहीं। दोनों अपनी समस्याओं, परेशानियों, कारोबार के बारे में एक-दूसरे को बताते रहे। व्यापारी ने सादी को तुर्किस्तान में अपनी दौलत और भारत में अपनी जायदाद के बारे में बताया। अपने पास रखा जेवरातों का खजाना दिखाया। साथ ही उसे जो पदवियाँ मिली थीं, वे दिखाईं।

इसके बाद लंबी साँस लेते हुए उसने कहा, ''सादी, अब मैं दूसरी बड़ी यात्रा पर निकलनेवाला हूँ। इस यात्रा के बाद मैं दोबारा से और बड़ा कारोबार करूँगा और जो दुनिया में हासिल नहीं किया है, उसे हासिल करूँगा। मैं फारस की गंधक को चीन तक ले जाना चाहता हूँ, क्योंकि सुना है, यह वहाँ बहुत ही महँगी है। इसके अलावा चीन में बने गुलदस्ते रोम ले जाकर बेचूँगा। रोम का सामान भारत में लाऊँगा। भारत का स्टील हलाब में ले जाऊँगा। यमन को काँच और शीशे बेचूँगा।''

इसके बाद उसने चेहरे पर बहुत ही उदासी का भाव लाते हुए सादी से, जो दोस्त की सारी बातों को अविश्वास के साथ सुन रहा था, कहा, ''इसके बाद मेरा

जीवन शांति से गुजर सकेगा, मैं धर्म-अध्यात्म में चित्त लगा सकूँगा, जो कि मेरे विचारों का सबसे बड़ा लक्ष्य है।''

मोती का मूल्य

एक बार बगीचे में एक पालतू मुरगे को जमीन में छिपा सतरंगा मोती दिखाई दिया। मोती देख मुरगे को लालच आ गया। उसने जमीन खोदकर मोती निकाल लिया और उसे निगलने की कोशिश की।

मुँह में जाने पर उसे कोई स्वाद नहीं आया तो उसे लगा कि यह चमकती हुई चीज चावल का दाना नहीं है तो उसने उसे उगलकर बाहर कर दिया।

इसके बाद उस मोती ने मुरगे से कहा, ''मैं चमकदार और कीमती मोती हूँ। दुर्भाग्य से मैं एक बहुत ही सुंदर हार से टूटकर गिर गया था और इस बगीचे की जमीन में दब गया। मेरे जैसा मोती हर जगह नहीं मिलेगा। यह तो सिर्फ वक्त की बात है कि मैं तुम्हारे पैरों के नीचे आ गया। अगर तुम मुझे गौर से देखोगे तो तुम्हें मुझमें सुंदरता और हजारों खूबियाँ नजर आएँगी।''

लेकिन मुरगे ने दंभ भरी आवाज में कहा, ''अगर कोई मुझे इस वक्त चावल का सिर्फ एक दाना दे दे तो मैं तुम्हें उसे दे दूँ।''

रावण और विभीषण

जब राम ने युद्ध में रावण को हरा दिया तो उन्होंने अपने छोटे भाई लक्ष्मण से कहा कि रावण बहुत विद्वान् है, उसके पास जाओ और कुछ शिक्षा ग्रहण कर लो। राम की आज्ञा का पालन करते हुए लक्ष्मण रावण के पास पहुँचे और उनसे राजनीति व धर्म के बारे में ज्ञान प्राप्त करने की इच्छा जाहिर की। रावण तो मरणासन्न था। फिर भी रावण ने लक्ष्मण को इन दोनों विषयों से संबंधित काफी सारी बातें बताईं। रावण की विद्वत्ता से लक्ष्मण अभिभूत हो गए।

लक्ष्मण ने रावण से पूछा, ''रावण, आप तो वाकई बुद्धिमान और विद्वान् राजा हैं। लेकिन फिर भी आपने सीता माता का अपहरण क्यों किया?''

रावण ने बिना किसी पश्चात्ताप के जवाब दिया, ''लक्ष्मण, मैं राक्षस कुल से हूँ। मैंने तो ऐसा रोजाना होते देखा है। इसलिए सीता के अपहरण को लेकर मेरे

मन में किसी तरह का संदेह ही नहीं था, जो पाप का बोध कराता।''

रावण से ज्ञान हासिल करने के बाद लक्ष्मण अपने शिविर में लौट आए। इसके बाद वे विभीषण के पास गए और उससे पूछा, ''विभीषण, तुम तो राक्षस कुल से हो, लेकिन फिर भी रावण से एकदम अलग कैसे हो?''

इस पर विभीषण ने जवाब दिया, ''मैंने राक्षस जाति में अन्याय और शोषण को देखा है। यह देखकर मैंने फैसला किया कि मैं तो कम-से-कम वैसा नहीं करूँगा जैसा कि राक्षस करते हैं।''

इसलिए कहा जाता है कि परिस्थितियाँ तो निश्चित रूप से महत्त्वपूर्ण होती ही हैं, लेकिन अगर हम अपने को बदलना चाहें तो वे हमें रोक भी नहीं सकतीं।

सच्ची नमाज

मुगल बादशाह अकबर एक दिन शिकार के लिए जंगल गए। शाम की नमाज का वक्त हो चला था। सभी रुके और नमाज के लिए तैयारी शुरू की। वहीं चटाई खोली और नमाज के लिए बैठ गए।

इसी दौरान एक किसान की पत्नी अपने पति को खोजती हुई वहाँ आ पहुँची। महिला का पति सुबह घर से निकला था, लेकिन शाम को लौटा नहीं था। उसकी कहीं खबर नहीं मिली। महिला बहुत परेशान थी। उसे पता ही नहीं था कि वहाँ बादशाह अकबर नमाज पढ़ रहे हैं। तभी वह बदहवासी में बादशाह से टकरा गई। गिरने के बाद उठी और बिना क्षमा माँगे आगे निकल गई।

नमाज में इस तरह के खलल से बादशाह को गुस्सा आ गया। लेकिन एक सच्चे मुसलिम के नाते उन्होंने नमाज के दौरान किसी को कुछ नहीं कहने की अल्लाह की शिक्षा का पालन किया।

नमाज खत्म हुई ही थी कि वह महिला वहाँ फिर पहुँची। वह बहुत ही खुश थी, क्योंकि उसे उसका पति मिल गया था। लेकिन तभी उसने देखा कि वहाँ तो बादशाह अकबर थे, जो नमाज पढ़ रहे थे। यह देख वह भौंचक्की रह गई और बुरी तरह डर गई। महिला को देख अकबर का गुस्सा फूट पड़ा और चिल्लाते हुए उन्होंने उस महिला से पूछा, ''बताओ, तुमने आखिर ये गुस्ताखी कैसे की? वरना तुम्हें इसकी सजा मिलेगी।''

महिला का डर काफूर हो गया और उसने बादशाह की आँखों में झाँकते हुए

कहा, ''महाराज, मैं तो अपने पति की चिंता में इतनी खोई हुई थी कि देख ही नहीं पाई कि यहाँ आप हैं। जैसा आप कह रहे हैं कि आप उस वक्त नमाज पढ़ रहे थे और मैं आपको ठोकर मारकर निकल गई, उस वक्त मुझे तो कुछ सुध ही नहीं थी। जब आप नमाज पढ़ रहे थे तो आप ईश्वर में लीन थे, जो आपके लिए तो वाकई मेरे पति से भी ज्यादा प्रिय है। तो फिर आपको मेरी ठोकर के बारे में कैसे पता चला?''

अकबर बहुत ही शर्मिंदा हुए। बाद में उन्होंने अपने साथियों को बताया कि एक किसान महिला जो कि न तो विदुषी है और न ही कोई धर्मगुरु, आज उसने मुझे बता दिया कि नमाज का मतलब क्या होता है।

सच्ची शिक्षा

गांधीजी के बचपन का नाम था मोहन। सामान्य बच्चों की तरह ही मोहन भी नटखट और शैतान था। एक बार बालक मोहन ने बहुत ही बुरा काम कर डाला। वाकई बहुत ही बुरा। उसने सोने का कड़ा चुरा लिया और इस मामले में झूठ भी बोला। जब पिताजी को इस बात का पता चला तो उन्होंने मोहन को बुलाया और कहा, ''मोहन, मुझे पता चल गया है कि तुमने क्या किया है।''

पिता की बात सुनकर मोहन डर गया और चुपचाप सिर हिलाते हुए अपना जुर्म कबूल कर लिया।

तभी उनके पिताजी ने अपनी अलमारी से बाँस की पतली छड़ निकाली। यह देख मोहन बुरी तरह सहम गया। उसे लग रहा था कि अब बुरी तरह पिटाई होगी। लेकिन हुआ तो कुछ और ही। उनके पिता ने अपने कुरते की बाँहें चढ़ाईं और सीधे हाथ से छड़ी को पकड़कर खुद को ही तड़ातड़ मारना शुरू कर दिया। यह देख बालक मोहन चिल्ला उठा, ''पिताजी, अपने को मत मारो।''

जवाब में पिता ने कहा, ''कुल मिलाकर यह मेरी ही गलती है। अगर मैं तुम्हें सही शिक्षा देता तो आज तुम ऐसा गुनाह नहीं करते। इसलिए मुझे अपने को सजा देने दो।''

जीवन की यह एक ऐसी शिक्षा थी, जिसे गांधीजी फिर कभी नहीं भूले।

सम्मान के लिए

एक बार एक पत्रकार ने एक शहर के लोगों से सवाल किया कि क्या वे इस शहर के मेयर को जानते हैं?

एक व्यापारी ने कहा, ''वह तो झूठा और धोखेबाज है।''

एक शिक्षक ने कहा, ''वह तो महापाखंडी है।''

एक डॉक्टर ने कहा, ''उस जैसा तो भ्रष्ट राजनेता मैंने देखा तक नहीं।''

इसके बाद जब वह पत्रकार मेयर से मिला तो उसने मेयर से उसकी तनख्वाह के बारे में पूछा?

मेयर ने जवाब दिया, ''मैं तनख्वाह के लिए काम नहीं करता।''

''तो फिर आपने मेयर की जिम्मेदारी क्यों ली?''

मेयर ने जवाब दिया, ''सम्मान के लिए।''

राजा से भला तो वृक्ष

एक लड़का आम के पेड़ पर पत्थर मार रहा था। उसी वक्त एक राजा वहाँ से गुजर रहा था। तभी गलती से एक पत्थर राजा को जा लगा। राजा के सैनिकों ने दौड़कर लड़के को पकड़ लिया। इसके बाद लड़के को दरबार में पेश किया गया।

राजा ने कहा, ''इस जुर्म के लिए तुम्हें सजा दी जाएगी। किसी को भी राजा पर पत्थर फेंकने का साहस नहीं करना चाहिए, वरना कानून का राज कायम करना मुश्किल हो जाएगा।''

राजा की बात सुनकर लड़के ने कहा, ''जब मैं पेड़ पर पत्थर मारता हूँ तो पेड़ मुझे मीठा रसदार फल देता है। और जब यही पत्थर राजा को लग जाता है तो वह दंड देता है। हे राजन्! तुमसे भला तो वृक्ष ही है।''

लड़के की बात सुनकर राजा को अपने सुनाए फैसले पर शर्मिंदगी हुई और उसने लड़के को छोड़ दिया।

ऐसा बदला!

नसरुद्दीन खुशी के मारे फूला नहीं समा रहा था। उसके दोस्तों ने आखिर उससे खुशी का राज पूछा।

नसरुद्दीन ने बताया, "वह मूर्ख अहमद जब भी मुझसे मिलता, मेरी पीठ पर धौल जमा देता। आज मैंने डायनामाइट की एक छड़ अपने कोट में पीछे की तरफ छिपाकर रख ली है। अब वो जब भी मेरी पीठ पर मारेगा तो उसका हाथ ही उड़ जाएगा। भले ही मुझे नुकसान क्यों न हो जाए, मैं तो उसे नुकसान पहुँचाकर रहूँगा।"

शिकार

एक दिन सुल्तान नसरुद्दीन को जबरन अपने साथ शिकार पर ले गए। नसरुद्दीन जाना तो नहीं चाहता था, लेकिन सुल्तान को खुश करने के लिए वह चला गया। शाम को जब सब लोग शिकार से लौटे तो सभी के मन में यह जानने की उत्सुकता थी कि शिकार कैसा रहा। इसलिए लोगों ने नसरुद्दीन से पूछा कि शिकार कैसा रहा।

नसरुद्दीन ने जवाब दिया, "बहुत ही बढ़िया।"

लोगों ने उससे जानना चाहा कि उसने कितने शिकार मारे। इस पर उसने जवाब दिया, "एक भी नहीं।"

लोगों ने फिर पूछा, "तुमने कितनों का पीछा किया?"

नसरुद्दीन बोला, "एक का भी नहीं।"

लोगों ने पूछा, "तुमने कितने शिकार देखे?"

उसने कहा, "एक भी नहीं।"

इस पर एक व्यक्ति ने पूछा कि "तब तुम कैसे कह रहे हो कि शिकार बहुत ही अच्छा रहा?" तब नसरुद्दीन ने जवाब दिया, "दोस्तो, अगर तुम शिकार पर गए और भालू, शेर जैसे खतरनाक जानवर नहीं मिले तब इसे तो अच्छा शिकार ही कहा जाएगा।"

हनुमान की भक्ति

राम के राज्याभिषेक के बाद एक दिन सीता और राम के तीनों भाइयों लक्ष्मण, भरत और शत्रुघ्न—ने योजना बनाई कि हनुमान को अब राम की सेवा से हटा दिया जाना चाहिए और उनकी सेवा का सारा काम तीनों को ही

आपस में बाँट लेना चाहिए। तीनों का मानना था कि हनुमान को पहले ही सेवा का काफी अवसर मिल चुका है।

तीनों ने मिलकर सूची बनाई कि सुबह से शाम तक राम की सेवा के लिए कौन क्या-क्या करेगा। इसके बाद इस सूची को राम के सामने पेश किया गया और उन्हें बताया गया कि उनके लिए कौन क्या-क्या काम करेगा। उस वक्त हनुमान भी वहाँ मौजूद थे।

राम ने अपनी सेवा के नए इंतजामों के बारे में सुना और उस सूची को पढ़ा। फिर उन्होंने हनुमान से कहा, ''मेरे सारे काम अब दूसरे सँभाल लेंगे, इसलिए अब तुम आराम कर सकते हो।'' हनुमान ने उनसे कहा, ''जब यह सूची बनाई गई तो इसमें एक काम छूट गया और वह है उँगलियाँ चटकाने का।''

यह सुनकर राम से रहा न गया और उन्होंने हुनमान को यह काम सौंप दिया।

हनुमान के लिए तो यह बहुत ही सौभाग्य की बात थी। हनुमान की यह ऐसी जिम्मेदारी थी जिसके लिए वे हमेशा अपने प्रभु के सामने ही बैठे रहते थे। जबकि किसी और को ऐसा सौभाग्य हासिल नहीं हुआ।

शेर और डॉल्फिन

एक बार समुद्र किनारे घूमते हुए शेर को एक डॉल्फिन दिखाई पड़ गई। शेर ने उससे कहा कि क्यों न हम दोस्त बन जाएँ। मैं तो जमीन के सारे जानवरों का राजा हूँ और समुद्र में तुमसे बड़ा कोई नहीं है, इसलिए तुम सब पर राज करती हो। इसलिए हमें दोस्त बन जाना चाहिए और जरूरत पड़ने पर एक-दूसरे की मदद करनी चाहिए। शेर के इस प्रस्ताव पर डॉल्फिन राजी हो गई और दोनों दोस्त बन गए।

कोई ज्यादा वक्त नहीं गुजरा था। थोड़ी ही देर बाद शेर एक जंगली साँड़ से उलझ बैठा। साँड़ ने उसकी नाक में दम कर दिया। शेर ने मदद के लिए डॉल्फिन को पुकारा। उसने देखा कि उसके पुकारने पर भी डॉल्फिन पानी से बाहर नहीं आई तो शेर ने उसे विश्वासघाती कह डाला।

जवाब में डॉल्फिन ने कहा, ''मुझे दोष मत दो। इसके लिए तो मेरी प्रकृति दोषी है। समुद्र में मैं चाहे कितनी ही ताकतवर हूँ, लेकिन जमीन पर मदद के

मामले में प्रकृति ने मुझे असहाय बना दिया है।''

इसलिए कहा गया है कि उन लोगों को चुनना चाहिए, जो न सिर्फ मदद करने की इच्छा रखते हैं, बल्कि जरूरत पड़ने पर मदद कर भी सकें।

गुलाब की कली

रवींद्रनाथ टैगोर के निमंत्रण पर महात्मा गांधी शांति निकेतन के दौरे पर पहुँचे। एक दिन दोनों सुबह सैर पर निकले। सूरज निकल रहा था। गुलाब की कलियों पर जमी ओस की बूँदों पर सूरज की किरणें पड़ रही थीं। इसे देखकर दोनों वहाँ रुक गए।

टैगोर ने कहा, ''गुलाब की ये कलियाँ मुझे नई कविता लिखने के लिए प्रेरित कर रही हैं। आपके दिमाग में क्या चल रहा है?''

इस पर गांधीजी ने जवाब दिया, ''मेरे दिमाग में कविता जैसा कुछ भी नहीं है। लेकिन मैं हर भारतीय बच्चे का चेहरा इस कली की तरह ही ताजा, खिला हुआ और उम्मीदों से भरा देखना चाहता हूँ।''

इस तरह गुलाब की एक कली ने दुनिया की दो महान् हस्तियों के मन में इस तरह के सुंदर विचार को जन्म दिया।

लोगों की मदद

एक सामाजिक समारोह के मौके पर एक मनोचिकित्सक ने अपने गुरु से एक सवाल पूछा, ''आप लोगों की मदद कैसे करते हैं?''

इस पर गुरु का जवाब था, ''मैं उनसे वहाँ मिलता हूँ, जहाँ वे और कोई सवाल नहीं पूछ सकते हों।''

लिंकन की सच्चाई

बात तब की है जब अमेरिका के पूर्व राष्ट्रपति अब्राहम लिंकन वकालत करते थे। एक बार एक शख्स अपने कागजातों के साथ उनके पास पहुँचा। वह

चाहता था कि लिंकन ही उसका मुकदमा लड़ें। उस व्यक्ति ने लिंकन को मामला बताया और सारे कागजात दिखाए। सबकुछ देखने के बाद लिंकन ने उससे कहा, ''आप कानूनी आधार पर तो मुकदमा जीत सकते हैं।''

इतना कहने के बाद लिंकन ने उस व्यक्ति को कागजात लौटा दिए और बोले, ''सच्चाई के आधार पर इस मुकदमे को नहीं जीता जा सकता। इसलिए मेरा आपको सुझाव है कि आप कोई और वकील कर लें। अगर मैं इस मुकदमे को लेता हूँ तो मेरे मन और दिमाग में लगातार यही बात चलती रहेगी कि मैं अदालत में झूठ बोल रहा हूँ। इसे लेकर मैं भारी दबाव में रहूँगा। इसलिए मेरे लिए इस मुकदमे को लड़ पाना संभव नहीं है। अगर मैं अदालत में सच बोलूँगा तो आप मुकदमा हार जाएँगे।''

गुरु की सीख

एक छात्र अपने गुरु से धनुर्विद्या सीख रहा था। उसके गुरु बहुत ही माने हुए थे। एक दिन छात्र ने उनसे पूछा, ''मैं धनुर्विद्या के बारे में और गहराई से ज्ञान प्राप्त करना चाहता हूँ। इसलिए आपसे सीखने के अलावा मैं ऐसे दूसरे गुरु के पास भी जाना चाहता हूँ, जो मुझे धनुर्विद्या की और नई कलाएँ सिखाएँ। कैसा रहेगा ऐसा करना?''

इस पर गुरु ने जवाब दिया, ''ऐसा शिकारी, जो दो खरगोशों के पीछे भागता है, वह एक को भी नहीं पकड़ पाता।''

बीमारी का इलाज

एक सेठजी थे। उनको कफ की बीमारी हो गई थी। लेकिन फिर भी वे खट्टी चीजें, जैसे खट्टा दही, बटर मिल्क, अचार जैसी चीजें खूब खाते थे। उन्होंने कई वैद्यों को दिखाया। सबने उनसे खट्टी चीजें खाना बंद करने को कहा, ताकि दवाई असर करे। लेकिन वे नहीं माने और खट्टी चीजें खाते रहे।

जब सेठजी किसी के इलाज से ठीक नहीं हुए तो वे एक बहुत ही पुराने बुजुर्ग वैद्य की शरण में पहुँचे। इन वैद्यजी ने जो दवाई लिखी, उसमें खान-पान संबंधी कोई पाबंदी नहीं थी। वैद्यजी ने कहा, ''जो इच्छा हो खाएँ।''

सेठजी ने वैद्यजी की दवाई लेनी शुरू की। लेकिन साथ ही खट्टी चीजें खाने की आदत नहीं छोड़ी। कुछ दिनों बाद जब वैद्य को दिखाने गए तो उन्होंने सेठजी का हाल पूछा। सेठजी ने कहा, "कफ तो बहुत ज्यादा नहीं है, लेकिन यह ठीक तो हो जाएगा न?"

वैद्य ने कहा, "आप खट्टी चीजों के साथ-साथ मेरी दवाई लेते रहें। इससे आपको तीन फायदे होंगे।"

सेठ ने पूछा, "क्या?"

वैद्य ने बताना शुरू किया, "पहला तो यह कि तुम्हारे घर में चोरी नहीं होगी। दूसरा यह कि कोई भी कुत्ता तुम्हें नहीं काटेगा। तीसरा यह कि तुम बुढ़ापा देखने से बच जाओगे।"

सेठ ने पूछा, "लेकिन खट्टी चीजें खाने से ये तीनों बातें कैसे होंगी?"

वैद्य ने समझाया, "अगर तुम खट्टी चीजें खाते हो तो तुम्हारा कफ कभी ठीक नहीं हो पाएगा। दिन-रात तुम्हें कफ आता रहेगा। तो ऐसे में चोर कैसे आएगा? जब कफ लंबे समय तक रहेगा तो तुम कमजोर पड़ जाओगे और बिना छड़ी या लाठी की मदद से नहीं चल पाओगे। तो लाठी के डर से कुत्ते नहीं काटेंगे। और कमजोरी से एक दिन तुम्हारी मौत हो जाएगी और तुम बुढ़ापा देखने से बच जाओगे।"

जो लोग खाने के मामले में लापरवाह होते हैं, उनकी बीमारियाँ कभी ठीक नहीं होतीं।

पैसे की लालसा

एक कपड़ा व्यापारी था। कारोबार में बहुत ही चतुर था। उम्र भी काफी हो चली थी। लेकिन पैसा कमाने से उसका मन नहीं भरा था। व्यापारी के दो लड़के थे, जो धंधे में उसका हाथ बँटाते थे। लेकिन इन लड़कों के कारोबार सँभाल लेने के बाद भी व्यापारी ने दुकान जाना बंद नहीं किया। उसमें और पैसा कमाने की लालसा बढ़ती ही जा रही थी। व्यापारी की इस आदत से लड़के परेशान थे। वे चाहते थे कि पिताजी अब घर पर ही आराम करें।

एक दिन लड़कों ने एक पंडित को बुलाया और कहा कि वह उनके पिता को लंबी तीर्थयात्रा पर ले जाएँ, ताकि कारोबार और पैसा कमाने की तृष्णा से पिता

का मन हटाने में मदद मिल सके। लड़कों के इस अनुरोध पर पंडित राजी हो गया और बूढ़े व्यापारी को तीर्थ कराने के लिए निकल पड़ा।

पंडित और व्यापारी करीब साल भर तक तीर्थयात्रा पर इधर-उधर घूमते रहे। बदरीनाथ, केदारनाथ, गंगोतरी, यमनोतरी, गंगासागर, द्वारका सहित भारत में जितने भी तीर्थ थे, उनमें से कोई भी नहीं छोड़ा। लेकिन व्यापारी के मन से धन कमाने का लोभ अभी भी खत्म नहीं हुआ था। घूमते-घूमते व्यापारी और पंडित बनारस पहुँचे। पंडित व्यापारी को गंगा किनारे श्मशान घाट भी दिखाने ले गया। श्मशान घाट देखते ही व्यापारी के चेहरे पर खुशी की लहर दौड़ गई। मानो जैसे उसे यहाँ बहुत कुछ मिल गया हो। यह देख पंडित को हैरानी हुई। व्यापारी ने पंडित से कहा, ''तुम मुझे यहाँ पहले क्यों नहीं लाए? मैंने सारी जिंदगी कपड़े का व्यापार किया, लेकिन आज मुझे यहाँ आकर लग रहा है कि मैंने कपड़े का व्यापार कर गलत किया। मुझे तो लकड़ियों का व्यापार करना चाहिए था। देखो, यहाँ लकड़ियों की कितनी भारी माँग है। अगर मैं यहाँ लकड़ी का व्यापार करता तो काफी पैसा कमा लेता।''

व्यापारी की बात सुनकर पंडित अवाक् रह गया।

सबसे दुःखी व्यक्ति

राजा का दरबार लगा था। दरबार के सभी प्रबुद्ध जन इस बात पर विचार में मगन थे कि इस दुनिया में असली दुःखी कौन है?

किसी ने कहा कि ये, किसी ने कहा वह। अंत में सारे दरबारी इस बात पर एकमत हुए कि दुनिया में असली दुखियारा तो वह है जो गरीब है और बीमारियों से ग्रस्त है।

लेकिन राजा दरबारियों की इस बात से सहमत नहीं हुआ। उसने अपने सबसे विश्वसनीय मंत्री चतुरनाथ की ओर देखा और पूछा, ''चतुरनाथ, तुम्हारा इस बारे में क्या कहना है?''

चतुरनाथ बोला, ''हे राजन्, मेरा तो मानना यह है कि जो ईर्ष्यालु होता है, वही हमेशा सबसे ज्यादा अप्रसन्न रहता है। वह दूसरों को खुश देखकर हमेशा परेशान रहता है। उसके मन-मस्तिष्क में कहीं भी शांति नहीं रहती। ईर्ष्यालु व्यक्ति हमेशा संदेह और दुर्भावनाओं से घिरा रहता है। और ऐसा व्यक्ति ही दुनिया में

सबसे ज्यादा दु:खी रहता है।''

गुरु की जरूरत

एक बार गुरुकुल में आए एक व्यक्ति ने वहाँ के छात्रों से पूछा, ''आप सबको आखिर गुरु की जरूरत क्यों महसूस होती है?''

छात्रों ने जवाब दिया, ''जिस तरह पानी को गरम करने के लिए आग और पानी के बीच बरतन की जरूरी होती है, वैसे ही हमारे लिए गुरु जरूरी हैं।''

गुरु का मंत्र

एक नवदंपती आशीर्वाद लेने अपने प्रोफेसर के पास पहुँचा।

प्रोफेसर ने कहा, ''सुखी भव।''

आश्चर्य से लड़के ने कहा, ''सर, कोई शादी करके सुखी कैसे रह सकता है?''

प्रोफेसर ने कहा, ''यह एक रहस्य है। ध्यान से सुनो। पहला, पत्नी से जो वायदे किए हैं, उन्हें पूरा करो। दूसरा, कोई भी वायदा मत करो।''

देखने का नजरिया

एक बार एक सूफी संत अपने एक शिष्य के साथ एक गाँव में पहुँचे। तभी उनका अनुयायी उनके पास पहुँचा और बोला, ''हे भगवन्, इस शहर में तो अति मूर्ख लोगों की भरमार है। इतने बुद्धिहीन कि कोई कुछ सीखना ही नहीं चाहता। किसी में भी ज्ञान हासिल करने की इच्छा नहीं है। यहाँ आप किसी का भी हृदय परिवर्तन नहीं कर पाएँगे।''

संत ने इस व्यक्ति से कहा, ''तुम सही कह रहे हो।''

थोड़ी ही देर बाद संत का एक और अनुयायी वहाँ पहुँचा और खुशी से कहने लगा, ''प्रभु, आप यहाँ पधारे, यह तो इस गाँव का सौभाग्य है। लोग तो आपसे शिक्षा ग्रहण करने के लिए कब से प्रतीक्षा कर रहे हैं।''

संत ने इस व्यक्ति को वही जवाब दिया, ''तुम सही कह रहे हो।''

संत के साथ आए शिष्य ने उनसे पूछा, ''आपने पहलेवाले व्यक्ति को भी सही बताया और जो उसके उलट बात कर रहा है, उसे भी आप सही कह रहे हैं। आखिर दोनों सही कैसे हो सकते हैं?''

अपने शिष्य की जिज्ञासा शांत करते हुए संत ने कहा, ''हर व्यक्ति दुनिया को उसी तरह से देखता है जैसे वह उससे होने की उम्मीद रखता है। इसलिए मैंने दोनों की ही बात का विरोध नहीं किया। एक को दुनिया अच्छी दिखती है और दूसरे को बुरी नजर आती है। क्या दुनिया में एक ही समय पर एक ही जगह अच्छे और बुरे, दोनों तरह के लोग नहीं होते? दोनों में किसी ने भी गलत नहीं कहा, सिर्फ अधूरी बात कही।''

नियति और तकदीर

एक महिला अपने गुरु के पास पहुँची और अपनी नियति को कोसने लगी।

गुरु ने जवाब दिया, ''नियति तो तुमने खुद तय की है।''

महिला ने कहा, ''लेकिन औरत के रूप में पैदा होने के लिए तो मैं जिम्मेदार नहीं हूँ।''

इस पर गुरु ने कहा, ''स्त्री के रूप में जन्म लेना नियति नहीं है। यह तो तकदीर है। नियति तो यह है कि तुम अपने औरत होने को किस तरह से लेती हो और इसे किस तरह इसे जीती हो।''

राजा का अहंकार

एक संन्यासी राजा के पास पहुँचा। राजा ने बहुत ही आदर-सत्कार से उसका स्वागत किया। कुछ दिन वहाँ रहने के बाद जब संन्यासी चलने लगा तो उसने राजा से कहा कि वह उसे अपनी पसंद का कुछ उपहार दे।

यह सुनकर राजा सोच में पड़ गया। कुछ ही क्षणों में उसने संन्यासी से कहा, ''मेरे खजाने से आप जो चाहें ले लें।''

इस पर संन्यासी ने जवाब दिया, ''लेकिन यह तो तुम्हारा नहीं है। यह तो इस राज्य का है। आप तो सिर्फ इसके संरक्षक भर हैं।''

राजा बोला, ''तो फिर यह महल ले लीजिए।''

संन्यासी ने हँसते हुए कहा, ''यह भी तुम्हारा नहीं है। यह तो यहाँ की जनता का है।''

अब राजा ने कहा, ''मेरा शरीर तो मेरा है, इसे ले लीजिए और आप इसका जो चाहें करें।''

इस पर संन्यासी ने कहा, ''इसे मैं कैसे ले सकता हूँ। इस पर तो तुम्हारे बच्चों का हक है।''

राजा चक्कर में पड़ गया। उसने बड़ी विनम्रता से कहा, ''महाराज, आप जो भी मेरा समझें, उसे ले लें। मैं धन्य होऊँगा। मुझे बताइए तो सही कि मेरा क्या है, मैं वही आपको दे दूँगा।''

संन्यासी ने कहा, ''अगर तुम वाकई मुझे कुछ देना चाहते हो जो तुम्हारा है तो बस अपना अहंकार दे दो।''

क्योंकि अहंकार पतन का द्वार है। यह गरिमा को नष्ट कर डालता है। यह तो सिर्फ खोखलेपन का प्रतीक होता है।

बेटों का उपहार

तीन भाई कमाने के लिए बाहर गए। जिसने जहाँ नौकरी-धंधा किया, वह वहीं बस गया। तीनों ही काफी संपन्न हो गए। गाँव में उनकी माँ अकेली रह गई। काफी समय बाद जब तीनों घर लौटने को हुए तो आपस में चर्चा की कि माँ को उपहार में किसने क्या दिया।

एक भाई ने कहा कि उसने माँ के लिए एक बड़ा मकान बनवाया। दूसरे ने कहा कि मैंने माँ के लिए मर्सीडीज बेंज कार भेजी और साथ में ड्राइवर भी। तीसरे ने मुसकराते हुए बताया कि मैंने तुम दोनों को पीछे छोड़ दिया। क्या तुम्हें याद है कि माँ को बाइबल पढ़ने में कितना मजा आता था। लेकिन कम दिख पाने की वजह से वे पढ़ नहीं पा रही थीं। इसलिए मैंने उन्हें खास किस्म का तोता भेजा, जिसने बाइबल रट रखी थी। इस तोते को चर्च में 12 साल तक बाइबल रटाकर तैयार किया गया था। माँ इस तोते से जब भी बाइबल का जो हिस्सा सुनना चाहेंगी, वही यह सुनाना शुरू कर देगा।

इन उपहारों को पाने के बाद महिला ने अपने बच्चों को धन्यवाद देते हुए

खत लिखा। पहलेवाले लड़के को माँ ने लिखा, 'मिल्टन, तुमने मेरे लिए इतना बड़ा घर बनवा दिया। मैं तो केवल एक ही कमरे में रहती हूँ और सफाई सारे घर की करनी पड़ती है।'

महिला ने दूसरे बेटे को लिखा, 'गेराल्ड, मैं तो अब इतनी बूढ़ी हो चुकी हूँ कि घूमना-फिरना मुश्किल से ही हो पाता है। मेरी तो आँखें भी काफी कमजोर हो गई हैं। ज्यादातर वक्त घर पर ही गुजरता है। इसलिए कार तो कभी-कभार ही इस्तेमाल हो पाती है। और फिर जो ड्राइवर तुमने भेजा है, वह भी बदमिजाज है।'

तीसरे बेटे को महिला ने लिखा, 'प्यारे बेटे डोनाल्ड, अपनी माँ की पसंद के बारे में तो तुम्हें ही सबसे ज्यादा पता है। जो चिकन तुमने भेजा था, वह वाकई स्वादिष्ट था।'

अध्यात्म

एक बार एक व्यापारी एक संन्यासी के आश्रम में पहुँचा। संन्यासी को प्रणाम करने के बाद उसने पूछा, ''मेरे जैसे सांसारिक व्यक्ति के लिए अध्यात्म किस तरह से मददगार होता है?''

संन्यासी ने कहा, ''यह तुम्हें और ज्यादा हासिल करने के लिए प्रेरित करेगा।''

''कैसे?'' व्यापारी ने पूछा।

''यह तुम्हें बताएगा कि इच्छाओं को कम कैसे करें।'' संन्यासी ने मुसकराकर जवाब दिया।

पंखे के बिना

अपने पिता की मृत्यु के बाद लड़के ने अपनी माँ को वृद्धाश्रम में रख दिया। इस वृद्धाश्रम के कमरों में पंखे नहीं थे। कई साल इस आश्रम में गुजारने के बाद एक दिन वृद्धा बीमार हो गई। डॉक्टर ने उसके बेटे को बुलाया।

बेटे ने माँ से पूछा, ''आपको अगर कुछ चाहिए हो तो बताओ।''

इस पर माँ ने कहा कि इस वृद्धाश्रम के कमरों में पंखे लगवा दो। लड़का काफी पैसेवाला था और उसका बड़ा व्यापार था। इसलिए उसके लिए यह कोई बड़ी बात नहीं थी। उसने माँ से कहा, ''आपको इतने साल यहाँ रहते हुए हो गए,

लेकिन आपने मुझे पहले क्यों नहीं बताया। और अब जब आपके पास समय ज्यादा नहीं बचा है, तो पंखे की क्या जरूरत है?''

इस पर वृद्धा ने कहा, ''बेटा, मैं तो बिना पंखे के रह सकती हूँ, लेकिन मुझे चिंता तुम्हारी है। तुम यहाँ बिना पंखे के नहीं रह पाओगे।''

सर्वश्रेष्ठ दान

एक बार तीन भाइयों में इस बात को लेकर बहस छिड़ गई कि दुनिया में सर्वश्रेष्ठ दान कौन सा है। पहले भाई ने कहा कि धन का दान ही सर्वश्रेष्ठ है। दूसरे ने कहा कि गौ (गाय) दान सर्वश्रेष्ठ दान है। तीसरे ने भूमिदान को सर्वश्रेष्ठ बताया। तीनों अपने पिता के पास पहुँचे और बताया कि सर्वश्रेष्ठ दान क्या है। बेटों के जवाब सुनकर पिता ने कोई जवाब नहीं दिया। पिता ने सबसे बड़े बेटे, जिसने धन को सर्वश्रेष्ठ दान बताया था, को पैसे देकर बाजार भेज दिया। लड़का पैसे लेकर बाजार गया और उसने वे पैसे एक भिखारी को दान कर दिए। इसी तरह दूसरा लड़का गाय लेकर बाजार गया और उसी भिखारी को दान में दे आया। तीसरा लड़का भी निकला और उसी भिखारी को जमीन दान में दे आया।

कुछ दिनों के बाद वह व्यक्ति अपने तीनों बेटों के साथ उस बाजार से गुजरा, जहाँ कि भिखारी मिलता था। उसने देखा कि पैसा, गाय और जमीन मिल जाने के बाद भी भिखारी भीख माँग रहा था। उसने गाय और जमीन बेचकर उससे मिला सारा पैसा चट कर डाला था।

तब उस व्यक्ति ने बच्चों को बताया कि सर्वश्रेष्ठ दान क्या है। उसने कहा कि सर्वश्रेष्ठ दान तो वही है, जिसका दुरुपयोग न हो, हमेशा सदुपयोग किया जा सके और ऐसा सर्वश्रेष्ठ दान है—'ज्ञान का दान।'

शेर, भेड़िया और लोमड़ी

एक बार जंगल का राजा शेर बीमार पड़ गया। वह अपने को बहुत ही कमजोर महसूस करने लगा था। उसकी दहाड़ खत्म हो चुकी थी। जंगल के राजा की तबीयत के बारे में जानकर सभी उसके पास पहुँचे और हालचाल पूछा। लेकिन लोमड़ी शेर का हालचाल लेने नहीं गई। भेड़िया लोमड़ी से लड़ चुका था। उसने

सोचा कि ये अच्छा मौका है लोमड़ी से बदला लेने का।

भेड़िए ने शेर से दबी आवाज में कहा कि महाराज, आपकी तबीयत के बारे में जानकर। लोमड़ी को छोड़कर जंगल के सारे जानवर दुःखी हैं देखिए, हम सब आपके बीमार हो जाने से कितने उदास हैं, सिवाय लोमड़ी के। सिर्फ लोमड़ी ही आपको देखने नहीं आई।

भेड़िया ने अपनी बात खत्म की ही थी, तभी लोमड़ी वहाँ पहुँच गई। भेड़िए ने शेर से लोमड़ी के बारे में जो कुछ कहा था, वह सब लोमड़ी ने सुन लिया था। लोमड़ी शेर से बोली, ''महाराज, भेड़िया ठीक ही कह रहा है। मैं आपको देखने नहीं आई। लेकिन आपके लिए जितना मैंने किया है, उतना क्या किसी ने किया है? जबकि जंगल के सारे जानवर यहाँ बैठे हैं और आँसू बहा रहे हैं, और एक मैं हूँ जो एक डॉक्टर के पास से दूसरे के पास दौड़ रही हूँ। मैं तो आपके लिए असली इलाज की तलाश में भटक रही थी। और अब वह मुझे मिल ही गया है।''

शेर ने दहाड़ते हुए कहा, ''मेरी प्यारी दोस्त, बताओ तो मेरे लिए क्या है? मुझे करना क्या है?''

लोमड़ी ने जवाब दिया, ''आपके लिए बहुत ही आसान काम है। इस भेड़िए को मारकर इसकी खाल को अपने चारों ओर लपेट लीजिए।''

लोमड़ी की बात सुन भेड़िया वहाँ से जितनी तेज भाग सकता था, भाग निकला। तभी उसने फैसला कर लिया कि आइंदा वह इस तरह की हरकत नहीं करेगा।

इनसान की जड़ें

एक बार एक लड़के की दादी बीमार पड़ गई। इतनी बीमार कि उसका चलना फिरना तक बंद हो गया। इस पर वृद्धा ने अपने पोते को बुलाया और कुछ दिन अपने छोटे से बगीचे की देखभाल करने को कहा। बगीचे में पानी देने का काम ही सबसे बड़ा था, ताकि पेड़-पौधे सूख न जाएँ। लड़के ने अपनी दादी की बात मान ली और बगीचे की देखभाल करने लगा।

करीब महीने भर में वृद्धा ठीक हो गई। चलना-फिरना शुरू हो गया और पहले की तरह ही सारे काम करने लगी। जब वह बगीचे में गई तो उसने देखा कि कई पेड़ तो सूखने लगे और कई मुरझा गए थे। बगीचे की हालत खराब हो चुकी

थी। उसने अपने पोते को बुलाया और कहा कि बगीचे की देखभाल करने का तुमने अपना वायदा नहीं निभाया। इस पर पोता रोने लगा और बोला, ''मैंने तो पौधों को रोजाना पानी दिया और पूरी देखभाल की। फिर भी ये मुरझाने लगे तो इसमें मेरा क्या दोष है?''

तब वृद्धा बोली, ''तुमने पेड़ों की जड़ों को रोजाना पानी दिया। पेड़ों में तो इतनी शक्ति होती है कि वे मिट्टी से अपना खाना खुद ही तैयार कर लेते हैं; और इसी से वे बढ़ते और जिंदा रहते हैं।''

दादी की यह बात पोते को लग गई। वह कई दिन इस बारे में सोचता रहा। एक दिन उसने दादी से पूछ ही लिया, ''दादी, जिस तरह पेड़ों की अपनी जड़ें होती हैं, उस तरह हम इनसानों की जड़ें कहाँ होती हैं?'' इस पर दादी ने जवाब दिया, ''इनसान के अपने साहस और हाथों में। अगर इनको रोजाना पोषण नहीं मिले तो न हम जिंदा रह सकते हैं, न हमारा विकास ही हो सकता है।''

दादी का जवाब सुनने के बाद लड़के ने ठान लिया कि अब वह अपनी टीम के लोगों का हमेशा उत्साह बढ़ाएगा और उसे एक मजबूत टीम बनाकर रहेगा।

आगे चलकर यही लड़का दुनिया में 'माओ' के नाम से मशहूर हुआ।

स्तालिन और चर्चिल

दूसरे विश्वयुद्ध के दौरान याल्टा सम्मेलन में राष्ट्रपति ट्रूमैन ने भी हिस्सा लिया। सम्मेलन में उन्होंने देखा कि विंस्टन चर्चिल का जो रवैया रहा, बड़ा ही अड़ियल था। वे हर किसी बात को लेकर हठधर्मिता का रुख अपना रहे थे। वहीं दूसरी ओर उन्होंने यह भी देखा कि रूसी नेता जोसेफ स्तालिन बहुत ही विनम्र नजर आ रहे थे, उनका दोस्ताना बरताव सबको आकर्षित कर रहा था और जटिल मुद्दों पर भी उन्हें आसानी से मनाया जा सकता था।

किसी भी समझौते या संशोधन पर हस्ताक्षर करने से पहले चर्चिल ने उस पर खुलकर बहस की, जबकि स्तालिन बिना किसी अड़चन के खुशी-खुशी हर जगह सहयोग करते दिखे और जहाँ उनसे अनुरोध किया गया, वहाँ उन्होंने दस्तखत किए।

सम्मेलन खत्म हो गया। समझौतों को लागू करने के लिए काम शुरू किया गया। तब जाकर ट्रूमैन को सच्चाई का पता चला। उन्होंने पाया कि चर्चिल सम्मेलन

में पास किए हर समझौते पर अमल के लिए वाकई गंभीर थे। और दूसरी ओर थे स्तालिन, जो सम्मेलन में हुए समझौतों पर अमल के प्रति गंभीर तो थे ही नहीं, बल्कि उन्होंने इस बारे में कोई परवाह तक नहीं की। और वे अपनी पूरी ताकत के साथ अपने गुप्त एजेंडे को लागू कराने में लगे रहे। इन दोनों नेताओं ने जो किया और उसका जो नतीजा सामने आया, वह अब इतिहास बन चुका है।

बाद में ट्रूमैन को महसूस हुआ कि चर्चिल उस वक्त मुश्किल इसलिए प्रतीत हो रहे थे, क्योंकि वे सम्मेलन में हुए समझौतों पर अमल को लेकर वाकई गंभीर थे और पूरे मन से उन्हें लागू करना चाहते थे। दूसरी ओर स्तालिन दोस्ताना रुख अपनाए हुए थे और हर समझौते पर इसलिए सहमति दे रहे थे, क्योंकि वे जानते थे कि उन्हें इन मुद्दों पर कुछ करना ही नहीं है।

गुस्से पर काबू पा लो

"भिक्षां देही!" घर के दरवाजे पर से आवाज आई। तभी घर की महिला भिक्षु के लिए चावल से भरा कटोरा लेकर दरवाजे पर हाजिर हो गई। उसने भिक्षु को चावल दिए और कहा, "महाराज, मुझे आपसे एक सवाल पूछना है। लोग एक-दूसरे से क्यों झगड़ते रहते हैं?"

महिला का सवाल सुनकर भिक्षु ने जोर से गुस्से में कहा, "मैं यहाँ भिक्षा माँगने के लिए आया हूँ, न कि तुम्हारे इस तरह के मूर्खतापूर्ण सवालों का जवाब देने के लिए।"

महिला घर के अंदर चली गई। वह बोलती जा रही थी कि देखो, कितना उजड्ड है यह भिक्षु। मैं तो उसे भिक्षा दे रही हूँ। फिर भी उसने इस तरह का बरताव किया। महिला भिखारी की ओर देखती हुई बोली, "तुम कितने गुस्सैल और एहसानफरामोश हो। तुममें इतनी भी तमीज नहीं कि किस तरह सवाल का जवाब दें।"

जब महिला ने बोलना थोड़ा कम कर दिया तो भिक्षु ने कहा, "जब मैंने अपनी ऊँची आवाज में तुमसे बात की तो तुम किस कदर बौखला गईं। असल में यह गुस्सा ही है जो लोगों को झगड़ने के लिए उकसाता है। अगर लोग अपने गुस्से पर काबू पा लें तो दुनिया में झगड़े अपने आप ही कम हो जाएँगे।"

विरोधी का दिल जीतो

पेरिकल्स नाम के एक मशहूर यूनानी नेता हुए थे। एक बार एक व्यक्ति उनसे बुरी तरह चिढ़ गया। एक दिन उस व्यक्ति ने इनके घर के बाहर खड़े होकर उन्हें जमकर कोसना शुरू कर दिया और जितना बुरा वह कह सकता था, कहता रहा। उसने जरा भी नहीं सोचा कि वह किन शब्दों का इस्तेमाल कर रहा है। पेरिकल्स सबकुछ चुपचाप सुनते रहे और जब तक उस व्यक्ति ने बोलना बंद नहीं कर दिया तब तक शांत रहे।

दोपहर का वक्त था। लेकिन वह व्यक्ति पेरिकल्स के खिलाफ जहर उगलता ही जा रहा था। देर शाम तक यह सिलसिला चलता रहा। जब शाम तक वह बुरी तरह थक गया और अपने घर को रवाना होने लगा तब पेरिकल्स ने अपने नौकर को बुलाया और कहा कि वह लालटेन लेकर उस व्यक्ति के साथ जाए और उसे सकुशल घर छोड़कर आए।

पेरिकल्स की यह बात सुनकर वह व्यक्ति उनके पैरों में पड़ गया और माफी माँगने लगा।

कभी भी गुस्सा मत करो

एक गाँव में एक बूढ़ा व्यक्ति रहता था। वह लोगों को उपदेश दिया करता था। एक दिन वह अपने घर के दालान में बैठा था। वहाँ काफी लोग थे, जो उससे मिलने आए थे। वृद्ध ने लोगों को शिक्षा देते हुए कहा कि तुम लोग अगर जीवन में खुश रहना चाहते हो और सफलता प्राप्त करना चाहते हो तो हमेशा एक मंत्र याद रखो—'कभी भी गुस्सा मत करो।'

एक दिन पड़ोस के गाँव का एक व्यक्ति वहाँ से गुजर रहा था। उसने इस वृद्ध व्यक्ति के बारे में सुना और मिलने की इच्छा जताई।

वह व्यक्ति वृद्ध के पास पहुँचा और उसके सामने बैठ गया। व्यक्ति ने वृद्ध से कहा, "मैं जीवन में सफलता कैसे हासिल कर सकता हूँ, मुझे इसका मंत्र दीजिए।" इस पर वृद्ध ने कहा, "किसी पर भी कभी गुस्सा मत करो।" इस पर उस व्यक्ति ने बात नहीं सुन पाने का ढोंग किया और कहा, "आपने जो कहा, मैं सुन नहीं पाया।" तब वृद्ध ने जोर से बोलते हुए फिर कहा, "कभी गुस्सा मत करो।" उस व्यक्ति ने फिर कहा, "जरा एक बार और कहिए, मैं सुन नहीं पाया।

इसके बाद वृद्ध ने गुस्से से चिल्लाते हुए कहा, ''कभी किसी पर गुस्सा मत करो।''

व्यक्ति ने वृद्ध को बताया कि वह बहरा है, इसलिए वह एक बार और अपनी बात कहे। इस पर वृद्ध बुरी झल्ला गया। वह गुस्से में तो था ही। उसने लाठी उठाई और उस व्यक्ति के सिर पर दे मारी। वृद्ध ने कहा, ''मैंने तुम्हें हजार बार कहा कि किसी पर गुस्सा मत करो, लेकिन तुम अभी तक नहीं समझ पाए।''

तब उस व्यक्ति ने कहा कि उपदेश देना सरल है, उस पर अमल करना भी जरूरी है।

प्रेम के आगे कुछ नहीं

बात सन् 1922 की है। ब्रिटिश सरकार ने महात्मा गांधी को जेल में डाल दिया था। देश की जनता में गांधीजी की जबरदस्त लोकप्रियता थी। लोगों पर गांधीजी का गहरा प्रभाव था। जेलर चाहता था कि गांधीजी को किसी भी सूरत में लोगों से न मिलने दिया जाए। इसलिए उसने जेल में एक अफ्रीकी कैदी को गांधीजी की निगरानी के लिए रख दिया। वह अफ्रीकी कोई भी भारतीय भाषा नहीं जानता था। रोजाना वह अफ्रीकी जब गांधीजी के पास आता तो गांधीजी उसे देखकर मुसकरा देते। एक दिन जब वह अफ्रीकी बैरक की सफाई कर रहा था, तो उसे बिच्छू ने डंक मार दिया। गांधीजी ने देखा कि उस पर बिच्छू का जहर चढ़ता जा रहा है और वह दर्द से कराह रहा है। तभी गांधीजी ने उसका हाथ लिया और जहाँ बिच्छू ने डंक मारा था, उस जगह को चूसकर जहर खींचकर थूक दिया। चार-पाँच बार इस तरह करके गांधीजी ने उसका जहर बाहर कर दिया और इससे उसको काफी आराम मिला। इस तरह गांधीजी ने प्रेम और इनसानी संवेदना से एक ऐसे व्यक्ति को हमेशा के लिए अपना बना लिया, जो उनकी भाषा नहीं समझता था।

ईश्वर से माँगो

एक बार राजा विक्रांत जंगल में भटक गए और महल का रास्ता भूल गए। शाम हो चुकी थी। कहीं कोई ठिकाना नहीं मिल रहा था। तभी एक किसान ने उन्हें देखा और अपने यहाँ ले गया। किसान ने बहुत ही आदर-सत्कार से राजा

को अपनी कुटिया में ठहराया। किसान को यह नहीं पता था कि जिस व्यक्ति को उसने अपने यहाँ ठहराया है, वह एक राजा है।

अगले दिन सुबह राजा ने चलते वक्त किसान को अपनी जेब से निकालकर एक पहचान-पत्र दिया, जिस पर उनकी मुहर लगी थी। राजा ने कहा कि जब भी तुम्हें कोई कष्ट हो या तुम्हें किसी चीज की जरूरत हो तो इस पत्र को लेकर राज दरबार में हाजिर हो जाना। लेकिन किसान बहुत ही मेहनती था और अपने जीवन से पूरी तरह संतुष्ट था। जैसे-जैसे समय गुजरता गया, वह इस घटना को भूल भी गया।

एक बार किसान गंभीर मुश्किलों में फिर गया। उसकी खेती चौपट हो गई थी। तभी उसे याद आया कि एक बार राजा ने उससे कहा था कि जब संकट हो तो मेरे दरबार में आ जाना। यही सोचकर वह राज-दरबार में पहुँचा और राजा ने जो परिचय-पत्र दिया था, वह दिखाया। उस समय राजा पूजा कर रहे थे। लेकिन तब भी सुरक्षाकर्मियों ने किसान को राजा तक जाने से इसलिए नहीं रोका, क्योंकि उसके पास राजा का दिया परिचय-पत्र था। किसान ने देखा कि राजा खुद जमीन पर बैठा ईश्वर से माँग रहा है।

यह देख वह भौंचक्का रह गया। इस घटना ने उसकी आत्मा और आत्मसम्मान को झकझोरकर रख दिया। किसान सोचने लगा—आखिरकार जब सबकुछ देनेवाली वह ईश्वरीय शक्ति ही है तो फिर हमें किसी दूसरे इनसान से क्यों माँगना चाहिए। यह सोचता हुआ वह लौटने लगा। तभी राजा ने उसे टोका। राजा किसान को पहचान गया था। राजा ने पूछा, ''बताओ, क्या चाहिए तुम्हें?'' इस पर किसान ने जवाब दिया, ''महाराज, मैं तो यहाँ आपसे मदद माँगने आया था। लेकिन अब मैं भी उसी (ईश्वर) से मागूँगा, जिससे आप भी माँग रहे थे।''

बिना काँटों के गुलाब नहीं

एक बार राजा भोज ने अपने राज्य की प्रजा को दावत दी। दूर-दूर से लोग पहुँचे। इस जनभोज में तमाम तरह के व्यंजन थे। प्रजा से अपने राज और भोज, दोनों की तारीफ सुन राजा भोज भीतर से बहुत ही गद्‌गद थे।

शाम को कुछ लोगों ने देखा कि राज्य के मुख्य प्रवेश-द्वार पर एक लकड़हारा सिर पर लकड़ियों का गट्‌ठर उठाए चला आ रहा है। लोगों ने उससे पूछा कि क्या

तुम्हें नहीं मालूम, आज राजा ने जनता को दावत दी है। क्या तुम इसमें नहीं जाओगे?

इस पर लकड़हारे ने कहा, "नहीं। मुझे पता था कि आज राजा ने जनता को दावत दी है। लेकिन अगर कोई मेहनत करके अपनी रोजी-रोटी कमा सकता है तो फिर उसे राजा भोज की दावत की चिंता नहीं करनी चाहिए। परिश्रम की सूखी रोटी का मजा मुफ्त के पकवानों में नहीं मिल सकता। मैं जो मेहनत से कमाता हूँ, उसमें मेरा आत्मसम्मान भी है। इसलिए मुझे राजा की दावत से क्या मतलब?"

ईमानदारी का फल

मशहूर वैज्ञानिक सी.वी. रमन ने सन् 1949 में रमन रिसर्च इंस्टीट्यूट की स्थापना की थी। उन्होंने वैज्ञानिक सहायक के पद के लिए एक विज्ञापन निकाला। कई उम्मीदवार आए। साक्षात्कार हुआ। साक्षात्कार का काम खत्म होने के बाद जब रमन बाहर आए तो उन्होंने देखा कि एक व्यक्ति, जिसे उन्होंने नहीं चुना था, फिर भी वह अभी तक कमरे के बाहर बैठा हुआ था। रमन उसके पास गए और पूछा, "आप यहाँ क्या कर रहे हैं? मैंने आपको बताया कि हम आपको नहीं रख सकते। तो फिर आप अभी तक यहाँ क्यों रुके हैं?"

तब उस युवक ने कहा, "सर, मुझे मालूम है। लेकिन मैं तो अब यहाँ उस यात्रा भत्ते का पैसा लौटाने आया हूँ, जो मुझे आपके दफ्तर ने भूलवश ज्यादा दे दिया है।" इस पर रमन बोले, "अच्छा, तो यह बात है।" वे उस नौजवान के कंधों पर हाथ रखते हुए अपने दफ्तर में ले गए और कहा कि अब इस पद पर तुम्हें नियुक्त कर लिया गया है। रमन ने नौजवान से कहा कि अब इस बात की कोई चिंता नहीं कि तुम भौतिक शास्त्र में मेरी कसौटी पर खरे नहीं उतरे। अब मैं तुम्हें भौतिक शास्त्र पढ़ाऊँगा। तुम एक चरित्रवान् युवक हो, मेरे लिए यह ज्यादा महत्त्वपूर्ण है।

हनुमान चालीसा-1

प्रभु मुदरिका मेलि मुख माहीं।
जलधि लाँघि गए अचरज नाहीं॥

लंका में सीता के पास पहुँचने के लिए हनुमान समुद्र में छलाँग लगाने के

लिए तैयार ही खड़े थे। सीता को दिखाने के लिए राम ने उन्हें एक अँगूठी दी, वरना सीता हनुमान के वानर रूप को देखकर डर जातीं और पहचान ही नहीं पातीं कि वे राम के दूत हैं। हनुमान ने राम को भरोसा दिलाया कि यह अँगूठी सीताजी तक पहुँच जाएगी।

हनुमानजी सोच में पड़ गए कि आखिर अँगूठी को रखा कहाँ जाए। कहीं ऐसा न हो कि समुद्र पार करते समय अँगूठी गिर जाए। वे इस अँगूठी को उँगली में पहन भी नहीं सकते थे, क्योंकि यह राम-सीता के विवाह की अँगूठी थी, जो सीता ने राम को दी थी। पहले तो हनुमान ने सोचा कि वे इसे मुट्ठी में ही बाँधकर ले जाएँगे, लेकिन फिर उन्हें लगा कि यह उपाय सुरक्षित नहीं होगा। तब उनके मन में एक विचार आया और उन्होंने अँगूठी मुँह में रख ली।

इसकी रचनात्मक व्याख्या इस तरह भी की जा सकती है कि अगर हम मुँह में ईश्वर का नाम रखते हैं, यानी हमेशा उसका जाप करते हैं तो समुद्र को पार करने और सीताजी तक पहुँचने जैसे मुश्किल काम भी बड़ी आसानी से कर ले जाते हैं। इसलिए कहा जाता है कि 'भगवान् का नाम लेकर काम करो, सफलता अवश्य मिलेगी।'

ज्ञान की भूख

एक व्यक्ति ज्ञान-प्राप्ति के लिए गुरु की तलाश में भटक रहा था। अंत में वह सुकरात के पास पहुँचा। सुकरात अपने समय के विद्वान् और महान् दार्शनिक थे। उस व्यक्ति ने सुकरात से कहा कि वह भी उन जैसा ही ज्ञान हासिल करना चाहता है। इस पर सुकरात ने उससे कुछ कहा तो नहीं, लेकिन वे उसे व्यावहारिक ज्ञान देने को तैयार हो गए।

सुकरात उस व्यक्ति को समुद्र के तट पर ले गए। कपड़े पहने हुए ही वे पानी में उतर गए। सुकरात को इस तरह के अनोखे काम करना बहुत ही पसंद था, खास तौर से तब जब वे किसी बात को साबित करना चाहते थे। गुरु की आज्ञा का पालन करता हुआ वह व्यक्ति भी उनके साथ ही पानी में उतर गया। दोनों पानी में इतने अंदर चले गए कि दोनों की ठोड़ी ही नजर आ रही थी। सुकरात ने उससे बिना कुछ कहे अपने दोनों हाथ उसके कंधों पर रख दिए और फिर उसकी नजरों से नजरें मिलाते हुए पूरी ताकत के साथ उसके सिर को पानी में डुबो दिया। वह

मर जाता, इससे पहले ही उन्होंने उसे छोड़ दिया। सुकरात के छोड़ते ही वह व्यक्ति जान बचाता हुआ तेजी से जमीन की ओर भागा। समुद्र का खारा पानी उसकी नाक में भर गया था। वह हाँफ रहा था और बेहद गुस्से में था। उसने देखा, सुकरात उसके सामने खड़े हैं। उसने उनकी ओर चिल्लाते हुए कहा, ''आप क्यों मेरी जान लेना चाहते हैं?''

तब शांत मुद्रा में खड़े सुकरात मन-ही-मन बोले, ''जब तुम पूरी तरह पानी में डूबे हुए थे तो तुम्हें इस बात का जरा भी भरोसा नहीं था कि आनेवाला कल देख भी पाओगे। तो अब इस दुनिया में इससे ज्यादा तुम और क्या चाहते हो?''

वह व्यक्ति कुछ क्षण उनकी ओर लगातार देखता रहा। उसे अतंर्ज्ञान हो चुका था। वह बहुत ही विनम्रता के साथ धीरे से बोला, ''मैं साँस लेना चाह रहा था।''

सुकरात मुसकरा रहे थे। वे बोले, ''जिस तरह तुम साँस लेना चाहते हो, उसी तरह यदि तुम ज्ञान प्राप्त करना चाहते हो तो तुम उसे अवश्य हासिल कर लोगे।''

सब सही हैं

गाँववालों ने एक बार मुल्ला नसीरुद्दीन को जज बना दिया।

मुद्दई ने अपनी बात रखी।

मुल्ला प्रभावित हुआ और कहा कि तुम सही हो।

इसके बाद बचाव पक्ष के व्यक्ति ने अपना पक्ष रखते हुए, ''मुल्ला, आपने मेरी बात नहीं सुनी है। दरअसल उसने सताया तो मुझे है। मैं ही असली पीड़ित हूँ।''

इस पर मुल्ला ने कहा, ''हाँ, तुम ठीक कह रहे हो।''

तभी सामने बैठे लोगों में से एक ने खड़े होकर कहा, ''मुल्ला, यह कैसे संभव हो सकता है कि मुद्दई और बचाव पक्ष दोनों ही सही हैं?''

इस पर मुल्ला ने उससे भी यही कहा, ''हाँ, तुम भी सही कह रहे हो।''

एक हद तक सब सही हैं और एक हद तक सब गलत हैं।

गंदे घोंसले

एक पड़की थी। वह आए दिन अपना घोंसला बदल लेती थी। उसे हर घोंसले में बदबू आती थी। एक दिन वह सबसे तजुर्बेदार बूढ़ी पड़की के पास गई और अपनी समस्या बताई। उस बूढ़ी पड़की ने उसे प्यार करते हुए समझाया कि घोंसला बदलकर तुम कुछ नहीं बदल सकतीं। जो बदबू तुम्हें परेशान कर रही है, वह घोंसले से नहीं, बल्कि तुममें से ही आ रही है। इसलिए घोंसले बदलने के बजाय तुम्हें अपने को भीतर से बदलना होगा।

एलेक्जेंडर महान्

प्राचीन यूनान का एक राज्य हुआ करता था मैसेडोनिया। वहाँ का राजा फिलिप घोड़ों का बहुत ही शौकीन था। फिलिप का एक बेटा था। उसका नाम था एलेक्जेंडर। जिस समय की यह कहानी है, उस वक्त एलेक्जेंडर करीब चौदह साल का था।

एक दिन घोड़ों के एक व्यापारी ने फिलिप को घोड़े बेचने के लिए तुर्की से कई घोड़े खरीदे। इनमें एक घोड़ा बहुत ही तगड़ा और आकर्षक था। इस घोड़े का नाम था—बुसेफालस। जो भी इस पर सवार होने की कोशिश करता, घोड़ा उसे पटक देता। इसलिए बुसेफालस की सवारी करना हर कुशल घुड़सवार के लिए एक बड़ी चुनौती बन चुका था। मैसेडोनिया के सारे घुड़सवार यह कोशिश कर चुके थे, लेकिन कोई भी इस पर चढ़ नहीं पाया था।

एलेक्जेंडर को ही भविष्य में अपने पिता फिलिप का उत्तराधिकारी बनना था। उसने पिता से कहा कि आप किस तरह के राजा हैं? किस तरह की सेना है आपके पास? एक भी ऐसा घुड़सवार नहीं है राज्य में, जो इस घोड़े की सवारी कर सके।

घोड़े के व्यापारी ने एलेक्जेंडर की यह बात सुनी। उसने राजा की ओर देखते हुए एलेक्जेंडर से कहा, ''तुम इस पर चढ़कर सवारी करने की कोशिश क्यों नहीं करते? हो सकता है कि तुम ही इसमें कामयाब हो जाओ।'' इसे चुनौती के रूप में लेते हुए एलेक्जेंडर ने कुछ क्षण सोचा और फिर घोड़े पर चढ़ने के लिए आगे बढ़ा। जैसे ही उसने घोड़े पर चढ़ने की कोशिश की, घोड़े ने उसे पटक दिया। ऐसा दो बार हुआ और आखिरकार एलेक्जेंडर उस पर चढ़ने में कामयाब हो गया

और उसे दौड़ाकर ले गया। जब थोड़ी देर बाद वह लौटकर आया तो सबके चेहरे पर आश्चर्य और खुशी थी। बेटे का साहस देख गर्व से फिलिप की आँखें भर आईं। उन्होंने एलेक्जेंडर से पूछा, ''तुमने यह कैसे कर लिया?'' इस पर एलेक्जेंडर ने जवाब दिया, ''दो बार गिरने के बाद मुझे लगा कि घोड़ा अपनी ही परछाई से डर रहा है। इसलिए मैंने उसे सूरज की ओर घुमा दिया और तब उस पर चढ़ गया। जैसे ही मैं उस पर सवार हुआ, उससे बातें करनी शुरू कर दीं और फिर हम तब तक बातें करते रहे जब तक कि हम एक नहीं हो गए। इस तरह मैं उसे वापस भी ले आया।''

राजा फिलिप गर्व से फूले नहीं समा रहे थे। उन्होंने एलेक्जेंडर से कहा, ''यह राज्य तुम्हारे लिए बड़ा नहीं है। जाओ अपने लिए दूसरे राज्यों पर फतह हासिल करो।''

इसके बाद एलेक्जेंडर ने कई राज्यों पर जीत हासिल की। 32 साल की उम्र में ही उसकी मौत हो गई थी। आज जिसे हम एलेक्जेंडर महान् के रूप में जानते हैं, वह सुकरात का शिष्य था।

मुल्ला का हीरा

एक बार मुल्ला नसीरुद्दीन को सड़क के किनारे एक हीरा पड़ा मिला। लेकिन कानून के मुताबिक पानेवाले इसे अपने पास तभी रख सकता था, जब वह तीन अलग-अलग मौकों पर बाजार के बीचोबीच जाकर इसका ऐलान करे।

नसीरुद्दीन धार्मिक प्रवृत्ति का था, इसलिए उसके मन में यह बात बैठी हुई थी कि कानून का उल्लंघन नहीं करना है और उसे हीरे का लोभ भी इतना था कि वह नहीं चाहता था कि किसी भी कारण यह उसके हाथ से निकल न जाए। इसलिए उसने तरकीब निकाली। रात को जब सारे लोग सो जाते, तो वह चुपचाप बाजार के बीचोबीच जाता और मन में ही यह बुदबुदा लेता—मुझे शहर की ओर जानेवाली सड़क के किनारे हीरा मिला है। जो भी इसका मालिक हो, वह मुझसे संपर्क कर ले।

कोई भी मुल्ला का कहा सुन तो नहीं रहा था। सिर्फ एक व्यक्ति ने तीसरी रात को अपने घर की खिड़की से मुल्ला को बुदबुदाते हुए देखा था। जब उसने मुल्ला के पास जाकर यह जानने की कोशिश की कि वह क्या बुदबुदा रहा है, तो

मुल्ला ने जवाब दिया—मैं तुम्हें यह बताने के लिए बाध्य तो नहीं हूँ कि मैं क्या कर रहा हूँ, लेकिन एक धार्मिक व्यक्ति होने के नाते इतना जरूर बताना चाहूँगा कि मैं कानून निभाने के लिए कुछ निश्‍चित शब्द कहने वहाँ गया जरूर था।

याद रखें—बुरा बनने के लिए आपको कानून तोड़ने की जरूरत नहीं है।

क्या आप पानी पर चल सकते हैं?

एक दूधवाली रोजाना एक मंदिर के पुजारी को दूध देने जाती थी। वह नदी पार से आती थी, इसलिए उसे अकसर देर हो जाया करती। एक दिन पुजारी ने उसे फटकारते हुए पूछा कि आए दिन उसे देर क्यों हो जाती है? इस पर वह बोली, "मैं कर ही क्या सकती हूँ? मैं तो घर से जल्दी ही निकलती हूँ। लेकिन नदी के किनारे मुझे नाववाले और दूसरे यात्रियों का इंतजार करना पड़ता है।"

इस पर पुजारी ने कहा, "हे स्त्री, लोग तो भगवान् का नाम लेकर ही समुद्र तक पार कर जाते हैं और तुम एक छोटी सी नदी भी पार नहीं कर सकतीं?"

दूधवाली बहुत ही सीधी-सादी औरत थी। नदी पार करने को लेकर पुजारी ने जो बात कही, वह उसे अच्छी लगी। अगले दिन से वह दूध समय पर लाने लगी। एक दिन पुजारी ने पूछा कि अब कई दिनों से तुम समय पर कैसे आ पा रही हो तो दूधवाली बोली, "जैसे आपने मुझे बताया था, वैसे ही ईश्‍वर का नाम लेते हुए मैं रोजाना नदी पार करते हुए आ जाती हूँ; अब मुझे नाववाले का इंतजार नहीं करना पड़ता।"

दूधवाली की इस बात पर पुजारी को विश्‍वास ही नहीं हो रहा था। उसने कहा, "क्या तुम मुझे दिखा सकती हो कि कैसे नदी पार करती हो?"

वह पुजारी को अपने साथ नदी की ओर ले गई। उसने पानी पर चलना शुरू कर दिया। उसने पीछे मुड़कर देखा कि पुजारी की हालत तो खराब हो रही है। महिला ने कहा, "आप तो भगवान् का नाम ले रहे हैं, लेकिन साथ ही अपने कपड़ों को पानी में भीगने से भी बचा रहे हैं? क्या आपको ईश्‍वर पर भरोसा नहीं है।"

पाखंडी गुरु, सच्चा शिष्य

एक बार एक व्यक्ति सच्चे गुरु की तलाश में निकला। उसे ऐसे गुरु की जरूरत थी, जो उसे जीवन में सच्चा रास्ता दिखा सके। अंत में वह एक आश्रम में

पहुँचा। पर उसे यह मालूम नहीं था कि जिस आश्रम में वह है, वहाँ का गुरु पाखंडी है। उस आश्रम के और लोगों को भी इसकी भनक तक नहीं थी।

गुरु ने इस व्यक्ति से कहा, ''मैं तुम्हें अपना शिष्य बनाऊँ, इससे पहले तुम्हें परीक्षा देनी होगी, ताकि यह पता चल सके कि तुम कितने आज्ञाकारी हो। इस आश्रम के पास नदी है। इसमें काफी सारे मगरमच्छ हैं। तुम्हें इस नदी को पार करना होगा।''

वह व्यक्ति तो वाकई सच्चे गुरु की तलाश में था और उसे मन में यह विश्वास था कि यह सच्चा गुरु उसे मिल गया है। वह गुरु की आज्ञा की अवहेलना कर ही नहीं सकता था। इसलिए उसने गुरु का नाम लेते हुए नदी में छलाँग लगा दी और नदी पार जाकर वापस आ गया।

यह देखकर गुरु दंग रह गया। उसे अपने आप पर और भी अहंकार हो गया। उसे लगा कि वह तो अब वाकई महान् संत हो गया है। उसके मन में आया कि मुझे अपने चेलों को अपनी ताकत दिखानी चाहिए, ताकि मेरा और ज्यादा नाम होगा और बड़ी संख्या में नए चेले फँसेंगे। उसने सारे चेलों को जमा किया और अपनी महिमा का गुणगान करते हुए नदी में छलाँग लगा दी। जैसे ही वह नदी में कूदा, मगरमच्छ उस पर टूट पड़े।

इसलिए कहा गया है कि आस्था हमेशा सच्चे मन से होनी चाहिए।

अकबर की अशर्फियाँ

एक बार बादशाह अकबर ने अपने मंत्रियों को बुलाया और कहा कि मैं आप सभी को चार-चार सौ अशर्फियाँ देता हूँ। ये इस तरह से खर्च करनी हैं कि सौ अशर्फियाँ तो मुझे इस धरती पर ही वापस लौटा दें, सौ अशर्फियाँ स्वर्ग में लौटा दें, सौ अशर्फियाँ न तो धरती पर और न ही स्वर्ग में और सौ अशर्फियाँ मुझे जस-की-तस लौटा दें।

बीरबल के अलावा सभी के लिए यह मुश्किल काम था। बीरबल ने अकबर से चार सौ अशर्फियाँ लीं और निकल पड़ा। शहर में एक बड़े व्यापारी के लड़के की शादी हो रही थी। बीरबल इस व्यापारी के पास गए और कहा कि बादशाह ने तुम्हारे लड़के की शादी के मौके पर ये सौ अशर्फियाँ तोहफे में भेजी हैं। यह देख व्यापारी की खुशी की कोई सीमा नहीं रही। उसने भी बीरबल को उपहार के रूप

में बहुत सारा धन दिया। इसके बाद बीरबल ने सौ अशर्फियों से कपड़े खरीद लिये और उन कपड़ों को बादशाह अकबर के नाम पर गरीबों में बाँट दिया। इसके बाद सौ अशर्फियों से लोगों को दावत दे डाली, और जो बाकी सौ अशर्फियाँ बची थीं, वे बादशाह को लौटानी थीं।

जब बीरबल दरबार में पहुँचे तो बादशाह अकबर ने उनसे पूछा कि अशर्फियों कैसे क्या किया का। बीरबल ने बताया कि जो सौ अशर्फियाँ उसने व्यापारी के लड़के की शादी में दीं, वे यहाँ के लिए हैं। जिन सौ अशर्फियों से कपड़े लेकर गरीबों में बाँट दिए, वे स्वर्ग में मिलेंगी। जिन सौ अशर्फियों से दावत दे डाली, वे न तो यहाँ के लिए और न ही वहाँ के लिए हैं। और जो बाकी सौ अशर्फियाँ बचीं, वे आपको लौटा दीं।

बीरबल की इस बुद्धिमानी से बादशाह सहित दरबार के सब लोग गद्‌गद हो गए।

कर्मयोगी नेताजी

नेताजी सुभाषचंद्र बोस काम करने में विश्वास रखते थे। उनका स्पष्ट रूप से मानना था कि सपने तभी साकार होते हैं जब हम कर्म करते हैं।

ज्यादातर समय वे एक साधारण सैनिक की तरह ही व्यवहार और काम करते थे। एक बार अनौपचारिक बातचीत में एक अधिकारी ने सुझाव दिया कि हमें अब आजाद हिंद फौज का इतिहास लिखना चाहिए। इस पर नेताजी ने उसे जवाब दिया—पहले हमें कुछ करके इतिहास बनना चाहिए। उसके बाद निश्चित ही कोई इस इतिहास को लिखेगा।

बिना शर्त स्वीकार करो

एक बार एक व्यक्ति भगवान् बुद्ध के पास आया और अपनी पत्नी के बारे में शिकायतें करने लगा। उसकी शिकायतें सुनने के बाद भगवान् बुद्ध बोले, ''अगर तुम एक अच्छे पति होते तो तुम्हारा वैवाहिक जीवन खुशहाल होता।''

तब उस व्यक्ति ने पूछा कि ''अब यह कैसे हो सकता है?''

बुद्ध ने कहा, "तुम उसे एक अच्छी पत्नी बनाने की कोशिशें बंद कर दो और एक अच्छा पति बनने की कोशिश शुरू करो।"

सच्चे मन से काम

लकड़ियों की मूर्ति बनानेवाला एक कलाकार सरस्वती की मूर्ति तैयार कर चुका था। जिस किसी ने भी उसकी बनाई मूर्ति देखी, उसके काम और लगन की जमकर तारीफ की। जब राजा ने उस मूर्ति को देखा तो कलाकार से कहा, "तुम तो वाकई एक अद्भुत कलाकार हो, "जो इस तरह की मूर्ति बना डाली।"

इस पर शिल्पकार बोला, "मैं कोई प्रतिभावान या मशहूर कारीगर नहीं हूँ, बल्कि मैं तो एक साधारण कारीगर हूँ। लेकिन एक बात है, जब भी मैं कोई मूर्ति बनाना शुरू करता हूँ तो मैं दिमाग को शांति देने के लिए तीन दिन तक ध्यान करता हूँ और इस बारे में बिलकुल भी नहीं सोचता कि मुझे क्या इनाम या कितना पैसा मिलेगा। जब मैं पाँच दिन तक ध्यान करता हूँ तो फिर इस बात की परवाह नहीं रह जाती कि कौन तारीफ करेगा या कौन निंदा। और जब मैं सात दिन तक ध्यान करता हूँ तो मैं अपने को ही भूल जाता हूँ। फिर मुझे अपने आसपास के बारे में भी पता नहीं रहता। और तब मुझमें अगर कुछ बाकी रह जाता है तो वह है मेरा कौशल; और तब उस स्थिति में मैं मूर्ति के हर हिस्से में पूर्णता के साथ विचरण करने लगता हूँ। मेरे हाथ काम शुरू कर देते हैं। फिर मैं अपने को एक ओर रख लेता हूँ, इस तरह काम में प्रकृति से प्रकृति मिल जाती है जो कि मेरे माध्यम से काम को करती चली जाती है। इसमें कोई संदेह नहीं कि यही कारण है, जिसकी वजह से लोग कहते हैं कि जो काम मन से, सच्ची लगन से किया जाता है, वही उत्कृष्ट होता है।"

गांधीजी की दातुन

बात उन दिनों की है जब गांधीजी यरवदा जेल में थे। एक दिन गांधीजी ने देखा कि काका कालेलकर दातुन के लिए नीम की टहनियों की पूरी डाली तोड़ लाए, जबकि जरूरत उन्हें सिर्फ चार-पाँच पत्तियों से ज्यादा की नहीं

थी। इस पर गांधीजी ने उनसे कहा, ''यह हिंसा है। इसे दूसरे समझ नहीं सकते, लेकिन तुम समझ सकते हो। हमें ये चार पत्तियाँ भी पेड़ से बहुत ही विनम्रता के साथ माफी माँगते हुए तोड़नी चाहिए। तुमने तो पूरी डाली ही तोड़ ली।''

इस घटना को याद करते हुए काका कालेलकर ने लिखा, ''और तब हमने बाहर से दातुन तोड़ना बंद कर दिया। मैंने बापू से कहा कि इस जगह के चारों ओर नीम-ही-नीम हैं। मैं हर सुबह आपके लिए ताजा दातुन ले आया करूँगा। इस पर बापू राजी हो गए। अगले दिन सुबह बापू के लिए मैं मुलायम सी दातुन बनाकर ले आया और उन्हें दे दी। उसे इस्तेमाल करने के बाद बापू ने कहा कि अब इस इस्तेमाल किए हुए हिस्से को काट दो और दातुन के दूसरे सिरे को फिर काम में ले लेंगे। बापू की बात सुनकर मैं आश्चर्यचकित रह गया। मैंने उनसे पूछा कि लेकिन क्यों? मैं आपके लिए रोजाना सुबह ताजा दातुन ले आया करूँगा।

इस पर गांधीजी बोले, ''मुझे मालूम है कि ऐसा हम कर सकते हैं। लेकिन हमें ऐसा नहीं करना चाहिए। हमें इसका अधिकार नहीं है। हमें दातुन तब तक नहीं फेंकनी चाहिए जब तक कि वह बिलकुल ही इस्तेमाल करने लायक न रह जाए।''

क्रोध मत करो

गुरुजी ने युधिष्ठिर और उनके भाइयों को जो पहला पाठ पढ़ाया, वह था कि गुस्सा मत करो। सबने इसे याद कर लिया। तब गुरुजी ने सबसे कहा कि अब घर जाओ और कल मैं तुम्हारी परीक्षा लूँगा।

अगले दिन सारे भाई आश्रम पहुँचे। गुरुजी ने पूछा कि क्या सभी ने कल के पाठ को याद कर लिया? इस पर अर्जुन, भीम, नकुल और सहदेव ने पाठ सुना दिया। लेकिन युधिष्ठिर ने नहीं सुनाया। गुरु ने पूछा, ''युधिष्ठिर, क्या तुमने पाठ याद नहीं किया?'' युधिष्ठिर ने बड़ी ही विनम्रता से जवाब दिया, ''नहीं।''

गुरुजी ने समझाते हुए कहा कि तुम सभी भाइयों में सबसे बड़े हो, फिर भी इतना धीरे याद करोगे तो कैसे काम चलेगा। इसलिए कल जरूर याद करके आना।

अगले दिन फिर युधिष्ठिर ने पाठ याद नहीं किया। इस पर गुरुजी ने सख्त लहजे में कहा कि तुम निरे मूर्ख हो! तुमसे तीन अक्षरों का पाठ याद नहीं हो पा रहा? गुरुजी गुस्से में तो थे ही। उन्होंने युधिष्ठिर के गाल पर चाँटा भी जड़ दिया।

युधिष्ठिर ने गुरु से फिर वायदा किया कि अगले दिन पाठ याद कर लाऊँगा।

तीसरे दिन भी ऐसा ही हुआ। युधिष्ठिर पाठ याद करके नहीं पहुँचा। इस बार गुरुजी ने कई तमाचे लगाए और डाँटते हुए कहा कि तुमने सीखने की जरा भी कोशिश नहीं की। अगर कल तुम याद करके नहीं आए तो मैं क्रूरता की सारी सीमाएँ तोड़ दूँगा। युधिष्ठिर ने फिर याद करके आने का भरोसा दिलाया। उस दिन युधिष्ठिर आश्रम से दुर्योधन के पास पहुँचे और उनसे खुद के गुस्से पर परीक्षा देने को कहा। उन्होंने महसूस किया कि उनके ताने, व्यंग्य और वक्रोक्तियों से उन्हें गुस्सा आ गया है और परेशान कर दिया है।

चौथा दिन था। युधिष्ठिर आश्रम पहुँचे। गुरुजी ने पूछा, ''क्या आज याद करके आए?'' इस पर युधिष्ठिर ने सिर झुकाते हुए दोनों हाथ जोड़े और कहा, ''गुरुदेव, मैं आज भी पूरी तरह याद नहीं कर पाया।'' इस पर गुरुजी तिलमिला गए और तब तक युधिष्ठिर को चाँटे मारते रहे जब तक कि वह थक नहीं गए। लेकिन गुरुजी यह देखकर हैरान थे कि युधिष्ठिर एकदम शांत है और मुसकरा रहा है। गुरु ने पूछा, ''तुम मुसकरा क्यों रहे हो?'' तब युधिष्ठिर ने जवाब दिया, ''आप ही ने यह पाठ मुझे पढ़ाया है। अब मैं विश्वास के साथ कह सकता हूँ कि मैंने पाठ पूरी तरह याद कर लिया है।''

गुरु ने युधिष्ठिर को उठाकर गले लगा लिया और बोले, ''मैं समझ गया हूँ कि तुमने तीन अक्षरों का पाठ याद कर लिया है; और इतना ही नहीं, तुमने इसे अपने जीवन में आत्मसात् भी कर लिया है, जिसमें तुम्हें वक्त लगा। इस परीक्षा में अब तुम पास हो गए हो और मैं फेल।''

नेताजी का साहस

एक बार नेताजी सुभाषचंद्र बोस रंगून में आजाद हिंद फौज की परेड में सलामी ले रहे थे। इस परेड में करीब तीन हजार जवान थे। जैसे ही नेताजी ने अपना भाषण पूरा किया, परेड शुरू हो गई।

जैसे ही रानी झाँसी रेजीमेंट ने मार्च-पास्ट शुरू किया, तभी ब्रिटिश सेना के लड़ाकू विमानों ने रंगून पर बम बरसाने शुरू कर दिए। इससे डरकर वहाँ बैठे लोगों, जिनमें जापानी सेना के जनरल भी थे, सुरक्षित जगह के लिए इधर-उधर भागना शुरू कर दिया। लेकिन नेताजी वहाँ से नहीं हिले और परेड की सलामी

लेते रहे। यहीं नही, आजाद हिंद फौज की लड़कियों ने भी परेड जारी रखी। ब्रिटिश सेना के विमान रंगून में चारों ओर बम गिरा रहे थे। लेकिन नेताजी वहाँ से हिले नहीं और तब तक खड़े रहे जब तक परेड पूरी नहीं हो गई।

बम गिरानेवाले विमान बहुत ही नीचे थे। वे नेताजी और आजाद हिंद फौज को आसानी से निशाना बना सकते थे। लेकिन तब भी नेताजी और उनकी फौज टस से मस नहीं हुई और परेड जारी रखी। आखिर यह सब जो था, वह नेताजी का साहस ही था।

पंडित और चार ठग

एक बार एक पंडित को पूजा कराने पर दान में बछड़ा मिला। जहाँ वह पूजा कराने गया था, वहाँ से उसका घर दस किलोमीटर दूर था। गाँव के चार ठगों ने इस बछड़े को देख लिया था। उन्होंने इसे हथियाने की साजिश रची।

जैसे ही पंडित गाँव से बछड़ा लेकर रवाना हुआ, रास्ते में उसे पहला ठग मिला और कहने लगा, ''पंडित महाराज, यह तुम क्या कर रहे हो? तुम तो एक धार्मिक व्यक्ति हो और अपने साथ ये कुत्ता ले जा रहे हो। यह तो अच्छी बात नहीं है। इसे हटाओ।''

ठग की बात सुनकर पंडित हँसा और बोला, ''अरे, तुम पागल हो गए हो क्या? यह कुत्ता नहीं है। यह तो बछड़ा है। बेहतर यही होगा कि तुम जाओ और अपना काम करो।''

पंडित एक किलोमीटर आगे चला होगा कि उसे दूसरा ठग मिल गया। वह बोला, ''पंडितजी महाराज, यह हो क्या रहा है? आप तो धार्मिक आदमी हो और अपने साथ कुत्ता ले जा रहे हो। इसे भगा दो।'' इस ठग की बात सुनकर भी पंडित मुसकरा दिया और बोला, ''क्या तुम्हें दिख नहीं रहा कि यह कुत्ता नहीं, बछड़ा है?''

पंडित आगे बढ़ा, थोड़ी देर चलने के बाद फिर एक ठग मिल गया और बोला, ''पंडितजी, यह क्या कर रहे हैं? आप तो धार्मिक प्रवृत्ति के हैं और अपने साथ कुत्ता ले जा रहे हैं। यह तो अच्छी बात नहीं है। इस कुत्ते को छोड़ दीजिए।''

इस बार पंडित का रुख बदल गया। उसका आत्मविश्वास डगमगाने लगा। उसने कहा, ''मुझे परेशान मत करो। मुझे पक्का भरोसा है कि यह कुत्ता नहीं, बछड़ा है।'' यह कहकर पंडित आगे चल दिया। फिर एक किलोमीटर आगे उसे

चौथा ठग मिल गया। बोला, "अरे पंडितजी, आप यह क्या कर रहे हैं? धार्मिक व्यक्ति होकर भी अपने साथ कुत्ता ले जा रहे हैं। यह तो बहुत ही बुरी बात है। इसे यहीं छोड़ दीजिए।"

इस बार पंडित को वाकई भरोसा हो गया कि वह अपने साथ बछड़ा नहीं, कुत्ता ले जा रहा है। उसने बछड़े को वहीं छोड़ दिया।

हमेशा अच्छा देखें

नौजवान एंड्रयू कार्नेज अमेरिका गया और रोजी-रोटी के लिए उसने कई तरह के काम किए। कई साल बाद वह अमेरिका के सबसे बड़े स्टील निर्माता के रूप में विख्यात हुआ।

एक समय था जब अमेरिका के 43 अरबपति कार्नेज के लिए काम कर रहे थे। एक दिन किसी ने उनसे पूछा कि वे लोगों से किस तरह संवाद-संपर्क करते हैं। इस पर उन्होंने जवाब दिया, "लोगों से मिलना खदान से सोना निकालने जैसा काम है। जब आप एक औंस सोना निकालने के लिए खुदाई करते हैं तो आपको पहले टनों मिट्टी वहाँ से हटानी पड़ती है। लेकिन जब आप खुदाई करते हैं तो आप यह नहीं देखते हैं कि वहाँ कितनी मिट्टी है। इसी तरह हर व्यक्ति में और हर परिस्थिति में हमेशा कुछ-न-कुछ सकारात्मक जरूर होता है। कई बार इसी सकारात्मकता को खोजने के लिए हमें गहराई तक जाना पड़ता है, क्योंकि कई बार यह सामने नजर नहीं आती।"

चतुर सुनार

लखनऊ शहर में एक चतुर व्यवसायी रहता था। उसका गहने बनाने-बेचने का काम था। शहर के मुख्य बाजार में उसकी बड़ी सी दुकान थी। उसने दुकान के बाहर काँच के शोकेस में तरह-तरह के जेवर सजा रखे थे। इन्हें देखकर दुकान के सामने से गुजरनेवाला हर शख्स एक बार उसकी दुकान में जाता जरूर था।

एक दिन शहर के नवाब ने संदेश भिजवाया कि वे उसकी दुकान में गहने खरीदने आना चाहते हैं। नवाब ये गहने अपनी बेगम को तोहफे में देना चाहते थे। इसलिए उन्होंने जेवर तैयार करके रखने का आदेश दिया था।

आखिरकार तय वक्त के मुताबिक एक दिन नवाब उसकी दुकान पर पहुँचे। उसने एक से बढ़कर एक बेशकीमती जेवर सजा रखे थे। ऐसे जेवर जिन्हें पहले कभी व्यापारी के लड़के ने भी नहीं देखा था। नवाब के सत्कार के बाद उसने एक-एक करके जेवर दिखाने शुरू किए। नवाब के लिए उसने हर तरह के हीरे जड़े हार, मोतियों के हार सब तैयार कराए थे। हीरे-मोतियों से बने जेवर तारों की तरह टिमटिमा रहे थे। मूँगे, पन्ने जड़े गहने अलग थे। हर तरह का रत्न सोने में जड़ा हुआ था।

लेकिन नवाब इन सबको देखकर ऊब से गए। उन्हें इनमें से शायद ही कोई पसंद आया। दुकान में सभी को लगने लगा कि इस बार तो नवाब साहब बिना जेवर खरीदे ही चले जाएँगे।

इसके बाद व्यापारी एक क्षण गँवाए बिना उठा और जेवरों के दूसरे सैट निकाल लाया। और फिर अचानक ही सारा माहौल बदल गया। जेवरों का दूसरा सैट देखकर नवाब के चेहरे पर खुशी छा गई। वे जो चाह रहे थे, उन्हें मिल गया। यह एक जड़ाऊ पिन थी। उन्होंने दुकानदार से पूछा कि इसे अब तक छिपाकर क्यों रखा था। यह तो वाकई अद्भुत है।

इस पर सुनार बोला, ''महाराज, यह कुछ हजार रुपयों से ज्यादा का नहीं है। मुझे लगा कि बेगम साहिबा के लिए तो यह तोहफा शायद ही उपयुक्त रहेगा, इसलिए तो मैं इसे सामने लाया ही नहीं था। हालाँकि इससे तो सिर्फ यही साबित होता है कि मेरे सम्माननीय ग्राहक की पसंद कैसी है और वे इसकी कला और दस्तकारी के कितने पारखी हैं।''

इसके बाद नवाब ने उस जड़ाऊ पिन को खरीद लिया।

नवाब के जाने के बाद व्यापारी के लड़के ने पूछा कि जब आपको यह मालूम था कि यह जड़ाऊ पिन इतनी बढ़िया है तो आपने इसे पहले क्यों नहीं दिखाया। वह तो बिना कुछ खरीदे ही यहाँ से जानेवाले थे। बेटे की बात सुनकर सुनार मुसकराया और बोला, ''जब हम किसी महल में घुसते हैं तो क्या सबसे पहले राजा या उसके सहायक हमें देखते हैं? जब बहुत सारी आकर्षक चीजों से हमारी इच्छा भर जाती है तो हम सादा चीज को तलाशते हैं। इसलिए कभी भी चिंता मत किया करो। मेरी दुकान से कभी भी कोई ग्राहक खाली नहीं लौटता है।'' सुनार ने हँसते हुए कहा, ''और जहाँ तक बात है उस जड़ाऊ पिन की, उसे तो पाषाण युग में रहनेवाला भी इससे अच्छा बना सकता था। लेकिन ग्राहक की पसंद का हमेशा सम्मान और तारीफ करनी चाहिए। तब हम उससे मुँहमाँगा दाम वसूल सकते हैं।''

तेल और पानी

एक बहुत ही पुराने बरगद के पेड़ के नीचे एक संत बैठे हुए अपने शिष्यों को उपदेश दे रहे थे। इसी दौरान एक ज्ञानवान पंडित भी उनके बीच आकर बैठ गया। कई घंटे गुजर गए। अन्य लोग भी वहाँ आते गए और चुपचाप बैठकर उस संत की बातें सुनते रहे।

यह देखकर पंडित अपने आप से बोला, "मैं तो इस संत से ज्यादा ज्ञानी हूँ, फिर भी कोई मुझे इतने ध्यान से नहीं सुनता। इस व्यक्ति के पास आखिर ऐसा क्या है, जो लोगों को वह अपनी ओर खींच लेता है और उनका सम्मान प्राप्त करता है।"

सामने बैठे संत ने पंडित के मन को भाँप लिया था। उसने पंडित के मन में उठ रहे सवालों का जवाब अपने उपदेश में इस तरह से दिया—

"भाइयो, आपके सामने यह दीया जल रहा है। अगर आप इसे गौर से देखें तो आप पाएँगे कि पीतल के इस दीये में तेल और पानी दोनों हैं। अब पानी तेल से कह रहा है, यह कैसे हो सकता है कि मैं जो तुमसे ज्यादा शुद्ध हूँ, तुम्हारे नीचे जगह पाने के लिए मजबूर हूँ, जबकि तुम ऊपर तैर रहे हो।

"इस पर तेल ने जवाब दिया—मैं तो हर तरह की परीक्षा से गुजर चुका हूँ और काफी कुछ झेला है। प्रारंभ में तो मैं एक बीज ही था और धरती में दफना दिया गया था। उसके बाद मैं बाहर आया और पौधे के रूप में विकसित हुआ। फिर मुझे काटा गया। तेल मिल में ले जाया गया और कोल्हू में डालकर मुझमें से तेल निकाला गया। फिर अंत में मैं तेल के रूप में इस दीये में पहुँचा। अगर यह सब नहीं होता तो आज मैं यहाँ सबको रोशनी नहीं दे रहा होता। अब तुम ही मुझे बताओ कि तुमने ज्यादा कष्ट उठाए हैं या मैंने? सच्चाई तो यह है कि तुमने तो मुझसे आधे कष्ट भी नहीं उठाए। तो फिर मुझे तुम्हारे ऊपर तैरना चाहिए या नहीं?"

मनोचिकित्सक

नसरुद्दीन एक अजीबोगरीब समस्या से ग्रस्त हो गया था। एक दिन वह एक मनोचिकित्सक के पास गया और उसे अपनी समस्या बताई। नसरुद्दीन ने बताया कि "रोजाना रात में जब मैं सोने जाता हूँ तो मुझे लगता है कि मेरे पलंग के नीचे कोई है। जब मैं उठकर पलंग के नीचे देखता हूँ तो कुछ नहीं दिखता। इसके बाद जब मैं पलंग के नीचे सोता हूँ तो मुझे लगता है कि कोई पलंग के ऊपर है।

सारी रात इसी तरह से निकलती है। कभी मैं पलंग पर आ जाता हूँ तो कभी पलंग के नीचे। इस डर से मैं पागल हुआ जा रहा हूँ। कुछ कीजिए।''

डॉक्टर ने कहा, ''घबराने की कोई बात नहीं है। तुम ठीक हो जाओगे। बस तुम्हें मेरे पास हफ्ते में दो बार आना होगा और ऐसा दो साल तक चलेगा, और हर बार आने की फीस होगी सोने के पचास सिक्के।''

नसरुद्दीन गरीब था। डॉक्टर को इतना पैसा दे पाना उसके बस की बात नहीं थी। उसने डॉक्टर से कहा कि इस बारे में वह सोचेगा और हफ्ते भर में बता देगा।

हफ्ते भर बाद नसरुद्दीन ने डॉक्टर को फोन किया और बताया, ''डॉक्टर साहब, अब चिंता करने की कोई बात नहीं है। मुझे अब आपकी मदद नहीं चाहिए, क्योंकि जिस पलंग पर मैं सोता हूँ, मेरी पत्नी ने उस पलंग के पाए काट दिए हैं और मेरी समस्या खत्म हो गई है।''

पगड़ी की कीमत

एक बार नसरुद्दीन ने एक बहुत ही सुंदर पगड़ी खरीदी। उसने फैसला किया कि इसे वह राजा को पहनाएगा। उसे उम्मीद थी कि पगड़ी राजा को इतनी पसंद आएगी कि वह इसे खरीद लेगा, जिससे उसे काफी अच्छा मुनाफा हो जाएगा। और ऐसा हुआ भी। राजा को पगड़ी वाकई बहुत पसंद आई। राजा ने उससे पूछा, ''तुमने यह पगड़ी कितने में खरीदी?'' नसरुद्दीन ने झूठ बोला और बताया, ''महाराज, सोने की एक हजार अशर्फियों में।''

राजा के मंत्री को मन-ही-मन लग गया था कि नसरुद्दीन क्या करने की कोशिश कर रहा है। उसने धीरे से राजा के कान में कहा, ''महाराज, कोई मूर्ख ही होगा जो इस पगड़ी के लिए इतना सोना देगा। यह तो चालाकी से आपको इसे बेचना चाह रहा है।''

इस पर राजा ने नसरुद्दीन से पूछा, ''लेकिन इस पगड़ी के लिए तुमने इतना धन क्यों दिया? निश्चित रूप से इस पगड़ी का दाम इतना तो नहीं है।''

नसरुद्दीन ने जवाब दिया, ''महाराज, इस पगड़ी के लिए मैंने इतना धन सिर्फ इसलिए दिया, क्योंकि मैं जानता था कि इस दुनिया में अगर इस तरह की बढ़िया पगड़ी खरीदने की इच्छा कोई रख सकता है तो केवल आप।''

राजा नसरुद्दीन के जवाब से इतना खुश हुआ कि उसने इस पगड़ी के बदले उसे दो हजार अशर्फियाँ दे दीं।

इसके बाद नसरुद्दीन मंत्री से मिला और कहा, "आप पगड़ियों की कीमत शायद ही जानते हों, लेकिन मैं राजाओं की कमजोरी को जानता हूँ।"

सिद्धि का मूल्य

स्वामी रामतीर्थ गंगा के किनारे-किनारे ऋषिकेश की ओर बढ़ रहे थे। तभी रास्ते में उनकी मुलाकात एक योगी से हुई। उस योगी से उन्होंने पूछा कि "आप कितने वर्षों से संन्यासी हैं?" योगी ने जवाब दिया, "पिछले चालीस सालों से।"

स्वामी रामतीर्थ ने सवाल किया, "इन वर्षों में आपने क्या हासिल किया?"

योगी ने गर्व से जवाब देते हुए कहा, "तुम इस गंगा को देख रहे हो न, मैं इसे ठीक वैसे ही पार कर सकता हूँ जैसे तुम जमीन के हिस्से को पार कर सकते हो।"

रामतीर्थ ने फिर सवाल किया, "और क्या आप फिर वापस भी आ सकते हैं?" योगी ने कहा, "हाँ।"

स्वामी रामतीर्थ ने पूछा, "और इसके अलावा क्या हासिल किया आपने?" इस सवाल पर योगी ने कहा, "क्या यह अपने आप में कम उपलब्धि है?"

योगी के इस जवाब पर स्वामी रामतीर्थ मुसकराए और बोले, "वास्तव में यह बहुत छोटी उपलब्धि है। आपने इसमें चालीस साल गँवा दिए। नाव उस पार ले जाने के सिर्फ दो आने लेती है। आदमी जो काम चार आने खर्च करके कर सकता है, उसे करने में आपने चालीस साल खर्च कर दिए। आप अमृत के समुद्र में गए और हीरा लाने के बजाय पत्थर लेकर लौटे।"

ईश्वर की प्राप्ति में इस तरह की सिद्धियाँ बड़ी बाधक होती हैं। यह तो सिर्फ मौखिक कामयाबी है, न कि आध्यात्मिक उपलब्धि।

दो महिलाएँ

दो महिलाएँ कई साल बाद मिलीं। वे गहरी दोस्त थीं।

पहली ने दूसरी से कहा, "बताओ, तुम्हारे बेटे को क्या हुआ?

इस पर दूसरी महिला लंबी साँस लेते हुए बोली, "मेरा लड़का बेचारा बहुत ही तकदीर का मारा है। दुर्भाग्य से उसने ऐसी लड़की से शादी कर ली, जो एक

धेला काम नहीं करती। न वह खाना बनाना जानती है, न सिलाई-कढ़ाई, न साफ-सफाई। सारा दिन बिस्तर में ही पड़ी रहती है। पढ़ने और सोने के अलावा उसके पास कोई दूसरा काम नहीं है। उसका तो नाश्ता-खाना तक बिस्तर में ही होता है।''

इतना बताने के बाद उसने पहली महिला से कहा, ''और तुम अपनी बेटी के बारे में बताओ।''

पहली महिला बोली, ''तुम विश्वास नहीं करोगी। वह तो बहुत ही तकदीरवाली है। जिस लड़के से उसकी शादी हुई है, वह उसे कुछ करने ही नहीं देता। खाना बनाने से लेकर कपड़े धोने और साफ-सफाई सबके लिए उसके घर में नौकर हैं। उसका पति रोजाना सुबह बिस्तर में ही उसके लिए नाश्ता ले आता है। वह तो सारा दिन आराम करती है और बिस्तर में पड़ी-पड़ी पढ़ती रहती है।''

भीतर का रत्न

एक बार एक बुद्धिमान् व्यक्ति पहाड़ों में घूम रहा था। वहीं एक नदी में उसे बेशकीमती रत्न मिला। अगले दिन वह एक पर्यटक से मिला जो कि काफी भूखा था। बुद्धिमान् व्यक्ति ने अपना थैला खोला और उसमें से खाने का सामान निकालकर उसे दिया। उस पर्यटक ने देखा कि बुद्धिमान् व्यक्ति के थैले में बेशकीमती रत्न रखा हुआ है। उसने वह पत्थर माँग लिया। बुद्धिमान् व्यक्ति ने भी बिना किसी हिचकिचाहट के उसे वह पत्थर दे दिया। पत्थर लेकर वह पर्यटक चला गया। उसे भरोसा था कि यह रत्न उसे जीवन भर सुरक्षा देगा।

लेकिन कुछ दिनों बाद ही वह पर्यटक लौट आया और उसने बुद्धिमान् व्यक्ति को वह रत्न लौटा दिया। उसने कहा, ''मैं काफी सोचता रहा। मुझे मालूम है कि यह रत्न कितना कीमती है, लेकिन मैंने इस उम्मीद में इसे लौटा दिया है कि तुम मुझे और कीमती रत्न दोगे। मुझे वह दे दो जो तुम्हारे भीतर है, जिसने तुम्हें इस योग्य बनाया कि तुमने मुझे यह रत्न दिया।''

ईश्वर के लिए संगीत

तानसेन अकबर के दरबार के नवरत्नों में से एक थे। वे अपने समय के मशहूर संगीतकार थे। ऐसा कहा जाता है कि जब तानसेन मेघ मल्हार गाते थे तो

बारिश होने लगती थी। इसी तरह जब उन्होंने दीपक राग गाया तो धरती के दीपक अपने आप ही जल उठे थे।

एक दिन अकबर ने तानसेन से कहा कि "मैं तो उस संगीतकार का संगीत सुनना चाहता हूँ, जिसने तुम्हें संगीत सिखाया है।"

इस पर तानसेन ने कहा, "महाराज, मेरे गुरु तो स्वामी हरिदास हैं। वे तो आपके दरबार में आएँगे नहीं, क्योंकि मेरी तरह वे आपकी नौकरी में नहीं हैं। वे जंगल में एक झोंपड़ी में रहते हैं। जब उन्हें अच्छा महसूस होता है तो वे गाते हैं और जब अच्छा महसूस नहीं होता तो नहीं गाते।"

बादशाह अकबर ने कहा कि "अगर वे यहाँ नहीं आ सकते तो हम उनकी झलक देखना चाहेंगे।"

जब वे हरिदास की झोंपड़ी पर पहुँचे तो देखा कि वे झोंपड़ी के बाहर चुपचाप बैठे हैं और उनका वाद्य यंत्र पास में रखा है। बादशाह अकबर ने कहा, "तानसेन, क्या आने के बाद भी हम इनका संगीत सुने बिना लौटेंगे?" तानसेन ने कहा, "मैं कोशिश करूँगा। थोड़ी प्रतीक्षा कीजिए।"

तानसेन ने गाना शुरू किया। थोड़ी ही देर बाद जान-बूझकर तानसेन ने जरा सी गलती कर दी। इस पर उनके गुरु हरिदास ने तत्काल टोका और कहा कि "तानसेन, इस तरह मत गाओ।" और इतना कहकर स्वामी हरिदास ने खुद ही गाना शुरू कर दिया। उनके गायन में तो गजब का जादू था। बादशाह अकबर तो हरिदास के संगीत में पूरी तरह से खो गए थे। उनकी एकाग्रता तभी टूटी जब हरिदास ने गाना बंद कर दिया। इसके बाद अकबर महल के लिए रवाना हो गए। लेकिन हरिदास का संगीत उनके कानों में गूँजता रहा।

रात को अकबर ने तानसेन से कहा, "तुम वाकई बहुत सुंदर गाते हो। तुम वास्तव में भारत के सबसे महान् गायक हो। लेकिन फिर भी तुम्हारा संगीत उस ऊँचाई को हासिल नहीं कर पाता जो कि हरिदास का संगीत पा जाता है।"

तानसेन ने हाथ जोड़ते हुए कहा, "महाराज, गुरु हरिदास और मेरे बीच एक बहुत बड़ा फर्क है। मैं अपने राजा के लिए गाता हूँ, जबकि हरिदास तो केवल ईश्वर के लिए गाते हैं। वे दरबार के एक संगीतकार से तो बहुत आगे हैं।"

तानसेन का जवाब सुनकर बादशाह अकबर मौन थे। वे अपने आप से कह रहे थे—जो ईश्वर के लिए गाता है, उसकी आवाज में दैवीय मधुरता तो अपने आप ही आ जाती है।

श्रीनिवास रामानुजन

गणित का पीरियड चल रहा था। शिक्षक ने बोर्ड पर कुछ केले बना रखे थे। शिक्षक ने छात्रों से पूछा, "अगर हमारे पास तीन केले हों और तीन लड़के हों तो हर लड़के को कितने केले मिलेंगे?"

आगे की पंक्ति में बैठे एक तेज-तर्रार लड़के ने जवाब दिया, "हरेक को एक-एक केला मिलेगा।"

"शिक्षक ने कहा—सही।" जब शिक्षक बच्चों को भाग की प्रक्रिया समझा रहे थे, तभी कोने में बैठे एक छात्र ने उनसे पूछा, "सर, अगर किसी को भी कोई केला नहीं दिया जाए तब भी क्या सबको एक-एक केला ही मिलेगा?" इस सवाल को सुनकर कक्षा के सारे बच्चे हँस पड़े और बोले, "यह मूर्खतापूर्ण सवाल भी क्या कोई सवाल है?"

हालाँकि यह सवाल पूछने को लेकर शिक्षक बहुत ही प्रभावित हुए। उन्होंने कक्षा के दूसरे बच्चों से कहा कि "इसमें हँसने जैसी कोई बात नहीं है। मैं तुम्हें बताता हूँ कि इस सवाल का मतलब क्या है। उसके पूछने का मतलब यह है कि अगर शून्य को शून्य से विभाजित किया जाए तो क्या उसका भागफल एक ही आएगा।"

सवाल पूछनेवाला यह छात्र था श्रीनिवास रामानुजन, जिसके इस सवाल ने वर्षों तक गणितज्ञों को उलझाए रखा।

शिष्य का आध्यात्मिक विकास

एक गुरु अपने शिष्य के आध्यात्मिक विकास से बहुत ही खुश थे। उन्हें लगा कि अब शिष्य का मार्गदर्शन करने की कोई जरूरत नहीं है। इसलिए वे उसे नदी किनारे बनी अपनी कुटिया में छोड़कर निकल पड़े।

रोजाना सुबह स्नान के बाद शिष्य शेर की खाल से बने अपने कपड़े को सुखाने के लिए टाँग देता था। यही एकमात्र वस्तु थी जो उसके पास थी। एक दिन चूहों ने उसे कुतर डाला। यह देख शिष्य बहुत ही उदास हो गया। इसलिए वह दूसरा वस्त्र माँगने गाँववालों के पास गया। चूहों ने इस दूसरे वस्त्र में भी छेद कर डाले। चूहों से परेशान होकर उसने एक बिलौटा पाल लिया। अब उसे समस्या चूहों से तो नहीं थी, लेकिन बिलौटा उसके लिए परेशानी का सबब बन रहा था। उसे अपने खाने के

साथ-साथ बिलौटे के लिए भी दूध का इंतजाम करना पड़ता था।

एक दिन उसे लगा कि मैं कब तक गाँववालों से माँगता रहूँगा। क्यों न मैं खुद ही एक गाय रख लूँ। जब उसे गाय मिल गई तो फिर उसके लिए चारा माँगने की जरूरत पड़ी। उसे लगा कि झोंपड़ी के चारों ओर घास से इसका काम चल जाएगा। लेकिन इसमें उसके सामने गाय को चराने की समस्या आई। गाय चराने के चक्कर में उसे ध्यान के लिए पूरा वक्त नहीं मिल पा रहा था। इसलिए इस काम के लिए उसने आदमी रख लिया। अब सवाल आया कि काम करनेवाले पर निगरानी की। इसके लिए शिष्य ने एक महिला से शादी कर ली, जो उसके इन सारे कामों की निगरानी करती और उसके कामों में हाथ बँटाती।

आगे चलकर ऐसा वक्त आया, जब वह गाँव का सबसे धनी व्यक्ति बन गया।

कई सालों के बाद अचानक एक दिन गुरुजी उस गाँव में पहुँचे। सबकुछ बदला हुआ देखकर वे दंग रह गए। उन्होंने देखा कि जहाँ कभी कुटिया हुआ करती थी, वहाँ एक आलीशान इमारत खड़ी थी। उन्होंने एक नौकर से पूछा, "क्या यह वह जगह नहीं है जहाँ कभी मेरा एक शिष्य रहा करता था?" नौकर उन्हें कोई जवाब देता, इससे पहले ही गुरु का वही शिष्य हाजिर हो गया। गुरु ने उससे पूछा, "वत्स, आखिर ये सब क्या है?" इस पर शिष्य ने कहा, "आपको विश्वास नहीं हो रहा है न। लेकिन मेरे पास सिवाय इसके कोई दूसरा रास्ता नहीं था कि मैं शेर की खाल को हटा देता।"

जलियाँवाला बाग की पवित्र मिट्टी

जब जलियाँवाला बाग कांड हुआ था, उस वक्त सरदार भगत सिंह की उम्र कोई बारह साल की रही होगी। इस सामूहिक हत्याकांड में दो हजार से ज्यादा लोग मारे गए थे और हजारों गंभीर रूप से घायल हो गए थे।

जब भगत सिंह ने इस घटना के बारे में सुना तो उनके मन में अंग्रेजों के खिलाफ गुस्सा भड़क उठा। अगले दिन वे घर से स्कूल के लिए निकले, लेकिन स्कूल जाने के बजाय चुपचाप अमृतसर के लिए रवाना हो गए। जलियाँवाला बाग पहुँचकर उन्होंने शहीदों को श्रद्धांजलि दी। उनकी आँखों में आँसू थे। उन्होंने वहीं से खून से सनी मिट्टी उठाई और एक शीशी में भर ली। वे इस शीशी को अपने साथ घर ले आए।

भगत सिंह शाम को काफी देर से घर लौटे थे। उनकी छोटी बहन अमृत कौर ने उनसे पूछा कि ''कहाँ चले गए थे? इतनी देर से क्यों लौटे हो? तुम्हारे हिस्से के आम मैंने बचाकर रखे हैं, चलो खा लो।''

इस पर भगत सिंह बोले, ''आमों को छोड़ो, मैं तुम्हें एक चीज दिखाऊँगा।'' इसके बाद भगत सिंह ने बहन को वह शीशी दिखाई, जिसमें वे जलियाँवाला बाग से मिट्टी भरकर लाए थे। इसके बाद वे कुछ फूल लाए, शीशी को मेज पर रखकर उसके चारों ओर फूल रख दिए और उन्हें नमन किया। ऐसा ही उन्होंने बहन से भी करने को कहा।

शहीदों की इस माटी से भगत सिंह को हमेशा क्रांति की प्रेरणा मिलती रही।

देश की सेवा

भगत सिंह का जन्म क्रांतिकारियों के परिवार में हुआ था। उनके दादा, पिता और चाचा सहित पूरा परिवार आजादी की लड़ाई में पूरी तरह सक्रिय था।

एक बार उनके पिता सरदार किशन सिंह अपने एक दोस्त नंद किशोर मेहता को आम का नया बाग दिखाने के लिए लेकर आए। जब वे खेत में पहुँचे तो देखा कि बच्चा अकेले ही खेत में काम कर रहा है। मेहताजी के मन में यह देख उत्सुकता पैदा हुई और वे उस लड़के के पास गए। उसका नाम पूछा। लड़के ने जवाब दिया, ''भगत सिंह।'' ''तुम क्या कर रहे हो?'' मेहताजी ने पूछा। भगत सिंह ने पूरे जोश के साथ कहा, ''मैं बंदूकें बो रहा हूँ।''

''बंदूकें!'' मेहताजी ने आश्चर्य से पूछा। इस पर भगत सिंह ने पूरे आत्म-विश्वास के साथ कहा, ''हाँ, बंदूकें।'' मेहताजी ने फिर पूछा, ''ऐसा क्यों पुत्तर? अपने देश को आजाद कराने के लिए।'' भगत सिंह ने जवाब दिया।

मेहताजी ने फिर पूछा, ''तुम्हारा धर्म क्या है?'' इस पर भगत सिंह ने जवाब दिया, ''अपने देश की सेवा करना।''

देशसेवा के लिए शादी नहीं

भगत सिंह ने कभी भी अपने को किताबी पढ़ाई तक सीमित नहीं रखा। उन्होंने क्रांति के बारे में काफी गहराई से अध्ययन किया। इससे उनके मन में क्रांति

में हिस्सा लेने की इच्छा प्रबल होती गई। उनका सबसे ज्यादा ध्यान अगर किसी ने खींचा तो वह था बंगाल, जो क्रांति का गढ़ बन चुका था। भगत सिंह ने बंगाल की क्रांतिकारी पार्टी से संपर्क साधा। शचींद्रनाथ सान्याल उस पार्टी के नेता थे। इस पार्टी में शामिल होनेवाले के लिए यही एकमात्र शर्त थी कि वे अपने नेता की एक आवाज पर घर छोड़कर आने को तैयार हो जाएँगे। भगत सिंह को यह शर्त मंजूर थी।

भगत सिंह की दादी उन पर इस बात के लिए दबाव बना रही थीं कि वे शादी कर लें। उनके लिए लड़की देख ली गई थी। शादी की तारीख भी तय कर दी गई। लेकिन तभी भगत सिंह को अपने नेता शचींद्रनाथ सान्याल का बुलावा आ गया। भगत सिंह लाहौर पहुँच गए। इसके बाद कुछ समय तक किसी को पता नहीं था कि भगत सिंह कहाँ गए हैं।

घर छोड़ने से पहले भगत सिंह ने एक पत्र लिखा था, जिसे वे घर पर छोड़ गए थे। इसमें उन्होंने लिखा था—मेरे जीवन का मकसद तो देश की आजादी के लिए लड़ना है। मेरी इच्छा सांसारिक आनंद की नहीं है। मेरे जनेऊ (उपनयन संस्कार) के वक्त चाचा ने मुझसे वचन माँगा था कि मैं अपने देश की आजादी के लिए बलिदान दूँगा। उसी वचन को निभाते हुए मैं अपनी खुशियों का त्याग कर रहा हूँ और देश की सेवा के लिए जा रहा हूँ।

गुरु और भक्त

एक भक्त अपने गुरु के सामने बैठा था। गुरु ने उसके कान में एक मंत्र पढ़ा और कहा कि "किसी को भी इस बारे में बताना नहीं।"

इस पर भक्त ने पूछा कि "अगर बता दूँ तो क्या होगा?" तब गुरु बोले, "जिस किसी को भी तुम यह मंत्र बता दोगे, वह अज्ञानता के बंधन से मुक्त हो जाएगा और दुःख झेलेगा, लेकिन फिर तुम मेरे शिष्य नहीं रह जाओगे और नरक में जाओगे।"

गुरु की बात सुनने के बाद शिष्य तुरंत ही बाजार में गया और लोगों की भीड़ जमा कर ली, फिर जो मंत्र गुरु ने उसके कान में पढ़ा था, सबको बता दिया।

इसके बाद दूसरे शिष्यों ने गुरु से उस भक्त की शिकायत की कि उसने गुरु की आज्ञा का उल्लंघन करते हुए वह मंत्र सबको बता दिया, इसलिए उसे अब

आश्रम से निकाल दिया जाना चाहिए। इस पर गुरु मुसकराए और बोले, ''मैं जो बता सकता हूँ, उसे वह सब सीखने की अब कोई जरूरत नहीं है। उसने जो किया है, उससे साबित हो गया है कि वह खुद गुरु है।''

जज का फैसला

एक बार चार दोस्तों ने मिलकर सूत का कारोबार शुरू किया। कपास की गाँठें रखने के लिए उनके पास एक गोदाम था। चूहे कहीं कपास की गाठों को कुतर न डालें, इस डर से चारों परेशान थे। इसलिए चारों ने मिलकर फैसला किया कि एक बिल्ली रख ली जाए।

बिल्ली रख ली गई। चारों को इस बिल्ली से बड़ा लगाव था, इसलिए उसके पैरों में सोने के घुँघरू बाँध दिए। एक दिन जब बिल्ली कपास की एक गाँठ के ऊपर से कूदी तो उसकी एक टाँग में चोट आ गई। बिल्ली को लँगड़ाते देख चारों बहुत परेशान हुए। बिल्ली की चोटवाली टाँग पर दवा लगाकर पट्टी बाँध दी। थोड़ी ही देर बाद वह पट्टी ढीली होकर खुल गई और बिल्ली के साथ घिसटती रही। बिल्ली को तो इस बारे में कुछ पता ही नहीं था। बिल्ली एक ऐसी जगह बैठ गई, जहाँ पास में आग जल रही थी। पट्टी ने आग पकड़ ली। बिल्ली अपने बचाव के लिए भागी और भागती हुई गोदाम में घुस गई, जहाँ कपास की गाँठें रखी हुई थीं। थोड़ी ही देर में गोदाम में आग फैल गई और देखते-ही-देखते कपास की गाँठें राख में तब्दील हो गईं।

सभी ने बिल्ली के एक-एक पैर में घुँघरू बाँधा था। इस तरह बिल्ली की हर टाँग एक व्यक्ति के हिस्से में थी। लेकिन बिल्ली की जिस टाँग में चोट आई थी, उस टाँग के हिस्सेदार पर बाकी तीन लोगों ने नुकसान का आरोप लगाया और उससे व्यापार में हुए नुकसान की भरपाई की माँग करने लगे।

मामला अदालत में गया। दोनों पक्षों को सुनने के बाद जज ने अपने फैसले में कहा, ''इस मामले में घायल पैर की कोई जिम्मेदारी नहीं बनती। बिल्ली जिन तीन पैरों से गोदाम में पहुँची वे तो अच्छे थे। इसलिए इस मामले में स्वस्थ पैरवाले हिस्सेदारों को मिलकर चोटवाले पैर के हिस्से के व्यक्ति को मुआवजा देना चाहिए।''

दिल और जुबान

एक बार एक व्यक्ति ने पूछा, ''ऐसी कौन सी दो ईश्वरीय देन हैं, जो इनसान के जीवन को गौरव प्रदान करती हैं?'' जवाब था, ''दिल और जुबान।''

फिर सवाल था कि ''ऐसी कौन सी दो बुराइयाँ हैं, जो इनसान को कहीं का नहीं छोड़तीं?'' इसका भी जवाब था, ''दिल और जुबान।''

इसलिए कहा गया है कि निर्दयी दिल इनसान को पापी बना देता है, जबकि साफ दिल इनसान को महान् बनाता है। इसी तरह जिसे अपनी जुबान पर काबू नहीं रहता, वह व्यक्ति न तो स्वस्थ रह पाता है और न ही दूसरों से मदद हासिल कर पाता है। सिर्फ अच्छे वाणी बोलकर ही हम दूसरों से प्यार और सम्मान हासिल कर सकते हैं।

गुरु की सलाह

एक बार एक दंपती गुरु के पास पहुँचे और पूछा कि ''किस तरह हम अपने वैवाहिक जीवन को झगड़ों से मुक्त बना सकते हैं।''

गुरु ने दोनों की शिकायतों को सुना। इसके बाद कहा, ''बस अपने उन अधिकारों का दावा करना छोड़ दो, जो तुम अपने पक्ष में करने के लिए एक-दूसरे से कहते हो।''

चूहे का दिल

एक चूहा था। वह हमेशा इस बात से डरा रहता था कि बिल्ली उसे खा जाएगी। एक साधु चूहे के इस डर को समझ गया था। उसने चूहे को अपनी तंत्र विद्या से बिल्ली बना दिया। लेकिन बिल्ली बन जाने पर वह कुत्ते से डरने लगा। इस पर साधु ने उसे बिल्ली से कुत्ता बना डाला। जब वह कुत्ते के रूप में आया तो उसे चीते का खौफ सताने लगा। इसके बाद साधु ने उसे कुत्ते से चीता बना दिया। अब उसे शिकारी का डर सता रहा था। इस बार साधु ने उसे फिर से चूहा बना दिया। साधु बोला, ''अब मैं तुम्हारी कोई मदद नहीं कर सकता, क्योंकि दिल तो तुम्हारा चूहे का ही है।''

संत की उदारता

सिकंदर लोदी के राज में एक बहुत ही मशहूर संत हुआ करते थे, नाम था जैनुद्दीन। अपनी जवानी के दिनों में जैनुद्दीन बहुत ही अमीर, उदार और खुशहाल थे। लेकिन जैसे-जैसे वक्त गुजरता गया, वे कंगाली के कगार पर पहुँच गए। लेकिन उनकी खुशहाली तब भी पहले जैसी ही थी।

एक दिन संत ने अपने कई पुराने कागजात निकाले और उन्हें फाड़कर टुकड़े-टुकड़े कर डाला। इसके बाद उन्होंने अपने नौकर को बुलाया और उन फटे टुकड़ों पर लिखे हुए को मिटाने को कहा। जब नौकर यह काम कर रहा था, तभी संत का एक पुराना साथी वहाँ आ गया और फटे हुए टुकड़ों पर से लिखा हुआ मिटाने के बारे में पूछने लगा।

इस पर संत ने जवाब दिया, ''मेरी अमीरी के दिनों में शहर के कई लोगों ने मुझसे पैसा उधार लिया था। उन लोगों से कर्ज वसूलने का मेरा कोई इरादा नहीं था। लोगों ने ये कागज मेरे पास भेजे थे, जिनमें पैसे लौटाने का वायदा किया था। अब मैं तो कंगाल हो चुका हूँ और मुझे डर है कि कहीं ऐसा न हो कि उन्हें लगे कि मैं पैसा वापस माँग रहा हूँ या मेरी मौत के बाद मेरा उत्तराधिकारी उनसे यह कर्ज वसूल सकता है। इसलिए इन कागजों को जलाकर मैंने इस तरह की सारी संभावनाओं को खत्म कर दिया है।''

इस तरह धार्मिक संत जैनुद्दीन ने कर्जदारों के उन कागजातों को नष्ट कर दिया, जिनसे उन कर्जों की वसूली की कोई संभावना बन सकती थी, जो उन्होंने लोगों को अपनी अमीरी के दिनों में दिए थे। उनकी गरीबी उनकी उदार प्रकृति को बदल नहीं पाई।

बुद्धिमान् राजा

एक बुद्धिमान् राजा था। उसका काफी बड़ा साम्राज्य था। उसके राज में प्रजा हर तरह से खुशहाल थी। राजा को अपने उत्तराधिकारी की तलाश थी। उसके तीन बेटे थे। राजा इस पुरानी परंपरा को नहीं निभाना चाहता था कि सबसे बड़े बेटे को ही गद्दी पर बिठाया जाए। वह सबसे बुद्धिमान् और काबिल बेटे को सत्ता सौंपना चाहता था। इसलिए राजा ने उत्तराधिकारी के लिए तीनों की परीक्षा लेने का फैसला किया।

राजा ने तीनों बेटों को अलग-अलग दिशाओं में भेजा। उसने हर बेटे को सोने का एक-एक सिक्का देते हुए कहा कि वे इससे ऐसी चीज खरीदें, जो पुराने महल को भर दे। पहले बेटे ने सोचा कि पिता तो सठिया चुके हैं। इस थोड़े से पैसे से इस महल को किसी चीज से कैसे भरा जा सकता है। इसलिए वह एक मयखाने में गया, शराब पी और सारा पैसा खर्च कर डाला।

राजा के दूसरे बेटे ने इससे भी आगे सोचा। वह इस नतीजे पर पहुँचा कि शहर में सबसे सस्ता तो कूड़ा-कचरा ही है। इसलिए उसने महल को कचरे से भर दिया।

तीसरे बेटे ने दो दिन तक इस पर चिंतन-मनन किया कि महल को सिर्फ एक सिक्के से कैसे भरा जा सकता है। वह वाकई कुछ ऐसा करना चाहता था, जिससे पिता की उम्मीदें पूरी होती हों। उसने मोमबत्तियाँ और लोबान की बत्तियाँ खरीदीं और फिर पूरे महल को रोशनी और सुगंध से भर दिया।

इस तीसरे बेटे की बुद्धिमानी से खुश होकर राजा ने उसे ही अपना उत्तराधिकारी बनाया।

फिलस्तीन की दो झीलें

फिलस्तीन में समुद्र जैसी विशालकाय दो झीलें हैं। लेकिन प्रकृति में दोनों एक-दूसरे से बिलकुल अलग हैं। इनमें एक है—'सी ऑफ गैलिली'। इस झील का पानी एकदम साफ है। इसमें मछलियाँ हैं और लोग तैर सकते हैं। इसके चारों ओर अच्छे बगीचे और खेत भी हैं, जिनके आसपास लोगों ने घर भी बनाए हैं। जीसस भी कई बार यहाँ आया करते थे।

दूसरी झील है, जिसे हम डैड सी के नाम से पुकारते हैं। जैसा कि इसके नाम से ही साफ है कि यह किसी काम की नहीं है। यहाँ सबकुछ मृतप्राय जैसा ही है। इसका पानी इतना खारा है कि अगर आपने इसे पीने की कोशिश की तो बीमार पड़ जाएँगे। इसमें मछलियाँ नहीं पाई जातीं। इसके किनारों और आसपास के इलाकों में भी कुछ नहीं उगता। यहाँ ऐसी दुर्गंध आती है कि इसके पास कोई रह भी नहीं सकता।

इन दोनों के बारे में एक दिलचस्प तथ्य यह है कि दोनों में पानी एक ही नदी से आता है। तो फिर दोनों में इतना फर्क कैसे? इनमें एक झील लेने के साथ देती

भी है, जबकि दूसरी सिर्फ लेती ही है, दे कुछ नहीं पाती। जॉर्डन नदी सी ऑफ गैलिली में गिरती है और यहाँ इसका पानी इस्तेमाल होता रहता है। फिर यहाँ से जॉर्डन नदी डैड सी में गिरती है और यह पानी वहाँ जमा होता रहता है, जो किसी के इस्तेमाल में ही नहीं आता। इसलिए इसे 'डैड सी' नाम दिया गया है कि यह झील सिर्फ अपने लिए ही पानी जमा करती रहती है, न कि किसी के काम आने के लिए।

राजा का इलाज

एक राजा मोटापा बढ़ने की वजह से बीमार पड़ गया। डॉक्टरों ने उसे सलाह दी कि वह खाना कम कर दे तो मोटापा घट सकता है। डॉक्टरों की इस सलाह से राजा गुस्सा हो गया। राजा ने ऐलान किया कि जो भी उसका अच्छा इलाज करेगा, उसे बड़ा इनाम दिया जाएगा। लेकिन इसमें एक शर्त थी। जो भी इस काम में असफल रहेगा, उसका सिर कलम कर दिया जाएगा।

ज्योतिषियों ने भविष्यवाणी की कि राजा का जीवन अब एक महीने का और बचा है। यह जानकर राजा डर गया और परेशान रहने लगा। जिस ज्योतिषी ने यह भविष्यवाणी की थी, उसे महीने भर के लिए जेल में डाल दिया गया, ताकि यह देखा जा सके कि उसकी भविष्यवाणी में कितना दम है।

राजा बहुत डरा हुआ था। उसने खाना-पीना भी बहुत कम कर दिया और महीने भर के भीतर ही उसका वजन काफी गिर गया। इसके बाद राजा ने जेल से ज्योतिष को बुलवाया और कहा, "अब क्यों नहीं मुझे तुम्हारा सिर कलम कर देना चाहिए।"

इस पर ज्योतिषि बोला कि "अपने को शीशे में देखिए कि आप अब कितने स्वस्थ हो गए हैं।" अपने को स्वस्थ और दुबली काया का देखकर राजा के आश्चर्य का कोई ठिकाना न रहा।

तब ज्योतिषी ने राजा से कहा कि असल डॉक्टर तो मैं ही था। मौत के बहाने मैंने आपको डरा दिया था, ताकि आप खाना कम कर दें और स्वस्थ हो जाएँ। ज्योतिषी की यह बात सुनकर राजा बहुत ही खुश हुआ और उसे ईनाम दिया; साथ ही वायदा किया कि वह अब कभी भी खाने-पीने में अति नहीं करेगा।

हीरे का मूल्य

एक गरीब आदमी को सड़क पर एक चमकता पत्थर मिल गया। यह था हीरा। उसी समय वहाँ से एक व्यापारी गुजर रहा था। उसने यह देख लिया। व्यापारी के मन में लालच आ गया। उसने सोचा कि इस व्यक्ति से इसे हथिया लेना चाहिए। व्यापारी ने उस व्यक्ति से कहा कि वह सौ रुपए में इसे मुझे दे दे। गरीब को लगा कि सौ रुपए तो काफी कम हैं, इसलिए उसने इसके दो सौ रुपए माँगे। थोड़ी देर तक तो व्यापारी उससे मोलभाव करता रहा, फिर बोला कि थोड़ा सा इंतजार करो, मैं घर से पैसे लेकर आता हूँ।

थोड़ी देर बाद जब व्यापारी लौटा तो उसने देखा कि वह व्यक्ति हीरा तो किसी और को बेच चुका है। मुसकराते हुए उस गरीब आदमी ने कहा, "मुझे तो इसके पाँच सौ रुपए मिल गए हैं।" यह सुनकर व्यापारी आगबबूला हो गया और बोला, "अरे मूर्ख, वह एक लाख से कम का नहीं था।"

इस पर वह व्यक्ति हँस पड़ा और बोला कि मैं तो हीरों के बारे में कुछ जानता नहीं हूँ, इसलिए मैंने इसे बेच दिया। लेकिन तुम तो इसकी कीमत जानते थे, लेकिन जब इसे खरीद सकते थे, तब तो तुमने खरीदा नहीं। इसलिए तुम वाकई मूर्ख हो।

जब आइंस्टीन ने प्रस्ताव ठुकराया

बात सन् 1952 की है। इजराइल के राष्ट्रपति चेम विजमान के निधन के बाद दुनिया के महान् वैज्ञानिक अल्बर्ट आइंस्टीन के समक्ष इजराइल का राष्ट्रपति बनने का प्रस्ताव रखा गया। लेकिन आइंस्टीन ने इस प्रस्ताव को बहुत ही विनम्रता के साथ ठुकरा दिया। उन्होंने इजराइल के राजदूत अब्बा इबान से सीधे-सीधे कहा कि प्रकृति के बारे में तो मैं थोड़ा-बहुत जानता हूँ, लेकिन इनसान के बारे में मुझे शायद ही कुछ पता हो। इजराइल की ओर से रखे गए इस प्रस्ताव ने मेरे दिल को छू लिया है, लेकिन साथ ही मुझे भीतर से इस बात का भी दुःख है कि मैं इसे स्वीकार नहीं कर सकता।

आइंस्टीन ने अपने एक पत्र में बाद लिखा भी था कि अपने संपूर्ण जीवन में मैंने भौतिक वस्तुओं को ही देखा-समझा है और मेरा सरोकार इन्हीं से ही ज्यादा रहा है। लेकिन इनसानों को समझने के बारे में न तो मुझे अनुभव है और न ही

मुझमें ऐसी क्षमता है। न ही मैं सरकारी कामकाज को समझ और कर सकता हूँ; यही दो कारण हैं, जो मुझे राष्ट्रपति पद के लिए अयोग्य बनाने के लिए पर्याप्त हैं।

महान् वैज्ञानिक स्टीफन हॉकिंग ने अपनी किताब 'द यूनीवर्स इन ए नटशेल' में इस प्रसंग का जिक्र किया है। इजराइल के राष्ट्रपति पद का प्रस्ताव ठुकराने के बारे में आइंस्टीन ने कहा था कि राजनीति तो कुछ क्षण के लिए होती है, लेकिन मेरे समीकरण अनंतकाल के लिए हैं।

गाय और सूअर

एक बहुत ही अमीर व्यक्ति था। सारे गाँव के लोग उससे बहुत ही नफरत करते थे। एक दिन उसने गाँववालों से कहा कि या तो तुम लोग मुझसे बहुत ही ईर्ष्या करते हो या फिर धन के प्रति मेरे मोह को समझ नहीं पाते, सिर्फ भगवान् ही जानता है। लेकिन मैं इतना जरूर जानता हूँ कि तुम लोग मुझे कतई पसंद नहीं करते। जब मैं मरूँगा तो अपने साथ कुछ भी नहीं ले जाऊँगा। सब यहीं दूसरों के लिए छोड़ जाऊँगा। मैं अपनी वसीयत में सबकुछ दान में दे दूँगा और तब हर कोई खुश हो जाएगा।

उसकी इन बातों पर गाँववाले मखौल उड़ाते रहे और हँसते रहे। गाँववालों को उसकी बातों पर जरा भी भरोसा नहीं था। उसने कहा, "क्या तुम लोगों को लगता है कि मैं अमर हूँ? जैसे सब एक-न-एक दिन मरते हैं, मैं भी मरूँगा और तब मेरा सारा धन और संपत्ति दान में चली जाएगी।" वह समझ ही नहीं पा रहा था कि लोग क्यों नहीं उसकी बात पर भरोसा कर रहे हैं।

एक दिन वह घूमने के लिए निकला। अचानक तेज बारिश होने लगी। वह एक पेड़ के नीचे खड़ा हो गया। उसने देखा कि पेड़ के नीचे एक गाय और एक सूअर भी खड़ा है। सूअर और गाय आपस में बातें कर रहे थे। वह दोनों की बातें सुनने लगा।

सूअर गाय से बोला, "आखिर ऐसी क्या बात है कि हर कोई तुम्हें पूजता है, तुम्हारी तारीफ करता है, लेकिन मेरी पूजा कोई नहीं करता? जब मैं मरता हूँ तो लोगों को मांस, चरबी और अपनी चमड़ी के रेशे तक दे देता हूँ। जबकि तुम तो लोगों को सिर्फ दूध ही देती हो। लेकिन फिर भी लोग तुम्हें ही पसंद करते हैं, मुझे नहीं।"

इस पर गाय ने कहा, "देखो, मैं जिंदा हूँ, तभी तक दूध देती हूँ। लोगों को लगता है कि मेरे पास जो है, वह उनके लिए कितने काम का है। लेकिन तुम जिंदा रहकर तो कुछ नहीं देते। मरने के बाद ही तुम्हारा मांस और चमड़ी काम आती है। लोग भविष्य में नहीं, वर्तमान में भरोसा रखते हैं। अगर आप जिंदा रहते हुए लोगों को कुछ देते हो तो वे आपकी तारीफ करेंगे। यह साधारण सी बात है।"

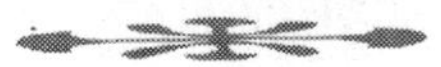

विश्वास की बात

गंगास्नान के बारे में समाज में ऐसी मान्यता है कि गंगा में डुबकी लगाने से सारे पाप धुल जाते हैं और व्यक्ति पापों से मुक्त होकर बाहर आता है।

एक बार एक महिला एक गड्ढे में गिर पड़ी और मदद के लिए पुकारने लगी। पुकार सुनकर एक व्यक्ति वहाँ पहुँचा और उसने महिला को गड्ढे से निकालने के लिए अपना हाथ बढ़ाया, ताकि वह उसका हाथ पकड़कर बाहर निकल सके। महिला ने कहा, "अगर तुम पाप मुक्त हो, तभी मुझे हाथ दो, वरना मेरा सारा पाप तुम्हारे भीतर चला जाएगा।" यह सुनकर उस व्यक्ति ने तुरंत ही अपना हाथ खींच लिया।

इस तरह सारा दिन निकल गया। कई लोग आए और महिला को मदद की पेशकश की, लेकिन वह सबके सामने यही शर्त रख देती। यह सुनकर हर कोई मदद करने से पीछे हट जाता। जब शाम होने लगी, तभी एक नौजवान वहाँ आया और उसने मदद का प्रस्ताव रखा। महिला ने अपनी शर्त रखी। इस पर नौजवान बोला कि "अगर तुम्हारे पाप मुझमें आ भी जाते हैं तो भी इसकी मुझे कोई चिंता नहीं है, क्योंकि मैं तो अभी गंगा में डुबकी लगाकर आ रहा हूँ और उस गंगास्नान से मेरे सारे पाप धुल गए हैं। इसलिए तुम्हें अब डरने की कोई बात नहीं है। मेरा हाथ पकड़ो, ताकि मैं तुम्हें गड्ढे से बाहर निकाल सकूँ।"

इसलिए ही कहते हैं कि अगर विश्वास होता है तो चमत्कार हो सकता है।

कर्ज की वापसी

एक दिन नसरुद्दीन घर के बरामदे में इधर से उधर घूम रहा था। उसके चेहरे पर परेशानी साफ झलक रही थी। उसकी पत्नी ने देखा और पूछा कि "आखिर

बात क्या है। वह इतना परेशान क्यों है?''

नसरुद्दीन ने बताया, ''मैंने इब्राहिम से एक सौ दीनार का कर्ज लिया था और वह कर्ज उसे आज शाम तक लौटाना है, लेकिन मेरे पास पैसे नहीं हैं।''

इस पर पत्नी बोली, ''तो इसमें परेशान होने की बात क्या है। इब्राहिम तो बहुत ही भला इनसान है। जाओ और उसे बता दो कि आज कर्ज नहीं लौटा सकता। वह तुम्हारी परेशानी समझ जाएगा।''

इसके बाद नसरुद्दीन इब्राहिम के पास पहुँचा और उसे सारी बात बताई। जब नसरुद्दीन लौटा तो पत्नी ने पूछा कि ''क्या हुआ?'' नसरुद्दीन बोला, ''उसने शांति से मेरी बात सुनी और फिर वह अपने बरामदे में इधर से उधर घूमने लगा।''

सत्य और असत्य

एक बार एक व्यक्ति की परछाईं उसकी ओर मुसकराती हुई बोली, ''देखो, मैं तुमसे कई गुना बड़ी हूँ और तुम हो वैसे-के-वैसे ही।''

इस पर वह व्यक्ति थोड़ा रुका और बोला, ''यही तो सत्य और असत्य के बीच फर्क है। सत्य जितना होता है, उतना ही रहता है और असत्य पल-पल में घटता-बढ़ता रहता है।''

आईना देखते रहो

महान् दार्शनिक सुकरात शक्ल-सूरत से बहुत ही बदसूरत थे। वे हमेशा साथ में एक आईना रखते थे और अकसर उसमें अपना चेहरा देखा करते थे। एक दिन उनके एक दोस्त ने आश्चर्य से पूछा, ''तुम तो इतने बदसूरत हो, फिर भी बार-बार शीशे में अपना चेहरा क्यों देखते रहते हो?''

सुकरात ने जवाब दिया, ''यह मुझे अच्छा करने के लिए याद दिलाता रहता है, ताकि मैं अच्छाइयों के साथ अपनी बदसूरती से बाहर निकल सकूँ।''

इतना कहने के बाद सुकरात थोड़ा रुके और बोले, ''इसी तरह जो लोग खूबसूरत होते हैं, उन्हें भी शीशे में बार-बार अपना चेहरा देखते रहना चाहिए, जो उनको यह याद दिलाता रहे कि उनकी बुराइयाँ ईश्वरप्रदत्त सुंदर चेहरे पर दाग लगा सकती हैं।''

बुद्ध की शिक्षा

एक बार एक व्यक्ति भगवान् बुद्ध के पास मदद माँगने पहुँचा। वह अपने जीवन से खुश नहीं था। हालाँकि उसके जीवन में कोई ऐसी भारी-भरकम समस्या नहीं थी, लेकिन छोटी-छोटी बातों को लेकर वह हमेशा नाखुश रहता था और ये बातें उसे काफी परेशान करती थीं। वह खेती करता था। अगर बारिश ज्यादा नहीं होती या ज्यादा हो जाती तो इसका असर फसल पर पड़ता। पत्नी भी उसकी अच्छी थी और उसे खूब चाहती थी। उसके बच्चे भी काफी अच्छे थे। इस तरह उसने काफी अच्छा जीवन जीया।

बुद्ध ने उसकी समस्याओं को बड़े ध्यान से सुना और बोले कि "मैं तुम्हारी मदद नहीं कर सकता।" इस पर उस व्यक्ति ने कहा, "मैंने तो सोचा था कि आप मुझे रास्ता दिखा सकते हैं। मुझे ज्ञान देकर मेरी समस्याओं को दूर कर सकते हैं।" तब भगवान् बुद्ध बोले, "इस दुनिया में मुश्किलें सबके साथ होती हैं। वास्तव में हम सबके साथ समस्याएँ तो हमेशा ही लगी रहती हैं, हम इसका कुछ नहीं कर सकते। जैसे ही तुम एक समस्या का हल निकालोगे तो तुरंत ही दूसरी सामने आ जाएगी। उदाहरण के लिए, तुम मरने जा रहे हो। तुम्हारे लिए यह एक मुश्किल है, और यह ऐसी है कि तुम बचोगे नहीं। हमारे सबके साथ ऐसी मुश्किलें तो लगी ही रहती हैं और कुछ तो दूर होती ही नहीं हैं।"

बुद्ध की बात सुनकर किसान बुरी तरह क्रोधित हो गया। उसने गुस्से में ही बुद्ध से कहा, "तो फिर आप मुझे क्या शिक्षा देना चाहते हैं?" बुद्ध बोले, "यह तुम्हारी 84वीं समस्या को हल करने में मदद कर सकती है।" इस पर उस व्यक्ति ने पूछा कि "यह 84वीं समस्या क्या है?" बुद्ध ने बताया, "यह कि तुम किसी भी तरह की समस्या को नहीं चाहते।"

अगर हम समस्याओं से मुक्त रहने के लिए अपने को इच्छाओं से दूर रख सकते हैं तो फिर हमारी असली समस्या क्या है? दरअसल, हम जिन वास्तविक हालात का सामना करते हैं, वही हमें समस्याएँ लगती हैं। हमारे जीवन में जो होता है, उस पर तो हमारा कोई बस नहीं होता, लेकिन उसका सामना हम कैसे करें, इसके रास्ते तो हमारे पास ही हैं।

मृगतृष्णा

जब महात्मा बुद्ध ने राजा प्रसेनजित् की राजधानी में प्रवेश किया तो वे स्वयं उनकी आगवानी के लिए आए। वे महात्मा बुद्ध के पिता के मित्र थे। उन्होंने बुद्ध के संन्यास लेने के बारे में सुना था।

अत: उन्होंने बुद्ध को अपना भिक्षुक जीवन त्यागकर महल के ऐशोआराम के जीवन में लौटने के लिए मनाने का प्रयास किया। वे ऐसा अपनी मित्रता की खातिर कर रहे थे।

बुद्ध ने प्रसेनजित् की आँखों में देखा और कहा, ''सच बताओ, क्या समस्त आमोद-प्रमोद के बावजूद आपके साम्राज्य ने आपको एक भी दिन का सुख प्रदान किया है?''

प्रसेनजित् चुप हो गए और अपनी नजरें झुका लीं।

''दु:ख के किसी कारण के न होने से बड़ा सुख और कोई नहीं है और अपने में संतुष्ट रहने से बड़ी कोई संपत्ति नहीं है।''

आदमी और शेर

एक बार एक शेर और एक आदमी साथ-साथ यात्रा कर रहे थे। उनके बीच यह बहस होने लगी कि कौन ज्यादा ताकतवर और श्रेष्ठ है। यह बहस तीखी हुई ही थी कि वे चट्टान पर उकेरी गई एक मूर्ति के पास से गुजरे, जिसमें एक आदमी को शेर का गला दबाते हुए दरशाया गया था।

''वह देखो। हमारी श्रेष्ठता को साबित करने के लिए क्या तुम्हें और किसी प्रमाण की आवश्यकता है?'' आदमी ने गर्व से कहा।

शेर ने उत्तर दिया, ''यह कहानी कहने का तुम्हारा नजरिया है। यदि हम लोग शिल्पकार होते तो शेर के एक पंजे के नीचे बीस आदमी दबे होते।''

इतिहास सिर्फ विजेताओं द्वारा ही लिखा जाता है।

शेर और लोमड़ी

एक लोमड़ी जंगल के राजा शेर के अधीनस्थ एक नौकर के रूप में कार्य करने को सहमत हो गई। कुछ समय तक तो दोनों अपने स्वभाव और सामर्थ्य के

अनुसार भलीभाँति कार्य करते रहे। लोमड़ी शिकार बताती और शेर हमला करके शिकार को दबोच लेता। परंतु लोनड़ी को जल्द ही यह ईर्ष्या होने लगी कि शेर शिकार का ज्यादा हिस्सा स्वयं चट कर जाता है और उसे बचा-खुचा हिस्सा ही मिलता है। वह सोचने लगी कि आखिर वह किस मायने में शेर से कम है। उसने यह घोषणा कर दी कि भविष्य में वह अकेले ही शिकार करेगी। अगले ही दिन जब वह एक भेड़शाला में से भेड़ के बच्चे को दबोचने ही वाली थी कि अचानक शिकारी और उसके पालतू कुत्ते आ गए और उसे अपना शिकार बना लिया।

'जीवन में अपना स्थान नियत करो और यह स्थान ही आपकी रक्षा करेगा।'

राजा की खुशामद

प्रसिद्ध दार्शनिक डायोजिनीस दाल-रोटी खा रहे थे। उन्हें दाल-रोटी खाते हुए एक अन्य दार्शनिक अरिस्टीप्पस ने देखा, जो राजा की खुशामद करके आराम से गुजर-बसर कर रहे थे।

अरिस्टीप्पस तपाक से बोले, ''यदि तुम भी राजा की जी-हुजूरी करना सीख लो तो इस तरह तुम्हें दाल-रोटी पर गुजारा नहीं करना पड़ेगा।''

डायोजिनीस ने सहजता से उत्तर दिया, ''यदि तुम दाल-रोटी पर गुजारा करना सीख लो तो तुम्हें राजा की खुशामद करने की जरूरत नहीं पड़ेगी।''

सर्वश्रेष्ठ तीरंदाज

बीरबल की ही तरह नसरुद्दीन भी अपने सुलतान को अत्यंत प्रिय था। एक दिन कदी (मुसलिम देशों, विशेषकर तुर्की में जज को कदी कहते थे) और वजीर (सुलतान का विशेष सिपहसालार) ने ईर्ष्यावश कुछ ऐसा करने का निर्णय लिया, जिससे नसरुद्दीन सुलतान की नजरों में गिर जाए। एक दिन उन्हें ऐसा करने का मौका उस समय मिला जब सुलतान ने कहा, ''मैं अपने तीरंदाजों का अभ्यास देखने जा रहा हूँ। मैं चाहता हूँ कि आप सभी लोग भी आएँ।''

जल्द ही वे उस जगह पहुँच गए जहाँ तीरंदाज अभ्यास कर रहे थे। अपने तीरंदाजों को सटीक निशाना लगाते हुए देखकर सुलतान ने प्रसन्नतापूर्वक कहा, ''बेहतरीन! शाबाश! निस्संदेह मेरे तीरंदाज सल्तनत के सर्वश्रेष्ठ तीरंदाज हैं।''

"माफ कीजिए, सुलतान! पर हम लोगों में एक ऐसा भी शख्स मौजूद है, जो स्वयं ही आपकी सल्तनत का सर्वश्रेष्ठ तीरंदाज होने का दावा करता है।" कदी ने ईर्ष्यावश कहा।

सुलतान ने कहा, "वह कौन है?"

कदी ने उत्तर दिया, "अपने नसरुद्दीन ही वे शख्स हैं।"

सुलतान ने नसरुद्दीन को तीर-कमान देते हुए कहा, "ठीक है नसरुद्दीन, तुम अपनी काबिलियत साबित करो।"

नसरुद्दीन को तो तीरंदाजी आती ही नहीं थी। भय से काँपते हुए उसने सुलतान से तीर-कमान ले लिया। इसी बीच कदी और वजीर आपस में बात करने लगे, "जहाँ तक हम जानते हैं, नसरुद्दीन अनाड़ी तीरंदाज है। आज वह निश्चित ही सुलतान की नजरों से गिर जाएगा।"

नसरुद्दीन भी सोचने लगा—'हो न हो, यह कदी और वजीर की ही साजिश है। पर मैं उन्हें सबक सिखाकर ही दम लूँगा।'

नसरुद्दीन ने जैसे ही पहला तीर चलाया, अनाड़ी तीरंदाज होने के कारण उसका निशाना चूक गया। पर वह अपने को सँभालते हुए बोला, "इस तरह कदी तीर चलाते हैं।" उसने दूसरा तीर चलाया तो वह भी निशाना चूक गया। वह बोला, "और वजीर ऐसे निशाना लगाते हैं।" जैसे ही उसने तीसरा तीर चलाया, भाग्यवश वह ठीक निशाने पर लगा। खुश होते हुए वह बोला, "और इस तरह मैं निशाना लगाता हूँ।"

वहाँ मौजूद लोगों ने नसरुद्दीन की जमकर तारीफ की और सुलतान ने खुश होकर उसे बहुमूल्य उपहार दिए। अपनी शिकस्त देखकर कदी और वजीर उससे और अधिक ईर्ष्या करने लग गए।

शेर, गधा और लोमड़ी

एक दिन शेर, गधा और लोमड़ी एक साथ शिकार पर गए। उन्होंने आपस में यह तय किया कि वे जो भी शिकार करेंगे, उसे आपस में बाँट लेंगे। उन्होंने एक बारहसिंगा मार गिराया। शेर ने गधे से उसका बँटवारा करने को कहा। गधे ने उसके तीन बराबर भाग कर दिए और अपने दोनों मित्रों से अपना हिस्सा लेने के लिए कहा। यह सुनकर शेर को गुस्सा आ गया और उसने गधे पर हमला करके

उसे मार डाला। तब उसने लोमड़ी से बारहसिंगा का आपस में बँटवारा करने को कहा। लोमड़ी ने अपने लिए जरा सा हिस्सा बचाकर शेष हिस्सा शेर को दे दिया।

शेर बोला, "मेरे मित्र! किसने तुम्हें इतना अच्छा बँटवारा करना सिखाया है?"

"मुझे गधे का अंजाम याद है और मुझे इससे ज्यादा सबक लेने की आवश्यकता नहीं है।" लोमड़ी ने उत्तर दिया।

स्वयं गलती करने से बेहतर है, दूसरों द्वारा की गई गलती से सबक लेना।

बुद्धिमत्तापूर्ण उत्तर

एक बार नसरुद्दीन अपनी बहन से मिलने उसके गाँव जा रहा था। रास्ते में उसे डकैतों ने घेर लिया। डकैतों को नसरुद्दीन के बुद्धिमान् और सुलतान के प्रिय होने के बारे में पता था।

डकैतों के सरदार ने उसे एक कद्दू देते हुए कहा, "तुम्हें इस कद्दू का सही वजन बताना है। यदि तुमने इसका गलत वजन बताया तो तुम्हारा सारा धन लूट लिया जाएगा और यदि तुमने इसका सही वजन बता दिया तो तुम्हें जाने दिया जाएगा।"

चूँकि नसरुद्दीन अत्यंत बुद्धिमान् व्यक्ति था, इसलिए एक पल भी गँवाए बिना उसने कहा कि कद्दू का वजन सरदार के सिर के वजन के बराबर है।

नसरुद्दीन के उत्तर की सत्यता को जाँचने के लिए सरदार को अपना सिर कलम करना पड़ता। नसरुद्दीन के बुद्धिमत्तापूर्ण उत्तर पर वह जोर से हँसा और उसे जाने की अनुमति प्रदान की।

अनूठा तर्क

किसी ने मुल्ला नसरुद्दीन से पूछा, "तुम्हारी उम्र क्या है?"

मुल्ला ने उत्तर दिया, "अपने भाई से तीन वर्ष बड़ा हूँ।"

"तुम यह कैसे जानते हो?" उसने फिर पूछा।

"पिछले वर्ष मैंने अपने भाई को यह कहते हुए सुना था कि मैं उससे दो वर्ष बड़ा हूँ। इस बात को सुने एक वर्ष हो गया है। इसलिए अब मैं उससे तीन वर्ष बड़ा

हो गया हूँ और जल्दी ही मैं उसका दादा कहलाने लायक बड़ा हो जाऊँगा।''

उत्कंठा

एक घमंडी शिष्य लोगों को सत्य की शिक्षा प्रदान करना चाहता था। उसने अपने गुरु से मंशा जाहिर की।

गुरु ने कहा, ''प्रतीक्षा करो।''

उसके बाद हर वर्ष वह शिष्य अपने गुरु से आज्ञा लेने पहुँच जाता और उसके गुरु एक ही उत्तर देते, ''थोड़ी प्रतीक्षा करो।''

एक दिन उसने अपने गुरु से कहा, ''आखिर मैं कब शिक्षा प्रदान करने योग्य हो पाऊँगा?''

गुरु ने उत्तर दिया, ''जब तुम्हारे मन से दूसरों को उपदेश देने की उत्कंठा समाप्त हो जाए।''

महानता का प्रतीक–दयालुता

एक बार समर्थ गुरु रामदास अपने शिष्यों के साथ भ्रमण पर थे। जब वे एक गन्ने के खेत के पास से गुजरे तो उनके कुछ शिष्य गन्ना तोड़कर चूसने और मीठे रस का आनंद लेने लगे।

अपनी फसल का नुकसान होते देख खेत का मालिक डंडा लेकर उन पर टूट पड़ा। गुरु को यह देख बहुत कष्ट हुआ कि उनके शिष्यों ने स्वाद के लालच में अनुशासन को तोड़ा।

अगले दिन वे सभी छत्रपति शिवाजी के महल में पहुँचे, जहाँ उनका जोरदार स्वागत हुआ। परंपरागत स्नान के अवसर पर शिवाजी स्वयं उपस्थित हुए। जब गुरु रामदास ने अपने वस्त्र उतारे तो शिवाजी यह देखकर दंग रह गए कि उनकी पीठ पर डंडे की पिटाई के लाल निशान बने हुए थे।

यह समर्थ गुरु रामदास की संवेदनशीलता ही थी कि उन्होंने अपने शिष्यों पर होनेवाले वार को अपनी पीठ पर झेला। शिवाजी ने गन्ने के खेत के मालिक को बुलवाया। जब वह भय से काँपता हुआ शिवाजी और समर्थ गुरु रामदास के समक्ष प्रस्तुत हुआ, तब शिवाजी ने गुरु से मनचाहा दंड देने को कहा। लेकिन गुरु

रामदास ने अपने शिष्यों की गलती स्वीकार की और किसान को माफ करते हुए हमेशा के लिए कर-मुक्त खेती का आशीर्वाद प्रदान किया।

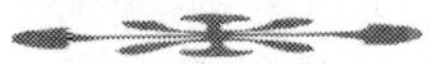

बात पलटना

एक दिन गुस्से से भरा मुल्ला नसरुद्दीन अपने पड़ोसी के घर पहुँचा और बोला, ''तुम्हारे साँड़ ने मेरी गाय पर हमला कर उसे घायल कर दिया है, अत: मैं मुआवजा पाने का हकदार हूँ।''

पड़ोसी को भी गुस्सा आ गया, वह बोला, ''मुझसे मुआवजा माँगने की तुम्हारी हिम्मत कैसे हुई? जानवर की करतूत के लिए किसी आदमी को कैसे जिम्मेदार ठहराया जा सकता है?''

नसरुद्दीन बोला, ''जी हाँ, आप बिलकुल सही फरमा रहे हैं। लेकिन शायद मुझसे भी कहने में कुछ गलती हो गई है। मैं फिर से बताता हूँ। दरअसल, मेरे साँड़ ने आपकी गाय को घायल कर दिया है। लेकिन कोई बात नहीं, अब इससे क्या फर्क पड़ता है कि किसकी गाय थी और किसका साँड़।''

शेर और गधा

एक बार एक शेर और गधा साथ-साथ शिकार पर जाने को राजी हो गए। कुछ समय बाद वे एक गुफा के पास पहुँचे, जहाँ जंगली भेड़ों का झुंड घास चर रहा था। शेर गुफा के द्वार पर घात लगाकर बैठ गया, जबकि गधा गुफा में प्रवेश कर गया। गुफा में पहुँचकर उसने दुलत्ती मारना और रेंकना प्रारंभ कर दिया, जिससे भेड़ें डर के मारे गुफा से बाहर को भागीं।

जब शेर ने उनमें से कुछ भेड़ों को पकड़ लिया तो गधा बाहर आया और उसने शेर से यह पूछा कि वह उसके वीरतापूर्ण प्रदर्शन के बारे में क्या राय रखता है?

शेर ने कहा, ''अरे, मैं भी तुमसे डर गया होता। वह तो अच्छा है कि मुझे पता था कि तुम गधे हो।''

कूटनीति द्वारा गुलामों की उपयोगिता भी बन जाती है।

विरोध

बार-बार होनेवाली आलोचनाओं से व्यथित एक सामाजिक कार्यकर्ता से उसके गुरु ने कहा, "आलोचकों के शब्दों को ध्यान से सुनो। वे उस बात को बताते हैं जो तुम्हारे मित्र तुमसे छुपाते हैं।"

लेकिन उन्होंने यह भी कहा, "आलोचकों द्वारा की गई बातों से कभी निराश मत होना।"

"कोई भी मूर्ति किसी आलोचक के सम्मान में नहीं बनाई जाती। मूर्तियाँ तो आलोचना के लिए बनाई जाती हैं।"

हम अपनी इच्छाओं के गुलाम हैं

सिकंदर महान् जब भारत से लौटने को हुआ तो उसे याद आया कि उसके गुरु ने उसे अपने साथ एक भारतीय योगी को लाने के लिए कहा था। उसने योगी की खोज प्रारंभ कर दी। उसे जंगल में पेड़ के नीचे ध्यानमग्न बैठे हुए एक योगी दिखाई दिए। सिकंदर शांति से उनके सामने जाकर बैठ गया।

जब योगी ने अपनी आँखें खोलीं, तो सिकंदर ने पाया कि उनके इर्द-गिर्द एक दैवीय प्रकाश फैल गया है। उसने योगी से कहा, "क्या आप मेरे साथ यूनान चलना पसंद करेंगे? मैं आपको सबकुछ दूँगा। मेरे महल का एक भाग आपके लिए आरक्षित रहेगा और आपकी सेवा में हर समय सेवक तैयार रहेंगे।"

योगी ने मुसकराते हुए कहा, "मेरी ज्यादा आवश्यकताएँ नहीं हैं। मुझे किसी भी सेवक की आवश्यकता नहीं है और मेरी यूनान जाने की भी कोई इच्छा नहीं है।"

योगी द्वारा दो-टूक मना करने पर सिकंदर नाराज हो गया। वह क्रोधित हो उठा। अपनी तलवार निकालते हुए उसने योगी से कहा,"क्या तुम जानते हो कि मैं तुम्हारे टुकड़े-टुकड़े भी कर सकता हूँ? मैं विश्व-विजेता सिकंदर महान् हूँ।"

योगी ने पुनः शांत भाव से मुसकराते हुए कहा, "तुमने दो बातें कही हैं। पहली यह कि तुम मुझे कई टुकड़ों में काट सकते हो। नहीं, तुम कभी मुझे टुकड़ों में नहीं काट सकते। हाँ, तुम सिर्फ मेरे शरीर को काट सकते हो, जिसे मैं सिर्फ एक आभूषण की तरह धारण किए हुए हूँ। मैं अमर और नश्वर हूँ। दूसरी बात तुमने कही है कि तुम विश्व-विजेता हो। मेरे विचार से तुम केवल मेरे गुलाम के गुलाम हो।"

अचंभित सिकंदर ने पूछा, ''मैं कुछ समझा नहीं?''

तब योगी ने कहा, ''क्रोध मेरा गुलाम है। यह पूर्णत: मेरे नियंत्रण में है। लेकिन तुम क्रोध के गुलाम हो। कितनी आसानी से तुम क्रोधित हो जाते हो, इसलिए तुम मेरे गुलाम के गुलाम हुए।''

ठीक उस जगह

एक गुरुजी नदी के तट पर ध्यानावस्था में बैठे थे। उनके एक शिष्य ने उनके चरणों में श्रद्धा एवं समर्पण के प्रतीक के रूप में दो बेशकीमती मोती रखे।

गुरुजी ने अपनी आँखें खोलीं, उनमें से एक मोती को उठाया और उसे इतनी असावधानी से पकड़ा कि वह उनके हाथ से छिटककर लुढ़कता हुआ नदी में चला गया। शिष्य ने आव देखा न ताव, नदी में छलाँग लगा दी। उसने कई गोते लगाए, पर मोती को ढूँढ़ने में असफल रहा।

अंतत: थककर उसने पुन: अपने गुरु का ध्यान भंग किया और बोला, ''आप उस जगह को जानते हैं, जहाँ वह मोती गिरा है। कृपया मुझे वह जगह बता दें ताकि मैं आपके लिए मोती खोजकर ला सकूँ।''

गुरुजी ने दूसरा मोती अपने हाथ में लिया और पानी में फेंकते हुए बोले—''ठीक उस जगह।''

चाय के कप

एक छात्र ने गुरु सुजुकी रोशी से पूछा कि ''जापानी लोग अपने चाय के कपों को इतना पतला क्यों बनाते हैं कि वे आसानी से टूट जाएँ?''

गुरुजी ने उत्तर दिया, ''कप नाजुक नहीं हैं बल्कि तुम्हें उन्हें पकड़ने का सलीका नहीं आता। वातावरण को बदलने के बजाय तुम्हें अपने आपको इसके अनुरूप ढालने की कला आनी चाहिए।''

अंडे

मुल्ला नसरुद्दीन अंडे बेचकर गुजारा करता था। एक दिन एक व्यक्ति उसकी दुकान पर आया और बोला, "बताओ, मेरे हाथ में क्या है?"

नसरुद्दीन बोला, "मुझे कोई सुराग दो।"

वह व्यक्ति बोला, "एक क्या, मैं तुम्हें कई सुराग दूँगा यह अंडे के आकार का है। यह अंडे की तरह लगता है। इसका स्वाद और गंध भी अंडे की तरह है। अंदर से यह सफेद और पीला है। वैसे तो यह तरल रूप में होता है, पर पकाने या गरम करने पर ठोस हो जाता है। इसके अलावा, यह मुरगी से प्राप्त होता है।"

"हाँ, मैं समझ गया। तुम शायद केक की बात कर रहे हो।" मुल्ला नसरुद्दीन तपाक से बोला।

कभी-कभी ज्ञानी व्यक्ति को भी प्रत्यक्ष दिखनेवाली वस्तु दिखाई नहीं पड़ती और पादरी को मसीहा दिखाई नहीं देता।

क्या कुत्ता जानता है?

मुल्ला नसरुद्दीन एक गुर्राते हुए भयंकर दिखनेवाले कुत्ते से भयभीत हो रहा था। उस कुत्ते के मालिक ने कहा, "डरो मत। क्या तुमने यह कहावत नहीं सुनी कि जो भौंकते हैं, वे काटते नहीं?"

नसरुद्दीन ने उत्तर दिया, "तुम यह कहावत जानते हो। मैं भी यह कहावत जानता हूँ। पर क्या यह कुत्ता यह कहावत जानता है?"

उत्कृष्टता को साझा करना

एक किसान को हमेशा राज्यस्तरीय मेले में सर्वश्रेष्ठ मक्का उत्पादन के लिए पुरस्कार मिलता था। उसकी यह आदत थी कि वह अपने आसपास के किसानों को मक्के के सबसे अच्छे बीज बाँट देता था।

जब उससे इसका कारण पूछा गया तो उसने कहा, "यह मेरे ही हित की बात है। हवा अपने साथ पराग कणों को उड़ाकर लाती है। यदि मेरे आसपास के किसान घटिया दरजे के बीज का प्रयोग करेंगे तो इससे मेरी फसल को भी नुकसान

पहुँचेगा। इसीलिए मैं चाहता हूँ कि वे बेहतरीन गुणवत्ता के बीजों का प्रयोग करें।''

जो कुछ भी आप दूसरों को देते हैं, अंततः वही आपको वापस मिलता है। अतः यह आपके ही स्वार्थ की बात है कि आप स्वार्थरहित बनें।

वर्तमान में जियो

एक कंजूस व्यक्ति ने जीवन भर कंजूसी करके पाँच लाख दीनार एकत्रित कर लिये। इस एकत्रित धन की बदौलत वह एक साल तक बिना कोई काम किए चैन की वंशी बजाने के स्वप्न देखने लगा। इसके पहले कि वह उस धन को निवेश करने का इरादा कर पाता, यमदूत ने उसके दरवाजे पर दस्तक दे दी।

उस व्यक्ति ने यमदूत से कुछ समय देने की प्रार्थना की, परंतु यमदूत टस-से-मस नहीं हुआ। उसने याचना की, ''मुझे तीन दिन की जिंदगी दे दो, मैं तुम्हें अपना आधा धन दे दूँगा।'' पर यमदूत ने उसकी बात पर कोई ध्यान नहीं दिया।

उस व्यक्ति ने फिर प्रार्थना की, ''मैं आपसे एक दिन की जिंदगी की भीख माँगता हूँ। इसके बदले तुम मेरी वर्षों की मेहनत से जोड़ा गया पूरा धन ले लो।'' पर यमदूत फिर भी अडिग रहा।

तमाम अनुनय-विनय के बाद उसे यमदूत से सिर्फ इतनी मोहलत मिली कि वह एक संदेश लिख सके। उस व्यक्ति ने अपने संदेश में लिखा, ''जिस किसी को भी यह संदेश मिले, उससे मैं सिर्फ इतना कहूँगा कि वह जीवन भर सिर्फ संपत्ति जोड़ने की फिराक में न रहे। जिंदगी का एक-एक पल पूरी तरह से जिए। मेरे पाँच लाख दीनार भी मेरे लिए एक घंटे का समय नहीं खरीद सके।''

सतत जागरूकता

जैन विद्या सीखनेवाले छात्र को तब तक इसके अध्यापन की अनुमति नहीं है जब तक कि वह कम-से-कम 10 वर्ष तक अपने गुरु के सान्निध्य में न रहे।

टैनो नामक एक छात्र 10 वर्ष का कठिन परिश्रम करके 'गुरु' का दरजा प्राप्त करने में सफल हो गया। एक दिन वह अपने गुरु नैनिन से मिलने गया। उस

दिन तेज बारिश हो रही थी, इसलिए टैनो ने लकड़ी की खड़ाऊँ पहनी और अपने साथ छाता लेकर गया।

जैसे ही उसने गुरुजी के कक्ष में प्रवेश किया, उन्होंने उससे पूछा, ''लगता है, तुमने अपनी खड़ाऊँ और छाता बाहर दालान में ही छोड़ दिया है। तुम मुझे यह बताओ कि तुमने अपना छाता बाईं ओर रखा है या खड़ाऊँ?''

टैनो को इस बारे में कुछ याद नहीं था, अतः वह उत्तर न दे पाने के कारण शर्मिंदा हो गया। उसे यह एहसास भी हो गया कि वह लगातार जागरूक नहीं रह सका। वह पुनः नैनिन का शिष्य बन गया और सतत जागरूकता के अभ्यास के लिए पुनः 10 वर्षों तक श्रम किया।

ऐसा व्यक्ति जो लगातार जागरूक रहता है तथा हर पल में पूरी तरह शरीक होता है, वही 'गुरु' कहलाने के योग्य है।

स्वयं को बदलकर ही दुनिया को बदलो

सूफी संत बयाजदि ने अपने बारे में बताते हुए कहा, ''मैं अपनी जवानी के दिनों में क्रांतिकारी विचारों से ओतप्रोत था। मैं हर समय ईश्वर से यही माँगता कि मुझे इतनी शक्ति दो कि मैं दुनिया बदल सकूँ।

''जैसे-जैसे मैं अधेड़ावस्था में पहुँचा, मैंने यह महसूस किया कि मेरा आधा जीवन यूँ ही व्यर्थ गुजर गया है और मैं एक भी व्यक्ति को नहीं बदल पाया हूँ। तब मैंने अपनी प्रार्थना बदल दी। मैं यह प्रार्थना करने लगा कि हे प्रभु, मुझे इतनी शक्ति दो कि मैं अपने संपर्क में आनेवाले हर व्यक्ति को बदल सकूँ। मैं अपने संपर्क में आनेवाले मित्रों और संबंधियों को बदलकर ही संतुष्ट हो जाऊँगा

''अब जबकि मैं वृद्धावस्था में पहुँच गया हूँ और जीवन के कुछ दिन ही शेष हैं, प्रभु से मेरी सिर्फ एक ही विनती है कि मुझे सिर्फ इतनी शक्ति दो कि मैं अपने आपको बदल सकूँ।

''यदि मैंने प्रारंभ से ही यह प्रार्थना की होती तो मेरा जीवन व्यर्थ नहीं गया होता।''

कोयल, पंख और कीड़े

एक जंगल में एक कोयल अपने सुर में गा रही थी। तभी एक किसान वहाँ से एक बक्सा लेकर गुजरा, जिसमें कीड़े भरे हुए थे। कोयल ने गाना छोड़ दिया और किसान से पूछा, "इस बक्से में क्या है और तुम कहाँ जा रहे हो?"

किसान ने उत्तर दिया कि "बक्से में कीड़े भरे हुए हैं, जिन्हें मैं पंख के बदले शहर में बेचने जा रहा हूँ।" यह सुनकर कोयल ने कहा, "मेरे पास बहुत से पंख हैं, जिनमें से एक पंख तोड़कर मैं आपको दे सकती हूँ। आप बदले में मुझे कुछ कीड़े दे दें। इससे मेरा बहुत समय बच जाएगा और आपका भी।"

किसान ने कोयल को कुछ कीड़े निकालकर दिए, जिसके बदले में कोयल ने अपना एक पंख तोड़कर दिया। अगले दिन भी यही हुआ। फिर ऐसा रोज ही होने लगा। एक दिन ऐसा भी आया जब कोयल के सभी पंख समाप्त हो गए।

सभी पंख समाप्त हो जाने के कारण कोयल उड़ने में असमर्थ हो गई और कीड़े पकड़कर खाने लायक भी नहीं बची। वह बदसूरत दिखने लगी, उसने गाना बंद कर दिया और जल्द ही भूख से मर गई।

भोजन प्राप्त करने का जो आसान मार्ग कोयल ने चुना, वही मार्ग अंतत: सबसे कठिन साबित हुआ।

स्थिरता

एक नौजवान एक आश्रम में शिक्षा प्राप्त करने गया, लेकिन उसे आश्रम के अनुशासन बहुत कठिन लगे। आश्रम में नियमों का पालन अनिवार्य था। जल्द ही वह निराशा में डूब गया और उसने नदी में डूबकर आत्महत्या करने का इरादा कर लिया।

जब वह नदी में डूबने जा रहा था, तब उसने मार्ग में पत्थरों पर पड़े गोल निशानों को देखा। दरअसल नदी से पानी भरकर लौटते समय महिलाएँ जिस जगह पानी भरे घड़े रखा करती थीं, वहाँ के पत्थरों पर गोल निशान बन गए थे।

उस नौजवान को नियमित अभ्यास और दृढ़ इच्छा-शक्ति का महत्त्व समझ में आ गया। नियमित आदतें ही हमारा चरित्र बन जाती हैं। दृढ़ इच्छा-शक्ति और नियमित अभ्यास ही जीवन में सर्वाधिक महत्त्वपूर्ण है।

अपने भाग्यविधाता बनो

एक दिन नसरुद्दीन अपने गाँव में टहल रहा था। तभी उसके कुछ पड़ोसी पास आकर बोले, ''नसरुद्दीन, तुम बहुत बुद्धिमान् और नेक इनसान हो। हम लोगों को अपना चेला बना लो। तुम हमें यह समझाओ कि हम किस तरह अपना जीवन व्यतीत करें और जीवन में सुख व शांति के लिए हमें क्या करना चाहिए?''

नसरुद्दीन ने कहा, ''ठीक है। मैं तुम्हें पहली शिक्षा अभी दिए देता हूँ। सबसे महत्त्वपूर्ण बात यह है कि तुम अपने पैरों और चप्पलों का विशेष ध्यान रखो। उन्हें हर समय साफ और स्वच्छ रखो।''

पड़ोसी उसकी बात को ध्यान से सुन रहे थे, तभी उनका ध्यान नसरुद्दीन के पैरों की ओर गया, जो बहुत मैले-कुचैले थे तथा उसकी चप्पलें भी टूटी-फूटी थीं।

एक पड़ोसी तपाक से बोला, ''लेकिन नसरुद्दीन, तुम्हारे खुद के पैर तो बहुत ही गंदे हैं, और चप्पलों का तो कहना ही क्या! जिन बातों का तुम खुद ही पालन नहीं कर रहे हो, उनका पालन हम कैसे कर सकते हैं?''

नसरुद्दीन बोला, ''तो मैं भी यह जानने के लिए इधर-उधर नहीं भटकता कि मुझे अपना जीवन कैसे बिताना चाहिए?''

लीला

एक गुरुजी अपने शिष्यों को हिंदू मान्यताओं को समझाते हुए बोले, ''सारा जगत् प्रभु की लीला है, यानी यह संसार एक खेल है और यह ब्रह्मांड खेलकूद का मैदान है। अध्यात्म का लक्ष्य जीवन को एक खेल बनाना है।''

एक शुद्धतावादी पर्यटक को उनकी बातें निरर्थक लगीं। वह बोला, ''तो क्या कर्म का कोई महत्त्व नहीं है?''

गुरुजी ने उत्तर दिया, ''जरूर है। लेकिन कोई कार्य तब आध्यात्मिक हो जाता है जब उसे खेल की तरह किया जाए।''

नेता के कार्य

जब एक धार्मिक नेता के चेलों ने एक कार्यक्रम के दौरान अपने नेता की तारीफों के पुल बाँधे, तो नेता बहुत खुश हुए।

बाद में उनसे इस बारे में पूछा गया तो वे बोले, "जो व्यक्ति दूसरों को अपनी शक्ति दिखाता है, वह धार्मिक नेता नहीं हो सकता।"

तब उनसे पूछा गया, "फिर धार्मिक नेता के क्या कार्य होते हैं?'

नेताजी ने उत्तर दिया, "लोगों को प्रेरित करना, न कि कानूनी पचड़ों में डालना। उन्हें जाग्रत् करना, न कि मजबूर करना।"

बुजुर्ग व्यक्ति और मृत्यु

एक बुजुर्ग व्यक्ति काफी दूर से लकड़ियों का गट्ठर अपने सिर पर लादे चला आ रहा था। वह बुरी तरह थक चुका था। जब उससे बरदाश्त नहीं हुआ तो उसने अपने बोझ को जमीन पर पटक दिया और इस पीड़ा से निजात दिलाने के लिए मृत्यु को पुकारा।

अगले ही पल मृत्यु उसके समक्ष आ खड़ी हुई और पूछने लगी कि वह क्या चाहता है?

बुजुर्ग व्यक्ति बोला, "मुझ पर सिर्फ इतनी कृपा करें कि यह लकड़ी का गट्ठर फिर से मेरे सिर पर रखने में सहायता कर दें।"

जीवन अत्यंत प्रिय होता है। हताशा में मृत्यु को पुकारना तो आसान है, परंतु वास्तव में मृत्यु का वरण करना बहुत कठिन।

शेरनी

एक बार जंगल के सभी जानवरों में यह बहस छिड़ गई कि कौन सा जानवर सबसे ज्यादा बच्चे पैदा कर सकता है। जब विवाद शांत नहीं हुआ तो वे इसके निपटारे के लिए शेरनी के पास गए।

उन्होंने शेरनी से पूछा, "तुम्हारे कितने बच्चे हैं?"

शेरनी ने तत्परतापूर्वक उत्तर दिया, "सिर्फ एक। लेकिन वह जंगल का राजा है।"

संख्या से अधिक महत्त्वपूर्ण होती है 'गुणवत्ता'।

विजिटिंग कार्ड

चीनी के मैजी साम्राज्य काल में कैचू नामक चीनी जैन विद्या के एक गुरु हुआ करते थे। वे क्योटो के एक किले में रहते थे। एक दिन क्योटो प्रांत के गर्वनर पहली बार उनसे मिलने आए।

उन्होंने गुरुजी के शिष्य को अपना विजिटिंग कार्ड दिया, जो शिष्य ने गुरुजी के समक्ष प्रस्तुत किया। उस पर लिखा था किटागाकी, गवर्नर ऑफ क्योटो, जिसे पढ़कर गुरुजी बोले, "मुझे ऐसे किसी आदमी से नहीं मिलना उससे कहो कि यहाँ से चला जाए।"

इसके बाद शिष्य ने अफसोस जताते हुए वह विजिटिंग कार्ड गवर्नर को वापस कर दिया। गवर्नर को अपनी गलती समझ आ गई। उन्होंने गवर्नर ऑफ क्योटो शब्द काट दिए और पुनः वह कार्ड शिष्य को देते हुए कहा, "एक बार गुरुजी से फिर पूछ लो।"

जब गुरुजी ने पुनः वह कार्ड देखा तो तत्परता से बोले, "अच्छा! किटागाकी आया है। उसे तुरंत बुलाओ, मैं उससे मिलना चाहता हूँ।"

चरमराते हुए पहिए

एक ऊबड़-खाबड़ सड़क पर दो बैल एक बैलगाड़ी को खींचकर ले जा रहे थे। तभी बैलगाड़ी के पहियों से चरमराने की आवाज आने लगी। गाड़ीवान ने पहियों को कोसते हुए कहा, "अरे निर्दयी! जब कठोर परिश्रम करके गाड़ी खींचनेवाले ये जानवर नहीं कराह रहे हैं तो तुम क्यों शोर मचा रहे हो?"

भेड़िया और मेमना

नदी के किनारे एक भेड़िए को कुछ दूरी पर भटकता हुआ एक मेमना दिखाई देता है। वह उस पर हमला करके अपना शिकार बनाने का निश्चय करता है। निरीह मेमने के शिकार के लिए वह बहाना ढूँढ़ने लगता है।

वह मेमने पर चिल्लाता है, "अरे दुष्ट! जिस नदी का मैं पानी पी रहा हूँ, उसे गंदा करने की तेरी हिम्मत कैसे हुई?"

मेमना नम्रतापूर्वक बोला, "माफ कीजिए श्रीमान! लेकिन मुझे यह समझ में

नहीं आया कि मैं किस तरह पानी गंदा कर रहा हूँ, जबकि पानी तो आपकी ओर से बहता हुआ मेरे पास आ रहा है?''

''हो सकता है! पर सिर्फ एक वर्ष पहले मैंने सुना था कि तुम मेरी पीठ पीछे बहुत बुराई कर रहे थे।'' भेड़िए ने बात बनाते हुए कहा।

''लेकिन श्रीमान, एक वर्ष पहले तो मैं पैदा भी नहीं हुआ था।'' मेमने ने कहा।

''हो सकता है कि तुम न हो, वह तुम्हारी माँ भी हो सकती है। पर इससे मुझे कुछ लेना-देना नहीं है। अब तुम मेरे भोजन में और व्यवधान मत डालो।'' भेड़िए ने गुर्राते हुए कहा और बिना पल गँवाए उस निरीह मेमने पर टूट पड़ा।

एक तानाशाह अपनी तानाशाही के लिए हमेशा कोई-न-कोई बहाना तलाश लेता है।

सर्वोत्तम सेब

मुल्ला नसरुद्दीन ने अपना भाषण समाप्त ही किया था कि भीड़ में खड़े उसके एक निंदक ने उससे कहा, ''आध्यात्मिक सिद्धांतों को बघारने से तो अच्छा यह होगा कि तुम कुछ व्यावहारिक बात बताओ।'' बेचारा नसरुद्दीन भौंचक रह गया और उससे बोला, ''आप मुझसे किस तरह का व्यावहारिक ज्ञान दिलवाना चाहते हैं?''

इस बात से खुश होकर कि उसने नसरुद्दीन को चारों खाने चित कर दिया, भीड़ पर रोब जमाते हुए वह व्यक्ति बोला, ''उदाहरण के लिए तुम स्वर्ग के बगीचे के एक सेब को दिखाओ।''

नसरुद्दीन ने तत्काल एक सेब तोड़ा और उसे थमा दिया। सेब देखकर वह व्यक्ति बोला, ''लेकिन यह सेब तो एक ओर से सड़ा है। स्वर्ग के बगीचे का सेब तो सर्वोत्तम होना चाहिए।''

नसरुद्दीन ने तपाक से उत्तर दिया, ''तुम बिलकुल ठीक कह रहे हो कि स्वर्ग का सेब सर्वोत्तम होना चाहिए। लेकिन तुम्हारी औकात के हिसाब से यही सेब सर्वोत्तम है। तुम्हें इससे अच्छा सेब नहीं मिल सकता।''

मदद और परामर्श

एक लड़का नदी में तैर रहा था। तैरते-तैरते वह दूर तक चला गया और डूबने लगा। सौभाग्य से वहाँ से एक व्यक्ति गुजर रहा था। लड़के ने पूरी ताकत से उस व्यक्ति को आवाज लगाकर मदद माँगी।

उस व्यक्ति ने तत्काल सहायता देने के बजाय लड़के को उसके मूर्खतापूर्ण कार्य और गहरे पानी में तैरने के लिए फटकारना शुरू कर दिया। अंततः लड़के ने चिल्लाते हुए कहा, "श्रीमान, पहले मेरी जान बचा लीजिए, बाद में उपदेश दीजिएगा।"

व्यावहारिक मदद के बिना कोई भी परामर्श व्यर्थ होता है।

प्रेम की देवी 'वीनस' और बिल्ली

एक बार एक बिल्ली को एक नौजवान से प्यार हो गया। उसने प्रेम की देवी 'वीनस' से प्रार्थना की कि वे उसे एक सुंदर लड़की बना दें। देवी वीनस को उस पर तरस आ गया और उन्होंने बिल्ली को एक सुंदर लड़की बना दिया। परिणामस्वरूप वह नौजवान सुंदर लड़की बनी बिल्ली के प्रेम-पाश में फँस गया और उसने उससे विवाह कर लिया।

एक दिन वे दोनों कमरे में बैठे थे, तब वीनस ने यह जानने के लिए कि बिल्ली ने अपने रूप के साथ-साथ अपनी प्रकृति को बदला है या नहीं, उसके सामने एक चूहा फेंका।

जैसे ही बिल्ली ने उस चूहे को देखा, वह भूल गई कि अब वह एक लड़की है। वह तुरंत चूहे पर झपटी और उसे अपने मुँह में दबोच लिया। इस भयावह दृश्य से क्रोधित होकर प्रेम की देवी ने उसे दोबारा बिल्ली बना दिया।

'अपनी जन्मजात आदतों को बदलना बहुत मुश्किल होता है।'

किसे नौकरी मिली

एक व्यापारी को एक क्लर्क की आवश्यकता थी। उसने क्लर्क के पद पर भरती के लिए विज्ञापन दिया। उसे कई आवेदन प्राप्त हुए। उसने बारह

अभ्यर्थियों को साक्षात्कार के लिए चुना। व्यापारी ने एक-एक करके उन्हें कमरे में बुलाया और अंत में एक अभ्यर्थी का चयन किया।

उस व्यापारी का मित्र भी साक्षात्कार कक्ष में मौजूद था। उसे यह देखकर आश्चर्य हुआ कि जिस लड़के का चयन हुआ है, वह अन्य लड़कों की तुलना में उतना योग्य नहीं था। उसने अपने मित्र से प्रश्न किया, "तुमने इस लड़के को ही क्यों चुना? वह तो हाई स्कूल भी उत्तीर्ण नहीं है और इस नौकरी के लिए कम पढ़ा-लिखा है?"

व्यापारी ने उत्तर दिया, "तुम सही कह रहे हो कि यह लड़का हाई स्कूल भी उत्तीर्ण नहीं है। लेकिन तुम यह गलत कह रहे हो कि उस लड़के के पास इस नौकरी के लायक योग्यता नहीं है। वास्तव में वह बहुत योग्य है।"

व्यापारी ने आगे कहा, "सबसे पहले जब उसने कमरे में प्रवेश किया, तो अंदर आने के बाद उसने आहिस्ता से दरवाजे को बंद किया। यह दरशाता है कि वह सावधान व चिंतनशील व्यक्ति है और दूसरों की भावनाओं का खयाल रखता है। फिर उसने जमीन पर पड़ी किताब को उठाकर मेज पर रखा। इसके अलावा उसके बाल ठीक से कंघी किए हुए थे और कपड़े पुराने होने के बावजूद साफ और व्यवस्थित थे। इससे अधिक और क्या योग्यता किसी व्यक्ति में हो सकती है?"

खरगोश और शिकारी कुत्ता

एक शिकारी कुत्ते ने गुर्राकर खरगोश को डरा दिया और कुछ दूरी तक उसका पीछा किया। फुरतीला खरगोश तेजी से भागकर अपनी जान बचाने में सफल हो गया। बकरियों का एक झुंड वहीं से गुजर रहा था। उस झुंड ने दुर्बल खरगोश को न पकड़ पाने पर कुत्ते का मजाक बनाया।

कुत्ते ने उत्तर दिया, "अपने भोजन के लिए भागने और जान बचाने के लिए भागने में अंतर होता है।"

कंजूस

एक कंजूस ने अपनी संपत्ति की सुरक्षा सुनिश्चित करने के लिए सारी संपत्ति बेचकर सोने की एक ईंट खरीद ली और उसे मैदान में एक जगह छुपा दिया।

वह अकसर उस जगह जाकर निरीक्षण करता रहता कि ईंट सुरक्षित है या नहीं। उसके इस व्यवहार पर उसके एक नौकर को शक हो गया कि उसने उस जगह खजाना छुपा रखा है।

जब वह कंजूस व्यक्ति वहाँ से चला गया तो पीछे से नौकर ने सोने की ईंट को चुरा लिया।

कुछ देर बाद जब वह कंजूस फिर उस जगह पहुँचा तो उसने पाया कि ईंट चोरी हो चुकी है। वह चिल्ला-चिल्लाकर रोया और अपने बाल नोंच लिये। इस घटना के गवाह उसके पड़ोसी ने उसे समझाते हुए कहा, ''तुम्हें ज्यादा दु:खी होने की आवश्यकता नहीं है। अब तुम उस जगह केवल एक पत्थर रख दो और यह कल्पना करो कि यही सोने की ईंट है। जब तुम्हें सोने की उस ईंट का प्रयोग ही नहीं करना था, तो पत्थर और सोने की ईंट में भला क्या फर्क?''

धन का मूल्य उसके संचय में नहीं, बुद्धिमत्तापूर्ण उपयोग में है।

सबसे बड़ा आदमी

चीन के राजा ने प्रसिद्ध चीनी गुरु कन्फ्यूशियस को अपने पास बुलाया और पूछा, ''तुम किसे सबसे बड़ा आदमी समझते हो?''

कन्फ्यूशियस ने कहा, ''निश्चित रूप से आप ही सबसे बड़े हैं, क्योंकि आप इतने बड़े साम्राज्य को चलाते हैं और इतने अधिक व्यक्तियों को आदेश देते हैं।''

राजा ने कहा, ''और तुम मुझसे बड़ा किसे समझते हो?''

कन्फ्यूशियस ने कहा, ''मैं अपने आपको आपसे बड़ा समझता हूँ, क्योंकि मैं सत्य का पुजारी हूँ।''

राजा ने फिर कहा, ''तब मुझे उस व्यक्ति के पास ले चलो जो हम दोनों से भी बड़ा हो।''

वे दोनों साथ में ऐसे व्यक्ति की तलाश में निकले। उनकी तलाश तब पूरी हुई जब उन्हें एक ऐसा आदमी मिला, जो अकेले ही कुआँ खोद रहा था। उसे देखकर कन्फ्यूशियस ने कहा, ''वह है सबसे बड़ा आदमी। वह व्यक्ति किसी राजा और दार्शनिक से बड़ा है। पूरे धैर्य के साथ वह अकेला ही कुआँ खोद रहा है। ऐसा वह सिर्फ अपनी प्यास बुझाने के लिए नहीं कर रहा बल्कि वह कई व्यक्तियों की प्यास बुझाने के लिए कर रहा है। केवल वही व्यक्ति सबसे बड़ा कहा जा सकता है, जो

निस्स्वार्थ भाव से दूसरों की सेवा में अपना जीवन व्यतीत करता है।''

पाँच घंटियोंवाली योजना

किसी जमाने में एक होटल हुआ करता था, जिसका नाम 'द सिल्वर स्टार' था। होटल मालिक के तमाम प्रयासों के बावजूद वह होटल बहुत अच्छा नहीं चल रहा था। होटल मालिक ने होटल को आरामदायक, कर्मचारियों को विनम्र बनाने के अलावा किराया भी कम करके देख लिया, पर वह ग्राहकों को आकर्षित करने में नाकाम रहा। निराश होकर वह एक साधु के पास मागदर्शन लेने पहुँचा।

उसकी व्यथा सुनने के बाद साधु ने उससे कहा, ''इसमें चिंता की क्या बात है? बस तुम अपने होटल का नाम बदल दो।''

होटल मालिक ने कहा, ''यह असंभव है। कई पीढ़ियों से इसका नाम 'द सिल्वर स्टार' है और यह देश भर में प्रसिद्ध है।''

साधु ने उससे फिर कहा, ''पर अब तुम इसका नाम बदलकर 'द फाइव बैल' रख दो और होटल के दरवाजे पर छह घंटियाँ लटका दो।''

होटल मालिक ने कहा, ''छह घंटियाँ? यह तो और भी बड़ी बेवकूफी होगी। आखिर इससे क्या लाभ होगा?''

साधु ने मुसकराते हुए कहा, ''एक बार यह प्रयास करके तो देख लो।''

होटल मालिक ने वैसा ही किया।

इसके बाद जो भी राहगीर और पर्यटक वहाँ से गुजरता, होटल मालिक की गलती बताने चला आता। अंदर आते ही वे होटल की व्यवस्था और विनम्र सेवा से प्रभावित हो जाते। धीरे-धीरे वह होटल चल निकला। होटल मालिक इतने दिनों से जो चाह रहा था, वह उसे मिल गया।

दूसरे की गलती बताने में भी अधिकतर व्यक्तियों का अहं संतुष्ट होता है।

सरासर धोखा

एक बार मुल्ला नसरुद्दीन पश्चिमी देश की यात्रा पर थे। वहाँ उन्हें एक फैशन शो देखने के लिए आमंत्रित किया गया। मुल्ला फैशन शो देखने गए। फैशन

शो समाप्त होने के बाद उनसे पूछा गया कि उन्हें फैशन शो कैसा लगा?

मुल्ला ने क्रोधित होकर कहा, ''यह सरासर धोखा है।''

उस व्यक्ति ने फिर पूछा, ''यह आप कैसे कह सकते हैं?''

मुल्ला ने उत्तर दिया, ''वे लोग नुमाइश तो महिलाओं की कर रहे थे और बेच कपड़े रहे थे।''

तालाब में बारहसिंगा

एक बारहसिंगा तालाब में अपनी प्यास बुझाने आया। जैसे ही वह पानी पीने लगा, उसे अपनी परछाई दिखाई दी। अपने सींगों को देखकर वह बहुत खुश हुआ कि प्रकृति ने उसे कितना सुंदर तोहफा दिया है। तभी उसका ध्यान अपने पतले पैरों की ओर गया, जिन्हें देखकर दुःखी हो गया। वह अपने शरीर को निहारने में लगा हुआ था कि कुछ शिकारी दबे पाँव उसके नजदीक आ पहुँचे।

बारहसिंगा अपने पतले पैरों की वजह से, जिन्हें वह बदसूरत और बेकार समझ रहा था, सरपट भागा और शिकारियों की पहुँच से दूर हो गया। तभी उसके सींग, जिन्हें वह गर्व की चीज समझ रहा था, घनी झाड़ियों में उलझ गए और शिकारियों ने उसे पकड़कर मार डाला।

हम प्रायः अपने पास मौजूद छोटी-छोटी परंतु महत्त्वपूर्ण चीजों की उपेक्षा करते हैं।

कौन सा भाषण?

एक रात जब नसरुद्दीन घर पहुँचा तो उसकी पत्नी ने पूछा, ''तुम्हारा भाषण कैसा रहा?''

नसरुद्दीन ने कहा, ''कौन सा भाषण? जो मैंने तैयार किया था? या जो मैंने दिया? या जो मैं देना चाहता था?''

भाषण तैयार करना अलग बात है और देना अलग। इन दोनों में बहुत अंतर है और वह भाषण तो बिलकुल ही अलग होता है, जो देना चाहते हो।

ये तीनों आपस में बहुत अलग हैं।

शरारती कुत्ता

एक कुत्ता बहुत शरारती और जंगली था। तंग आकर उसके मालिक ने उसके गले में घंटी लगा हुआ मोटा सा पट्टा बाँध दिया, ताकि वह किसी को चुपके से काट और डरा न पाए।

वह कुत्ता अपने पट्टे से इतना खुश हुआ कि पूरे बाजार में घंटी बजाते हुए घूमने लगा, ताकि लोगों का ध्यान उसकी ओर आकृष्ट हो।

उसके एक पुराने और धूर्त मित्र ने उससे कहा, ''तुम ज्यादा शोर न ही मचाओ तो अच्छा है। जिस पट्टे को लेकर तुम इतना इतरा रहे हो, वह अपमान का प्रतीक है, न कि योग्यता का।''

बेवकूफ और मूर्ख लोग प्रायः अपने कुख्यात होने पर भी गर्व करते हैं।

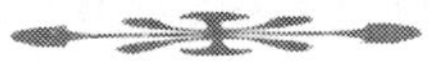

शेर और उसके तीन सिपहसालार

जंगल के राजा शेर ने एक दिन भेड़ को बुलाकर पूछा कि क्या उसकी साँसों में से बदबू आती है? भेड़ ने कहा, ''हाँ।'' यह सुनते ही शेर ने यह कहते हुए उसे काट लिया कि वह बेवकूफ है।

फिर शेर ने यही प्रश्न भेड़िया से पूछा। भेड़िए ने कहा, ''जी नहीं।'' शेर ने गुस्से में आकर यह कहते हुए उसे मौत के घाट उतार दिया कि वह चापलूस है।

फिर शेर ने यही प्रश्न लोमड़ी से पूछा। लोमड़ी ने कहा, ''माफ कीजिए महाराज, लगता है, आपको जुकाम हो गया है जिससे आप ठीक से साँस नहीं ले पा रहे हैं।''

समस्या में फँसने से बेहतर है—विनम्रतापूर्वक बच निकलना।

दुनिया का अंत

दार्शनिकों का एक समूह अपनी लंबी यात्राओं और कई वर्षों के शोध के उपरांत इस नतीजे पर पहुँचा कि दुनिया का अंत होगा, परंतु वे दुनिया के अंत का दिन बताने में सफल नहीं हुए।

अंत में वे मुल्ला नसरुद्दीन के पास पहुँचे और पूछा, ''क्या तुम यह बता

सकते हो कि इस दुनिया का अंत किस दिन होगा?''

नसरुद्दीन ने उत्तर दिया, ''जरूर बता सकता हूँ। जिस दिन मैं मरूँगा, उस दिन दुनिया का अंत होगा।''

उन्होंने फिर पूछा, ''और तुम किस दिन मरोगे? क्या तुम्हें वास्तव में यह पता है कि उस दिन दुनिया का अंत हो जाएगा?''

नसरुद्दीन ने उत्तर दिया, ''कम-से-कम मेरे लिए तो दुनिया का अंत उसी दिन होगा।''

कुत्ता और परछाईं

एक कुत्ता कसाई की दुकान से मांस का टुकड़ा चुराने में सफल हो गया। उस टुकड़े को मुँह में दबाए वह अपने घर की ओर दौड़ रहा था। रास्ते में पुल पार करते समय उसने नीचे पानी में झाँका। पानी में उसे अपनी परछाईं दिखाई दी। उसने सोचा कि कोई दूसरा कुत्ता वहाँ मांस का टुकड़ा लिये बैठा है। उसके मन में उस कुत्ते के मुँह में दबे मांस को भी लेने की इच्छा हुई। जैसे ही उसने भौंकना शुरू किया, उसके मुँह में दबा टुकड़ा भी पानी में गिर गया।

परछाईं या आभासीय जीवन के चक्कर में हम मूल जीवन के सारतत्त्व से भी हाथ धो बैठते हैं।

प्रेम की भुलक्कड़ी

एक पति ने अपनी पत्नी से कहा, ''तुम मेरी पुरानी गलतियों की याद क्यों दिलाती रहती हो। मुझे तो लगा था कि तुम सबकुछ भूल गई होगी और मुझे माफ कर दिया होगा।''

पत्नी ने उत्तर दिया, ''मैंने जरूर तुम्हें माफ कर दिया है, परंतु तुम यह कभी मत भूल जाना कि मैंने तुम्हें माफ किया है।''

कौआ और हंस

एक कौआ हंस के सुंदर सफेद बालों से ईर्ष्या करता था। उसका मानना था कि हंस की सुंदरता उस पानी के कारण है, जिसमें वह रहता है।

अत: उसने भी अपना घर त्यागकर तालाबों और झरनों की शरण ली। उसने बार-बार अपने पंखों को पानी में धोया, परंतु सब व्यर्थ गया। उसके बाल पहले की ही तरह काले बने रहे और उसका जीना भी दूभर हो गया, क्योंकि पानी में वह अपने लिए भोजन तलाश नहीं कर पाया।

जगह बदलने से किसी की प्रकृति नहीं बदलती।

छोटी मछली

एक बार एक नैतिकतावादी दार्शनिक मुल्ला नसरुद्दीन के गाँव से गुजर रहा था। उसने नसरुद्दीन से एक अच्छे भोजनालय के बारे में पूछा। नसरुद्दीन ने उसे भोजनालय का रास्ता बता दिया। दार्शनिक महोदय नसरुद्दीन के साथ शास्त्रार्थ के इच्छुक थे, अत: उन्होंने नसरुद्दीन को भी भोजन के लिए आमंत्रित कर लिया। नसरुद्दीन खुशी-खुशी उनके साथ भोजनालय पहुँच गया। उसने भोजनालय के बैरे से सबसे अच्छे व्यंजन के बारे में पूछा।

बैरे ने उत्तर दिया, "मछली! ताजा मछली!"

उन्होंने बैरे को दो मछली परोसने का आदेश दिया।

कुछ देर बाद वह बैरा एक बड़ी सी प्लेट में दो मछलियाँ लेकर आया। उनमें से एक मछली दूसरी से पर्याप्त बड़ी थी। बिना किसी झिझक के नसरुद्दीन ने बड़ी मछली उठाकर अपनी प्लेट में रख ली। दार्शनिक ने नसरुद्दीन की ओर गुस्से व अविश्वास के साथ देखा और कहने लगा कि उसका यह कार्य स्वार्थ की श्रेणी में आता है तथा यह नैतिक, धार्मिक और सदाचार मूल्यों का सरासर उल्लंघन है। नसरुद्दीन ने दार्शनिक का भाषण पूरी शांति के साथ सुना और जब वह चुप हो गया तो बोला, "तो ऐसे में आप क्या करते?"

दार्शनिक ने उत्तर दिया, "एक भला इनसान होने के नाते मैं अपने लिए छोटी मछली उठाता।"

नसरुद्दीन ने तपाक से छोटी मछली उसकी प्लेट में रखते हुए कहा, "तो यह लीजिए जनाब। मैं भी तो यही कर रहा हूँ।"

तुम्हारे बच्चों को इसकी जरूरत पड़ सकती है

एक किसान इतना बूढ़ा हो गया था कि शारीरिक श्रम नहीं कर पाता था। वह अपने घर के छज्जे पर ही बैठा रहता और अपने बेटे को खेती करते हुए देखता रहता। उसका बेटा भी खेती करते समय थोड़ी-थोड़ी देर में अपने बाप को छज्जे पर बैठा देखता रहता। वह सोचने लगा कि उसका बाप बहुत बूढ़ा हो गया और किसी काम का नहीं है। उसका मर जाना ही अच्छा होगा।

एक दिन वह इतना परेशान हो उठा कि उसने अपने बाप के लिए एक ताबूत बनाया। छज्जे पर जाकर वह अपने बाप से बोला कि वह उस ताबूत में लेट जाए। बाप बिना एक भी शब्द बोले चुपचाप उस ताबूत में जाकर लेट गया। उसका बेटा ताबूत को सरकाता हुआ खेत के उस कोने तक ले गया, जहाँ एक गहरी खाई थी। वह उस ताबूत को खाई में फेंकने ही वाला था कि उसे ताबूत में कुछ हलचल महसूस हुई। उसने ताबूत का ढक्कन उठाया तो बूढ़ा बाप बोला, ''मुझे मालूम है कि तुम मुझे खाई में फेंकने जा रहे हो, पर तुम इस ताबूत को मेरे साथ मत फेंको, तुम्हारे बच्चों को इसकी जरूरत पड़ सकती है।''

उसका कोई परिवार नहीं है

एक परिवार रात्रिभोज के समय एकत्रित था। तभी घर के सबसे बड़े पुत्र ने घोषणा की कि ''वह गली के मोड़ पर रहनेवाली लड़की से शादी करने जा रहा है।''

यह सुनकर उसके पिता बोले, ''लेकिन उस लड़की के परिवार ने तो उसके लिए एक भी पैसा नहीं छोड़ा है।''

माताजी बोलीं, ''और उसने भी कोई बचत नहीं की है।''

छोटे भाई ने कहा, ''वह फुटबॉल के बारे में भी कुछ नहीं जानती।''

बहन बोली, ''और उसके बाल तो बिलकुल जोकरों जैसे हैं।''

चाचाजी बोले, ''वह हर समय सिर्फ उपन्यास ही पढ़ती रहती है।''

दादीजी बोलीं, ''और वह बिलकुल भी किफायती नहीं है।''

''आप सभी बिलकुल सही कह रहे हैं, परंतु वह फिर भी इस घर में आने के योग्य है।'' लड़के ने कहा।

''वह कैसे?'' सभी ने जानना चाहा।

लड़के ने कहा, ''क्योंकि उसका कोई परिवार नहीं है।''

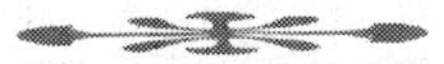

तीन छन्नी परीक्षण

प्राचीन यूनान में सुकरात नामक एक विख्यात दार्शनिक व ज्ञानी व्यक्ति रहा करते थे। एक दिन उनका एक परिचित उनसे मिलने आया और बोला, ''क्या तुम जानते हो कि मैंने तुम्हारे मित्र के बारे में क्या सुना है?'

सुकरात ने उसे टोकते हुए कहा, ''एक मिनट रुको। इसके पहले कि तुम मुझे मेरे मित्र के बारे में कुछ बताओ, उसके पहले मैं तीन छन्नी परीक्षण करना चाहता हूँ।''

''तीन छन्नी परीक्षण?''

सुकरात ने कहा, ''जी हाँ, मैं इसे तीन छन्नी परीक्षण इसलिए कहता हूँ, क्योंकि जो भी बात आप मुझसे कहेंगे, उसे तीन छन्नी से गुजारने के बाद ही कहें।''

''पहली छन्नी है 'सत्य'। क्या आप यह विश्वासपूर्वक कह सकते हैं कि जो बात आप मुझसे कहने जा रहे हैं, वह पूर्ण सत्य है?''

व्यक्ति ने उत्तर दिया, ''जी नहीं, दरअसल वह बात मैंने अभी-अभी सुनी है, और...''

सुकरात बोले, ''तो तुम्हें इस बारे में ठीक से कुछ नहीं पता है।''

''आओ, अब दूसरी छन्नी लगाकर देखते हैं। दूसरी छन्नी है 'भलाई'। क्या तुम मुझसे मेरे मित्र के बारे में कोई अच्छी बात कहने जा रहे हो?''

''जी नहीं, बल्कि मैं तो...''

''तो तुम मुझे कोई बुरी बात बताने जा रहे थे, लेकिन तुम्हें यह भी नहीं मालूम है कि यह बात सत्य है या नहीं।'' सुकरात बोले।

''तुम एक और परीक्षण से गुजर सकते हो। तीसरी छन्नी है 'उपयोगिता'। क्या वह बात जो तुम मुझे बताने जा रहे हो, मेरे लिए उपयोगी है?''

''शायद नहीं।''

यह सुनकर सुकरात ने कहा, ''जो बात तुम मुझे बताने जा रहे हो, न तो वह सत्य है, न अच्छी और न ही उपयोगी। तो फिर ऐसी बात कहने का क्या फायदा?''

जब भी आप अपने परिचित, मित्र, सगे-संबंधी के बारे में कुछ गलत बात

सुनें, तो ये तीन छन्नी परीक्षण अवश्य करें।

जुनैद एवं नाई

पुण्यात्मा जुनैद ने एक बार भिखारी का वेश धारण किया और मक्का में एक नाई की दुकान पर पहुँच गए। वह नाई उस समय एक रईस ग्राहक की दाढ़ी बना रहा था। उसने तुरंत उस रईस व्यक्ति की दाढ़ी बनाना छोड़कर पहले भिखारी की दाढ़ी बनाने का निर्णय लिया। उसने न केवल भिखारी का वेश धारण किए जुनैद से पैसे नहीं लिये वरन् उन्हें भिक्षा भी दी।

जुनैद उस नाई से बहुत प्रभावित हुए और उन्होंने निश्चय किया कि वे उस दिन जो कुछ भी भिक्षा के रूप में प्राप्त करेंगे, उस नाई को दे देंगे।

उसी दिन एक अमीर तीर्थयात्री ने जुनैद को सोने के सिक्कों से भरा बटुआ भिक्षा के रूप में दिया। जुनैद खुशी-खुशी उस नाई की दुकान पर पहुँचे और उसे वह बटुआ दे दिया।

जब नाई को यह ज्ञात हुआ कि जुनैद ने उसे वह बटुआ क्यों दिया है तो वह क्रोधित हो गया और बोला, ''आखिर तुम किस तरह के पुण्यात्मा व्यक्ति हो? तुम मुझे मेरे प्रेम के बदले में यह पुरस्कार दे रहे हो!''

जब आप अपने उपकार के बदले में कुछ चाहते हैं तो आपका उपहार रिश्वत बन जाता है।

बयाजदि ने नियम तोड़ा

संत बयाजदि कभी-कभी अपने संप्रदाय के नियम और परंपराओं के विरुद्ध कार्य किया करते थे। एक बार वे तीर्थयात्रा से लौटते समय एक नगर में पहुँचे। वहाँ के नागरिकों ने श्रद्धाभाव से उनका स्वागत किया। उनके नगर-आगमन के कारण लोगों में हलचल मच गई।

बयाजदि जब लोगों की चापलूसी से थक गए तो बाजार के बीचोबीच पहुँचकर उन्होंने सब लोगों के सामने ही ब्रेड का पैकेट उठाकर खाना शुरू कर दिया। रमजान का पवित्र महीना होने के कारण उस दिन उपवास था। यद्यपि वह उपवास का दिन था, परंतु बयाजदि जानते थे कि यात्रा में होने के कारण उन्हें

उपवास तोड़ने की अनुमति थी।

परंतु उनके अनुयायियों को यह अच्छा नहीं लगा। वे उनके व्यवहार से इतने क्षुब्ध हुए कि उन्हें छोड़कर अपने घरों को चले गए।

बयाजदि ने अपने एक शिष्य से कहा, ''जैसे ही मैंने उनकी आकांक्षा के अनुरूप आचरण नहीं किया, उनकी सारी श्रद्धा गायब हो गई।''

श्रद्धा की कीमत आपको अपेक्षा अनुरूप आचरण करके चुकानी पड़ती है।

कछुआ

चीन के राजा ने अपने राजदूत को उत्तरी पर्वतमाला में रहनेवाले एक संन्यासी के पास भेजा। वे उन्हें राज्य का प्रधानमंत्री बनाना चाहते थे। कई दिनों की यात्रा के बाद राजदूत उत्तरी पर्वतमाला में स्थित उनके आश्रम पर पहुँचा। आश्रम में कोई नहीं था, परंतु आश्रम के ही पास बहती नदी के बीचोबीच स्थित एक चट्टान पर एक व्यक्ति अर्धनग्न हालत में बैठा हुआ मछलियाँ पकड़ रहा था। यह सोचकर कि यही वह संन्यासी है, जिसे राजा अपना प्रधानमंत्री बनाना चाहते हैं, उसने वहाँ के ग्रामीणों से पूछताछ की। ग्रामीणों ने उसे बताया कि यही वे संन्यासी हैं। राजदूत अत्यंत विनम्रता के साथ संन्यासी के पास पहुँचा और उनका ध्यान आकृष्ट करने का प्रयास किया।

पैदल ही नदी को पार करते हुए वह संन्यासी राजदूत के समक्ष कमर पर हाथ रखकर खड़े हो गए और बोले, ''तुम क्या चाहते हो?''

राजदूत ने उत्तर दिया, ''हे महामानव, राजा ने आपके ज्ञान और पवित्रता की ख्याति सुनकर मुझे आपके पास इन उपहारों के साथ भेजा है। उन्होंने आपको साम्राज्य का प्रधानमंत्री बनने का निमंत्रण भेजा है।''

''साम्राज्य का प्रधानमंत्री?''

''जी हाँ, श्रीमान!''

''और मैं?''

''जी हाँ, श्रीमान!''

''क्या तुम्हारे महाराज पागल हो गए हैं?'' कहकर संन्यासी जोर-जोर से हँसने लगा। उनकी हँसी देखकर वह राजदूत परेशान हो उठा।

जब उनका हँसना बंद हुआ तो उन्होंने राजदूत से कहा, ''मुझे यह बताओ

कि क्या तुम्हारे महाराज के पूजाघर में एक ऐसा कछुआ है, जिसकी पीठ पर चमकते हुए हीरे जड़े हैं?''

''वह कछुआ तो बहुत ही पूजनीय है, श्रीमान!''

''और तुम्हारे महाराज अपने परिवार के साथ दिन में एक बार उस कछुए की पूजा-अर्चना के लिए आते हैं?''

''जी हाँ, श्रीमान!''

''अब यदि उस कछुए को यहाँ लाकर उसकी पूँछ गोबर में सान दी जाए तो क्या गोबर में सना हुआ कछुआ उस चमकते कछुए की जगह ले सकता है?''

''जी नहीं, श्रीमान!''

''तो जाकर अपने महाराज से कह दो कि मैं भी प्रधानमंत्री पद के योग्य नहीं हूँ।''

भ्रम

एक बार एक शिष्य ने अपने गुरुजी से पूछा, ''मैं शाश्वत जीवन कब प्राप्त करूँगा?''

गुरुजी ने उत्तर दिया, ''यही समय शाश्वत जीवन है। वर्तमान में जियो।''

''लेकिन मैं तो वर्तमान में ही जी रहा हूँ। क्या मैं वर्तमान में नहीं हूँ?'' शिष्य ने प्रश्न किया।

''नहीं।''

''क्यों गुरुजी?''

''क्योंकि तुमने अपने भूतकाल को नहीं छोड़ा है।''

''लेकिन मैं अपने भूतकाल को क्यों छोड़ूँ? यह बुरा थोड़े ही था।''

गुरुजी ने कहा, ''भूतकाल चाहे अच्छा हो या बुरा, छोड़ ही दिया जाना चाहिए, क्योंकि वह मृत होता है।''

यंत्रणाएँ

एक शिष्य (जिसका यह मानना था कि उसने अपने जीवन में कई यंत्रणाएँ झेली हैं) ने अपने गुरु से पूछा, ''क्या यंत्रणाएँ मनुष्य को परिपक्व करती हैं?''

गुरुजी ने उत्तर दिया, ''यंत्रणाओं से अधिक महत्त्वपूर्ण है मनुष्य का स्वभाव, कि वह इन यंत्रणाओं को किस तरह झेलता है। यंत्रणाएँ कुम्हार की उस अग्नि की तरह हैं, जो मिट्टी के बरतनों को पकाती है और जलाती भी।''

अनुकूलन

एक नौजवान ने विरासत में मिली अपनी सारी दौलत गवाँ दी। जैसा कि ऐसे मामलों में अकसर होता है, गरीब होते ही उसके सभी मित्र भी उससे किनारा कर गए।

अपनी बुद्धि के अनुसार वह एक स्वामीजी की शरण में पहुँचा और उनसे बोला, ''अब मेरा क्या होगा? न मेरे पास धन है, न ही मित्र।''

स्वामीजी ने उसे ढाढस बँधाते हुए कहा, ''चिंता मत करो बेटे। मेरे शब्दों को याद रखना। कुछ दिनों में सबकुछ ठीक हो जाएगा।''

नौजवान की आँखों में आशा की किरण दिखाई दी। उसने पूछा, ''क्या मैं फिर से धनवान हो जाऊँगा?''

स्वामीजी ने उत्तर दिया, ''नहीं। तुम्हें गरीबी और अकेले रहने की आदत हो जाएगी।''

तीन हजार उपदेश और एक भी याद नहीं

प्रत्येक रविवार चर्च जानेवाले एक व्यक्ति ने एक समाचारपत्र के संपादक को पत्र लिखा कि प्रत्येक रविवार को चर्च जाने से कोई लाभ नहीं है, यह समय की बरबादी है। अपने पत्र में उसने लिखा—''मैं पिछले 30 वर्षों से नियमित रूप से चर्च जा रहा हूँ। अब तक मैंने 3000 से ज्यादा उपदेश सुने हैं और आज उनमें से एक भी याद नहीं है। मेरे खयाल से मैंने अपना समय बरबाद किया है और पादरी लोग भी उपदेश देकर भक्तों का समय बरबाद कर रहे हैं।''

'संपादक के नाम पत्र' कॉलम में यह पत्र छपने के बाद काफी विवाद खड़ा हो गया तथा कुछ दिनों तक अखबार की सुर्खियों में बना रहा, जब तक कि एक अन्य व्यक्ति ने इसका खंडन करते हुए यह पत्र नहीं लिखा—

''मुझे शादी किए हुए 30 वर्ष हो गए हैं और मेरी पत्नी ने मेरे लिए अब तक 32,000 से अधिक बार स्वादिष्ट भोजन पकाया है किंतु मुझे अब तक खाए

गए सभी पकवानों के बारे में ठीक से कुछ याद नहीं है। किंतु मैं इतना अवश्य जानता हूँ कि इस भोजन ने मुझे कामकाजी बनाए रखने के लिए आवश्यक ऊर्जा दी है। यदि मेरी पत्नी ने मेरे लिए यह भोजन नहीं पकाया होता तो मैं अब तक शारीरिक रूप से मर चुका होता। इसी तरह यदि मैं नियमित रूप से चर्च नहीं गया होता तो आध्यात्मिक रूप से मर चुका होता।''

तुम्हारा धर्म अलग है

एक भटका हुआ राहगीर रात के समय एक गाँव में पहुँचा और एक घर का दरवाजा खटखटाया। दरवाजा खुलने पर उसने घर में रात गुजारने देने का अनुरोध किया। उस घर के स्वामी ने उस राहगीर से उसके धर्म के बारे में पूछा। राहगीर का उत्तर सुनने के बाद वह बोला कि उसका धर्म अलग होने के कारण वह उसे रात में अपने घर में ठहरने की अनुमति नहीं दे सकता।

राहगीर ने दरवाजा खोलने के लिए उस व्यक्ति को धन्यवाद दिया और चुपचाप वहाँ से चला गया। पास में ही मौलसिरी का पेड़ था। वह राहगीर उस पेड़ के नीचे ही सो गया। रात भर उसके ऊपर सुगंधित फूलों की वर्षा होती रही। सुबह जब उसकी आँखें खुलीं तो वह ऊर्जा और ताजगी से भरा हुआ था।

उसने फिर उसी घर के दरवाजे खटखटाए और दरवाजा खुलने पर उसने घर के मालिक को तीन बार धन्यवाद दिया कि उसने रात को उसे शरण नहीं दी थी। वह बोला, ''यदि रात को आपने मुझे अपने घर में शरण दे दी होती तो मैं मौलसिरी वृक्ष के नीचे रात गुजारने के दैवीय अनुभव से वंचित रह जाता और पूरी रात मुझे आपके और आपके धर्म के बारे में सुनना पड़ता। प्रकृति और मानवता ही सर्वोपरि धर्म है। वृक्ष के नीचे सोते हुए मैंने यही सीखा। इन सब अनुभवों को दिलाने के लिए आपका कोटि-कोटि धन्यवाद!''

यह भी गुजर जाएगा

एक छात्र अपने गुरु के पास पहुँचकर बोला, ''मेरा ध्यान लगाने का अनुभव भयानक रहा है! मैं बहुत विचलित महसूस कर रहा हूँ और मेरे पैरों में दर्द हो रहा है। मुझे कई दिनों से नींद भी नहीं आ रही है। यह तो बहुत ही भयानक है।''

गुरुजी ने उत्तर दिया, ''यह भी गुजर जाएगा।''

एक सप्ताह बाद वह शिष्य पुनः गुरुजी के पास लौटा और बोला, ''मेरा ध्यान आश्चर्यजनक रहा! मैं बहुत जागरूक, शांत और जीवंत महसूस कर रहा हूँ। यह सचमुच आश्चर्यजनक है।''

गुरुजी ने फिर उत्तर दिया, ''यह भी गुजर जाएगा।''

भीख माँगना

नसरुद्दीन अपने आपको बेवकूफ साबित करने के लिए प्रायः बाजार के बीचोबीच खड़ा हो जाया करता था।

जब भी कोई व्यक्ति उसे दो सिक्के दिखाकर एक लेने का आग्रह करता तो वह हमेशा छोटा सिक्का ही उठाता, ताकि लोग उसे बेवकूफ समझते रहें। एक दिन एक दयालु व्यक्ति ने उससे कहा, ''नसरुद्दीन, तुम्हें बड़ा सिक्का उठाना चाहिए, ताकि तुम जल्दी धनवान बन जाओ और लोग तुम्हें बेवकूफ न समझें।''

नसरुद्दीन ने उत्तर दिया, ''हो सकता है, यह सही हो परंतु जिस दिन से मैं बड़ा सिक्का उठाना शुरू कर दूँगा, लोग मुझे बेवकूफ सिद्ध करने के लिए सिक्के देना बंद कर देंगे; तब तो मैं कंगाल ही हो जाऊँगा।''

प्रवाह के साथ बहना

ताओ दंतकथा के अनुसार एक बार एक वयस्क व्यक्ति दुर्घटनावश नदी में गिरकर भँवर में फँस गया और एक खतरनाक जलप्रपात की ओर बहने लगा।

सभी प्रत्यक्षदर्शी यह दृश्य देखकर घबड़ा गए, क्योंकि उस प्रपात में गिरकर मनुष्य का मरना तय था। तभी आश्चर्यजनक रूप से वह व्यक्ति जलप्रपात में गिरकर भी सकुशल नदी से बाहर निकल आया। लोगों ने उससे पूछा कि उसके जीवित बचने का क्या राज है?

उस व्यक्ति ने उत्तर दिया, ''मैंने नदी के प्रवाह को अपने अनुरूप बदलने के बजाय स्वयं को नदी के प्रवाह के अनुरूप ढाल लिया। बिना कुछ भी सोचे मैं नदी के प्रवाह के अनुरूप बहने लगा। मैं भँवर के साथ डूबा और भँवर के साथ ही

ऊपर निकल आया। इस तरह मैं जीवित बच गया।''

ईश्वर ने हमें पलकें भी दी हैं

जब गुरुजी का एक शिष्य गंभीर गलती करते हुए पकड़ा गया तो सभी लोगों को गुरुजी से यह अपेक्षा हुई कि वे उसे कठोरतम दंड देंगे। जब एक माह गुजरने के बाद भी गुरुजी ने उसे कोई दंड नहीं दिया तो किसी ने यह कहते हुए अपनी आपत्ति व्यक्त की, ''जो कुछ भी घटित हुआ है, हम उसे भूल नहीं सकते। आखिर ईश्वर ने हमें आँखें दी हैं।''

गुरुजी ने उत्तर दिया, ''तुमने बिलकुल सही कहा। परंतु ईश्वर ने हमें पलकें भी दी हैं।''

दुनिया का विनाश

एक बौद्ध लामा 'दुनिया का विनाश' विषय पर एक व्याख्यान देनेवाले थे। उनके इस व्याख्यान का बहुत प्रचार-प्रसार किया गया, जिसके परिणामस्वरूप बहुत बड़ी संख्या में लोगों की भीड़ उन्हें सुनने के लिए मठ में एकत्र हो गई।

लामा का व्याख्यान एक मिनट से कम समय में समाप्त हो गया।

उन्होंने अपने व्याख्यान में कहा, ''ये सारी चीजें मानवजाति का विनाश कर देंगी—अनुकंपा के बिना राजनीति, काम के बिना दौलत, मौन के बिना शिक्षा, निडरता के बिना धर्म और जागरूकता के बिना उपासना।''

सबकुछ एक साथ नहीं

एक धर्मोपदेशक मुल्लाजी उपदेश देने के लिए हॉल में पहुँचे। एक दूल्हे को छोड़कर उस हॉल में और कोई मौजूद नहीं था। वह दूल्हा सामने की कुरसी पर बैठा था।

असमंजस में पड़े मुल्लाजी ने दूल्हे से पूछा, ''सिर्फ तुम ही यहाँ मौजूद हो। मुझे उपदेश देना चाहिए या नहीं?''

दूल्हे ने उनसे कहा, ''श्रीमान, मैं बहुत साधारण आदमी हूँ और मुझे यह सब ठीक से समझ में नहीं आता। लेकिन यदि मैं एक अस्तबल में आऊँ और यह देखूँ कि एक घोड़े को छोड़कर सभी घोड़े भाग गए हैं, तब भी मैं उस अकेले घोड़े को खाने के लिए चारा तो दूँगा ही।''

मुल्लाजी को यह बात लग गई और उन्होंने उस अकेले व्यक्ति को दो घंटे तक उपदेश दिया। इसके बाद मुल्लाजी ने अति उत्साहित होकर उससे पूछा, ''तो तुम्हें मेरा उपदेश कैसा लगा?''

दूल्हे ने उत्तर दिया, ''मैंने आपको पहले ही कहा था कि मैं बहुत साधारण आदमी हूँ और मुझे यह सब ठीक से समझ में नहीं आता। लेकिन यदि मैं एक अस्तबल में आऊँ और यह देखूँ कि एक घोड़े को छोड़कर सभी घोड़े भाग गए हैं, तब मैं उस अकेले घोड़े को खाने के लिए चारा तो दूँगा, परंतु सारा चारा एक बार में ही नहीं दे दूँगा।''

कभी मत बदलो, इस्तीफा दो और मुक्ति पाओ

मुल्ला नसरुद्दीन एक ऑफिस में काम करने लगा। हर कोई उससे नाराज रहता। वह कोई काम नहीं करता था और सारा समय सोता ही रहता था। ऑफिस के लोग उससे इतने तंग आ चुके थे कि धीरे-धीरे उन्होंने उसके ऊपर चिल्लाना शुरू कर दिया। जल्द ही ऑफिस के बॉस ने भी नसरुद्दीन को डाँट पिला दी। लेकिन उसमें कोई परिवर्तन नहीं आया।

एक दिन नसरुद्दीन रोज-रोज के तानों, आलोचना और डाँट से तंग आ गया और नौकरी से इस्तीफा दे दिया। इस्तीफा देना उसके लिए अपने आपको बदलने से ज्यादा आसान था। (इस दुनिया में ऐसे कई लोग हैं, जो बदलना नहीं चाहते, इसलिए वे इस्तीफा देकर भाग खड़े होते हैं।)

नसरुद्दीन ने इस्तीफा दे दिया। सभी लोग बहुत खुश हो गए। बॉस तो अत्यधिक खुश होकर बोला, ''चूँकि नसरुद्दीन ने अपने आप ही इस्तीफा दिया है, इसलिए हम सभी को उदारता दिखाते हुए उसे विदाई पार्टी देनी चाहिए। हम सभी उससे इतने नाखुश थे कि इसके अलावा और कोई चारा नहीं था।''

इसलिए नसरुद्दीन के सम्मान में एक बेहतरीन रात्रिभोज का आयोजन

किया गया, जिसमें तरह-तरह के व्यंजन, मिष्टान्न और संगीत आदि की व्यवस्था थी। इस समारोह में ऑफिस के सभी लोग उपस्थित थे। यह सोचते हुए कि नसरुद्दीन तो जा ही रहा है, कई लोगों ने नसरुद्दीन के सम्मान में अच्छी-अच्छी बातें बोलीं। नसरुद्दीन आश्चर्यचकित था।

तभी नसरुद्दीन उठ खड़ा हुआ। अपनी आँखों में आँसू भरकर बोला, ‘‘मुझे नहीं पता था कि सभी लोगों के मन में मेरे प्रति इतना प्रेम और सम्मान है। मुझे इतना अधिक प्रेम और कहाँ मिलेगा? मैंने निर्णय लिया है कि अब मैं आप लोगों को छोड़कर कभी नहीं जाऊँगा। मैं अपना इस्तीफा वापस ले रहा हूँ!’’

लड़ाई-झगड़ा

मुल्ला नसरुद्दीन और उसकी बेगम के बीच किसी बात को लेकर झगड़ा हो गया। पूरे मुहल्ले को उनके झगड़े का शोरगुल सुनाई दे रहा था। अंत में बेगम को इतना गुस्सा आया कि वह बोरिया-बिस्तर लेकर अपनी सहेली के पास रहने चली गई।

सहेली उस दिन बहुत व्यस्त थी, क्योंकि उसके घर में भोज का आयोजन था। इसलिए मुल्ला नसरुद्दीन के विरोध में बेगम की दास्तान सुनने का उसके पास वक्त नहीं था। इसके बजाय वह उसे नसरुद्दीन के पास वापस जाने के लिए मनाने लग गई।

नसरुद्दीन को सहेली के घर पर बुलवाया गया। उन दोनों को सुलह करने के लिए एक कमरे में अकेला छोड़ दिया गया। थोड़ी-थोड़ी देर के बाद एक नौकर आकर उन्हें खाने-पीने की स्वादिष्ट चीजें दे जाता। मियाँ-बीवी काफी देर तक खाते-पीते और झगड़ते रहे। उनके पड़ोसी भी वहाँ आ गए और दोनों को शांत हो जाने के लिए मनाते रहे। अंततः बेगम मुसकराई और घर जाने के लिए राजी हो गई। सारे गाँव ने राहत की साँस ली। इस दौरान खाना-पीना जारी रहा। नसरुद्दीन और उसकी बेगम ने भरपेट खाना खाया।

देर रात, भोजन के बाद जब वे दोनों अपने घर की ओर लौट रहे थे, तब नसरुद्दीन बोला, ‘‘बेगम, हम लोगों को प्रायः लड़ते रहना चाहिए, क्योंकि यह हमारे पेट के लिए अच्छा है।’’

कुछ भी व्यर्थ नहीं करना चाहिए

राजा उदयन की रानी ने बौद्ध संघ को 500 चादरें दान कीं। आयुष्मान आनंद नामक भिक्षुक उन चादरों को ले जाने के लिए महल में आया। राजा ने उनका स्वागत किया और उनके वाहन पर चादरों को लदवाने का प्रबंध किया।

जब आनंद वहाँ से प्रस्थान करने लगे, तब राजा ने जिज्ञासा को शांत करने के लिए उनसे पूछा, ''इतनी सारी चादरों का आप क्या करेंगे?''

आनंद ने उत्तर दिया, ''जिन शिष्यों के वस्त्र फट गए हैं, इन चादरों से उनके लिए वस्त्र बनवा दिए जाएँगे।''

प्रश्नोत्तर सत्र थोड़ी देर और जारी रहा। राजा उदयन प्रश्न पूछते रहे और आनंद जवाब देते रहे।

राजा उदयन ने फिर पूछा, ''शिष्यों के पुराने वस्त्रों का क्या होगा?''

''हम उनसे बैठने की चटाई बना लेंगे।''

''और पुरानी चटाइयों का क्या करेंगे?''

''हम उन्हें अलग-अलग करके उनसे तकियों के कवर बना लेंगे।''

''पुराने तकियों के कवर का क्या करेंगे?''

''हम उनका पोंछा बना लेंगे, जो सफाई के काम आएगा या उनको गद्दा भरने के काम में लाएँगे।''

''पुराने पोंछों और गद्दों का क्या करेंगे?''

''हम उनका चूर्ण बनाकर लुगदी बना लेंगे, जो दीवारों की चुनाई के काम आएगा।''

राजा उदयन बौद्ध संघों के वित्तीय प्रबंधन से पूरी तरह संतुष्ट हो गए और उन्होंने अपने राज्य में ऐसी ही वित्तीय प्रणाली को लागू करने का सबक सीखा। उन्होंने घोषणा की कि जहाँ तक संभव हो, कोई भी चीज व्यर्थ न की जाए, उसका किसी अन्य उद्देश्य के लिए प्रयोग किया जाए।

राह से भटके हुए पुत्र की कथा

ईसा मसीह प्राय: राह भटके हुए एक पुत्र की कथा सुनाते थे। उनकी कथाओं में कई अंतर्निहित संदेश हुआ करते थे। एक आदमी की दो संतानें थीं। दोनों संतानें बँटवारा चाहती थीं। पिता ने अपनी सारी जायदाद दो हिस्सों में बाँट दी।

बड़ा पुत्र अपने पिता के साथ बना रहा, जबकि छोटा पुत्र घर छोड़कर चला गया।

छोटे पुत्र ने घर से निकलकर तरह-तरह के कुकर्म किए, जुआ खेला और सारी संपत्ति बरबाद कर दी। सारी संपत्ति लुटा देने के बाद वह भिखारी हो गया।

एक दिन जब वह भीख माँग रहा था तब अचानक उसके मन में विचार आया कि यदि मैं वापस अपने पिता के पास लौट जाऊँ तो वे मुझे माफ कर देंगे। वे दिल के बहुत अच्छे हैं। भले ही मैंने उनकी मेहनत से कमाई सारी संपत्ति तबाह कर दी हो, मेरा व्यवहार उनके प्रति ठीक न रहा हो और मैंने कभी उनकी सेवा न की हो, पर वे मुझे माफ कर देंगे।

वह वापस लौट आया। जैसे ही यह समाचार पिता के पास पहुँचा कि उनका छोटा पुत्र लौट आया है, उन्होंने शानदार दावत का प्रबन्ध किया। दावत में परोसने के लिए एक बड़े से मेमने की बलि दी गई तथा सबसे पुरानी शराब मँगाई गई। पिता ने अपने छोटे पुत्र के लौटने की खुशी में दी जा रही दावत में अपने मित्रों को आने का निमंत्रण भेजा।

बड़ा पुत्र खेत पर काम कर रहा था। जब वह वापस अपने घर लौट रहा था तो कुछ लोग उसे रास्ते में मिले और बोले, ''देखो कैसा अन्याय हो रहा है। इतने वर्षों से तुम अपने पिता की सेवा कर रहे हो। तुम हमेशा आज्ञाकारी पुत्र रहे हो। तुमने कभी उनकी इच्छा के विपरीत काम नहीं किया। लेकिन तुम्हारे पिता ने कभी तुम्हारे सम्मान में कोई दावत नहीं दी। अब तुम्हारा जुआरी, बदमाश, अनाज्ञाकारी, भिखारी, पापी और विद्रोही भाई वापस आ रहा है तो तुम्हारे पिता उसके स्वागत में दावत दे रहे हैं। यह तो सरासर अन्याय है।''

इन बातों को सुनकर बड़े पुत्र का नाराज होना स्वाभाविक ही था। गुस्से से भरा वह अपने पिता के पास पहुँचा और बोला, ''यह सब क्या हो रहा है? और किसके लिए हो रहा है? और क्यों हो रहा है? यह सरासर गलत है। मैं हमेशा आपका आज्ञाकारी पुत्र रहा हूँ, लेकिन आपने कभी मेरे लिए तो दावत का इंतजाम नहीं किया। अब आप अपने उस पुत्र के सम्मान में, जिसने आपके सारे जीवन की कमाई को बरबाद कर दिया, दावत दे रहे हैं। मुझे तो अपनी आँखों पर भरोसा ही नहीं हो रहा है। मुझे तो ऐसा लग रहा है कि आप अपने छोटे पुत्र को ही चाहते हैं, मुझे नहीं।''

पिता ने उत्तर दिया, ''ऐसी बात नहीं है। तुमने मुझे समझा नहीं। वह भटक गया था और अब वापस आ रहा है। तुम कभी अपने मार्ग से नहीं भटके। तुम हमेशा मेरे साथ रहे, इसलिए इसमें उत्सव मनाने जैसी कोई बात ही नहीं थी। मेरा

जो कुछ भी है, वह तुम्हारा ही है। लेकिन तुम्हारा भाई पहले मेरे लिए मर चुका था, लेकिन अब वह जीवित हो गया है। पहले वह खो गया था, अब मिल गया है।''

यह कथा बहुत अर्थपूर्ण है। मनुष्य एक ऐसा प्राणी है, जो अपने जीवन का आनंद लेने के लिए अपने पथ से भटक जाता है किंतु बाद में गलती स्वीकार कर वापस आ जाता है। वृक्ष हमेशा अपने पूर्वजों के साथ रहते हैं। पक्षी भी अपने माता-पिता के साथ रहते हैं। चट्टानें और आकाश भी अपनी जगह स्थिर रहते हैं। वे कभी अपना घर नहीं छोड़ते और राह से नहीं भटकते।

मनुष्य एक ऐसा प्राणी है, जो अपने जीवन का आनंद लेने के लिए अपने पथ से भटक जाता है। वह जीवन को भोगता और तबाह करता है। लेकिन जब भी भूला हुआ मनुष्य वापस लौटता है तो दावत दी जानी चाहिए; क्योंकि जब मनुष्य विद्रोही होता है, तब वह समृद्ध होता है। जब भी कोई व्यक्ति घर से बाहर निकलता है, तब वह उन संतों से कहीं अधिक जानकार हो जाता है, जो कभी घर से नहीं निकले।

घर से बाहर निकलना परिपक्वता की ओर बढ़ने का मार्ग है। गलत रास्ते पर चलने का मतलब है—अधिक ज्ञान प्राप्त करना। मनुष्य एक ऐसा प्राणी है, जो अपने जीवन का आनंद लेने के लिए अपने पथ से भटक जाता है, किंतु बाद में गलती स्वीकार कर वापस आ जाता है।

ज्ञान प्राप्त करने का मार्ग

एक शिष्य ने पूछा, ''ज्ञान प्राप्त करने का मार्ग कठिन है या सरल?''

उत्तर मिला, ''इनमें से कोई नहीं।''

शिष्य ने फिर पूछा, ''ऐसा क्यों?''

''क्योंकि ऐसा कोई मार्ग है ही नहीं।''

''तो फिर कोई मनुष्य अपने लक्ष्य तक कैसे पहुँचेगा?''

''कैसे भी नहीं। यह कभी न खत्म होनेवाली यात्रा है। जैसे ही तुम यात्रा करना छोड़ दोगे, पहुँच जाओगे।'' उत्तर मिला।

यात्रा और गंतव्य–सिद्धाबरी के स्वामीजी

स्वामी चिन्मयानंदजी परम ज्ञानी, सिद्धांत-परायण एवं सदाचारी संत थे। उनका आश्रम उत्तर दिशा में बर्फीले पर्वतों पर सिद्धाबरी नामक जगह पर स्थित था। उन्होंने दिल्ली में गीता ज्ञान यज्ञ का आयोजन किया। लखनऊ के रहनेवाले श्रीसुरेश पंत उनके परम शिष्य बन गए थे। सुरेश एम.बी.ए. डिग्रीधारक थे एवं अपने लक्ष्यों की प्राप्ति के लिए कृतसंकल्प थे। स्वामीजी की ओर सुरेश चुंबकीय आकर्षण रखते थे और उनका शिष्य बनकर स्वयं संन्यासी बनना चाहते थे। उन्होंने स्वामीजी के साथ सिद्धाबरी जाने का निश्चय किया।

सिद्धाबरी से 30 किमी. पूर्व स्वामीजी कार से उतर गए और बोले, ''सुरेश, आओ, यहाँ से हम लोग पैदल चलें।'' सुरेश भी कार से उतर गए और बोले, ''कहाँ?'' स्वामीजी ने उत्तर दिया, ''आश्रम।'' सुरेश ने कहा, ''किंतु आप तो कह रहे थे कि यह सड़क सीधे सिद्धाबरी जाती है। तो क्यों न हम लोग कार से चलें? इससे हम लोग जल्दी पहुँच जाएँगे और मैं बिना वक्त गँवाए अपनी शिक्षा-दीक्षा शुरू कर दूँगा।'' स्वामीजी बोले, ''चलो, पैदल ही चलते हैं।'' सुरेश उनके साथ चलने लगा।

स्वामीजी वृद्ध थे, दुर्बल किंतु फुरतीले थे और वे अपनी चहलकदमी का पूरा आनंद ले रहे थे। कुछ देर तक चलने के बाद सुरेश ऊब गए। एक वृक्ष के पास रुककर उन्होंने पूछा, ''स्वामीजी, यहाँ से आश्रम कितनी दूर है?'' स्वामीजी बोले, ''इस पेड़ पर लगे खूबसूरत सफेद फूलों को देखो। ये कितने सुंदर हैं।'' वे लोग चलते रहे और एक नदी के प्रपात के पास पहुँचे। सुरेश ने पूछा, ' स्वामीजी, हम लोग सिद्धाबरी कब तक पहुँच जाएँगे?'' स्वामीजी मुसकराते हुए बोले, ''सुरेश, तुमने इस जलप्रपात का संगीत सुना? कितना कर्णप्रिय है?'' और वे आगे चलते रहे।

वे लोग पश्चिम दिशा की ओर बढ़ते रहे। सुरेश ने फिर पूछा, ''अब आश्रम कितनी दूर है?'' स्वामीजी ने उत्तर दिया, ''सुरेश, वह देखो सूरज अस्त होते समय कितना सुंदर लग रहा है।'' सुरेश रुककर स्वामीजी को देखने लगा और विस्मय से बोला, ''स्वामीजी, निश्चित रूप से कुछ गड़बड़ है। या तो मैं गलत हूँ या आप। मैं आपसे जो कुछ भी पूछ रहा हूँ, आप उसका सही से उत्तर नहीं दे रहे हैं।''

स्वामीजी ने सहानुभूतिपूर्वक उत्तर दिया, ''मेरे बच्चे, तुम सिर्फ गंतव्य की ओर ध्यान दे रहे हो और मैं तुम्हें यात्रा मनोरंजक करने के तरीके बता रहा हूँ।''

यात्रा अपने आप में एक मनोरंजन है।
गंतव्य या लक्ष्य तो सिर्फ एक बिंदु है।
यात्रा के दौरान प्रत्येक चरण का आनंद लो।

अच्छे और बुरे व्यक्ति की तलाश

एक प्रश्न का उत्तर ज्ञात करने के लिए कृष्ण और भीष्म ने एक तरीका खोजा। उन्होंने एक दिन सुबह के समय दुर्योधन को अपने पास बुलाया और कहा कि वह आज अपने पूरे राज्य में भ्रमण करे और सूर्यास्त होने तक एक अच्छे व्यक्ति को ढूँढ़कर अपने साथ लाए।

फिर उन्होंने युधिष्ठिर को अपने पास बुलाया और कहा कि वह आज अपने पूरे राज्य में भ्रमण करे और सूर्यास्त होने तक एक बुरे व्यक्ति को ढूँढ़कर अपने साथ लाए।

सूर्यास्त के समय, युधिष्ठिर और दुर्योधन, दोनों खाली हाथ लौट आए और बोले कि वे सारे राज्य में एक भी अच्छे व्यक्ति को नहीं खोज सके।

हम जैसे स्वयं होते हैं, वैसा ही दुनिया को पाते हैं।

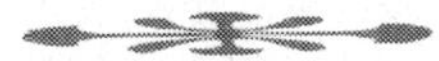

हाथों में हाथ लिये—पिता और पुत्री

एक छोटी बच्ची और उसके पिता एक पुल को पार कर रहे थे। चिंतित पिता ने अपनी बेटी से कहा, ''बेटी, तुम मेरा हाथ कसकर पकड़ लो, ताकि तुम नदी में न गिर जाओ।''

छोटी बच्ची ने कहा, ''नहीं पापा, आप मेरा हाथ पकड़ लीजिए।''

पिता ने पूछा, ''इससे क्या फर्क पड़ता है?''

बच्ची ने उत्तर दिया, ''इसमें बहुत फर्क है। यदि मैं आपका हाथ पकड़ती हूँ और मेरे साथ कुछ घटित होता है तो संभव है कि मुझसे आपका हाथ छूट जाए। किंतु यदि आप मेरा हाथ पकड़ेंगे तो चाहे कुछ भी हो जाए, आप मेरा हाथ कभी नहीं छोड़ेंगे।''

गुरु नारायणजी प्राय: एक बिल्ली और बँदरिया की कहानी का उदाहरण दिया करते थे। बिल्ली अपने बच्चों को मुँह में दबाकर एक स्थान से दूसरे स्थान

पर ले जाती है। उसके बच्चे उस समय पूरी तरह उदासीन रहते हैं तथा इस परिवहन में उनका कोई योगदान नहीं होता। सारी जिम्मेदारी बिल्ली की ही होती है, जबकि बँदरिया के बच्चों को एक जगह से दूसरी जगह जाने के दौरान जोर लगाकर अपनी माँ के पेट से चिपके रहना होता है। बँदरिया अपने बच्चों को सिर्फ सहारा प्रदान करती है और बाकी कार्य उसके बच्चों को ही करना होता है।

क्योंकि यह तुम्हारा बच्चा नहीं था

ऐंडीज पर्वत-शृंखला में दो योद्धा प्रजातियाँ थीं। एक प्रजाति निचले इलाके में रहती थी तथा दूसरी पर्वतों के ऊपर। एक दिन ऊँचे पर्वतों पर रहनेवाली प्रजाति ने निचले इलाके पर हमला बोल दिया। अपने बहुसंख्यक योद्धाओं के बल पर उन्होंने निचले इलाके में तबाही मचा दी और वापस जाते समय एक नवजात बच्चे को अपहृत करके अपने साथ ले गए।

निचले इलाके के लोग ऊँचे पर्वतों पर चढ़ने की कला नहीं जानते थे। वे यह भी नहीं जानते थे कि पर्वतीय इलाकों में छुपे लोगों को किस तरह तलाश किया जाए। अत: बच्चे को उनके कब्जे से वापस लाने के लिए उन्होंने अपने सर्वश्रेष्ठ योद्धाओं की टीम भेजी।

उन योद्धाओं ने दुर्गम पर्वतीय ढलानों पर चढ़ने के लिए एक के बाद एक कई युक्तियाँ अपनाईं, परंतु नाकामयाब रहे। कई दिनों के परिश्रम के बाद जब वे कुछ सौ फीट ही चढ़ पाए तो निराश होकर उन्होंने इस अभियान को समाप्त करने एवं खाली हाथ घर वापस लौटने का निर्णय लिया।

जैसे ही वे घर वापस जाने के लिए मुड़े, उन्होंने देखा कि उस बच्चे की माँ अपनी पीठ पर बच्चे को लादे वापस लौट रही थी। उनमें से एक व्यक्ति ने उस महिला को बधाई देते हुए पूछा, ''जब हमारे इतने नौजवान और ताकतवर योद्धा इस पर्वत पर चढ़ने में सफल नहीं हो पाए तो आखिर आपने कैसे सफलता पाई?''

महिला ने अपने कंधों को उचकाते हुए कहा, ''क्योंकि यह तुम्हारा बच्चा नहीं था।''

मैं फिर भी तुम्हें प्यार करती रहूँगी

अस्वीकृति का डर मानव स्वभाव का एक आधारभूत भय है। यह एक ऐसे व्यक्ति की कहानी है, जिसने आखिरकार अपने बॉस से वेतन बढ़ाने के लिए बात करने का निर्णय लिया। उस दिन शुक्रवार था। उसने सुबह ही अपनी पत्नी को बता दिया कि आज वह अपने बॉस से दो टूक बात कर लेगा। पूरे दिन वह व्यक्ति नर्वस और डरा-डरा रहा। शाम के समय उसने बॉस से बात करने की हिम्मत जुटाई। अच्छी बात यह हुई कि बॉस उसका वेतन बढ़ाने को राजी हो गए।

शाम को वह व्यक्ति खुशी-खुशी अपने घर आया। उसकी पत्नी ने बेहतरीन व्यंजन बनाए हुए थे। उसे ऐसा लगा कि शायद ऑफिस के किसी व्यक्ति ने उसकी पत्नी को यह सुराग दे दिया है कि मेरा वेतन बढ़ गया है।

उसने किचन में जाकर अपनी पत्नी को यह शुभ समाचार सुनाया। यह सुनकर पत्नी बहुत खुश हुई। वे लोग साथ-साथ भोजन करने बैठे। तभी उस व्यक्ति को प्लेट के नीचे एक कागज दिखा, जिस पर लिखा हुआ था—'बधाई हो प्रिये! मुझे पता था कि तुम्हारा वेतन बढ़ जाएगा। इससे तुम्हें पता चलेगा कि मैं तुम्हें कितना प्यार करती हूँ।'

जब पत्नी कुछ सामान लेने किचन की ओर जाने लगी, उसकी जेब से एक दूसरा कागज गिरा। तब व्यक्ति ने दूसरे कागज को भी उठाकर पढ़ा। उसमें लिखा था—'क्या हुआ यदि तुम्हारा वेतन नहीं बढ़ा। यद्यपि तुम अधिक वेतन पाने के हकदार थे, लेकिन फिर भी दुःखी होने की जरूरत नहीं है। इससे तुम्हें पता चलेगा कि मैं तुम्हें कितना प्यार करती हूँ।'

पूर्ण स्वीकृति! पूर्ण प्रेम! उस व्यक्ति के प्रति उसकी पत्नी का प्यार उसकी सफलता का मोहताज नहीं था। बल्कि इसके विपरीत था। भले ही उस व्यक्ति की बात उसके बॉस के द्वारा नकार दी जाती, भले ही वह ऑफिस में असफल रहता, लेकिन फिर भी घर में उसके प्रति पूर्ण स्वीकृति थी। हर परिस्थिति में वह उसके साथ थी। किसी एक व्यक्ति का सच्चा प्यार पाने के लिए हम किसी की भी अस्वीकृति को बरदाश्त कर सकते हैं।

अहिंसा की शक्ति

महात्मा गांधी अहिंसा संस्थान के संस्थापक एवं महात्मा गांधी के पोते डॉ. अरुण गांधी ने पोर्ट रीको विश्वविद्यालय में एक व्याख्यान देते हुए निम्नलिखित

घटना का उल्लेख किया—

मैं उस समय 16 साल का था और अपने माता-पिता के साथ दादा द्वारा डरबन, दक्षिण अफ्रीका में स्थापित संस्थान में रहता था। हमारा निवास डरबन शहर से 18 मील दूर गन्ने के खेतों के बीचोबीच था। हमारे घर के आस-पास कोई पड़ोसी नहीं था। इसलिए मैं और मेरी दोनों बहनें हमेशा शहर जाने, मित्रों से मिलने और फिल्म देखने की फिराक में रहते।

एक दिन मेरे पिता ने मुझसे कार चलाकर शहर चलने को कहा। वहाँ उन्हें एक सम्मेलन में भाग लेना था। शहर जाने के नाम पर मैं बहुत रोमांचित था। चूँकि मैं शहर जा ही रहा था, इसलिए माँ ने मुझे रोजमर्रा के सामानों की एक लंबी सूची पकड़ा दी। पिताजी ने भी दिन भर में सारे बचे हुए कामों को निपटाने के लिए कहा, जिसमें कार की सर्विस कराना भी एक था।

सुबह मैंने अपने पिताजी को सही समय पर सम्मेलन स्थल पर छोड़ दिया। वे बोले, "शाम को ठीक पाँच बजे मिलेंगे और साथ-साथ घर चलेंगे।"

मैंने जल्दी-जल्दी सारे काम निपटाए और नजदीक ही स्थित एक सिनेमाघर पहुँच गया। जॉन बायने की डबलरोल वाली उस फिल्म को देखने में मैं इतना मगन हो गया कि शाम के 05.30 बज गए। मैं भागता हुआ कार गैरेज पहुँचा और कार लेकर पिताजी के पास पहुँचा। तब तक शाम के छह बज चुके थे।

पिताजी ने चिंतित स्वर में पूछा, "तुम्हें इतनी देर कैसे हो गई?"

मुझे यह बताने में बहुत शर्म आई कि मैं फिल्म में इतना मगन हो गया था कि समय का ध्यान ही नहीं रहा। मैंने झूठ बोलते हुए कहा, "कार की सर्विस समय पर नहीं हो पाई थी, इसलिए मुझे इंतजार करना पड़ा।" मुझे यह पता नहीं था कि पिताजी पहले ही गैरेज में जाकर पूछताछ कर चुके थे। मेरा झूठ पकड़ने के बाद उन्होंने मुझसे कहा, "मुझसे तुम्हारे लालन-पालन में जरूर ऐसी कोई गलती हो गई होगी कि तुम्हें मुझसे सत्य बोलने का साहस नहीं है। यह पता लगाने के लिए कि मुझसे कहाँ गलती हो गई, मैं घर तक 18 मील पैदल चलकर जाऊँगा।"

सूट और जूते पहने हुए पिताजी अँधेरे रास्ते में पैदल ही चल दिए।

मैं उनको छोड़ नहीं सकता था, इसलिए साढ़े पाँच घंटे तक मैं कार से उनके पीछे-पीछे चलता रहा। मुझे उनका कष्ट देखकर दुःख हो रहा था कि मेरे एक जरा से झूठ के कारण उन्हें कष्ट उठाना पड़ रहा है। मैंने उसी दिन प्रतिज्ञा कर ली कि फिर कभी झूठ नहीं बोलूँगा। मैं अब भी प्रायः उस घटना के बारे में सोचता हूँ और आश्चर्य करता हूँ कि यदि उन्होंने मुझे उस तरह से दंड दिया होता, जैसे आजकल

के माता-पिता देते हैं, तो मुझे ऐसा सबक कभी नहीं मिलता। मैं दंडित होता और सबकुछ भूलकर फिर गलती करता। लेकिन अहिंसा के इस एक ही सबक ने मुझ पर इतना गहरा प्रभाव डाला, जैसे यह कल ही की बात हो। यही अहिंसा की शक्ति है।

ईश्वर के लिए कोई स्थान नहीं

एक सज्जन और सम्मानित वृद्ध ने एक दिन यह निश्चय किया कि वह अपने घर के नजदीक स्थित चर्च की सदस्यता ग्रहण करेगा। उसने उस पुराने तौर-तरीकों वाले चर्च के पादरी को बुलाया एवं अपनी इच्छा व्यक्त की।

पादरी ने उत्साह दिखाते हुए कहा, "मेरे प्रिय सज्जन, मुझे नहीं लगता कि आप चर्च की सदस्यता ग्रहण करके खुश होंगे, यद्यपि मैं आपके नेक इरादों की सराहना करता हूँ। बल्कि आपको चर्च में और लोगों के बीच आकर अच्छा नहीं लगेगा। मुझे भय है कि वहाँ आकर आपको शर्मिंदगी महसूस होगी और शायद वे लोग भी असहज हो जाएँगे। मैं आपको यह सलाह दूँगा कि आप अपने फैसले पर पुनर्विचार करें। ईश्वर आपको सही राह दिखाए।"

एक सप्ताह बाद उस वृद्ध सज्जन की पादरी से राह चलते फिर मुलाकात हो गई। उन्होंने पादरी को रोकते हुए कहा, "आदरणीय महोदय, मैंने आपकी सलाह मानते हुए अपने फैसले पर विचार किया। अंतत: ईश्वर ने मुझे एक संदेश भेजा। ईश्वर ने मुझसे कहा कि मैं चर्च की सदस्यता ग्रहण करने के चक्कर में न पड़ूँ। फिर बोले कि वे स्वयं भी कई वर्ष से चर्च में जाने का प्रयास कर रहे हैं, परंतु अब तक सफल नहीं हो पाए।"

पापी

दस चीनी किसान खेत में काम कर रहे थे कि अचानक आकाश काले बादलों से घिर गया। जोर-जोर से बिजली कड़कने लगी और जोरदार बारिश होने लगी। अपनी लंबी टोपियों को थामे हुए सभी किसानों ने पास ही स्थित एक पुराने मंदिर के खँडहर में शरण ली।

बिजली लगातार गरज रही थी और भीषण गर्जना से हर बार उस पुराने

खँडहर की दीवारें हिल जातीं, जिसमें किसानों ने शरण ली थी।

भय से काँपते हुए एक किसान बोला, "शायद ईश्वर हमसे नाराज हैं।"

दूसरे ने पूछा, "क्यों?"

भय से काँपते हुए तीसरे किसान ने कहा, "जरूर हमारे बीच कोई घोर पापी है। हमें जल्दी से उस पापी को ढूँढ़कर बाहर कर देना चाहिए अन्यथा हम सभी मारे जाएँगे।"

चौथा किसान बोला, "मेरे पास एक योजना है चलो, हम सभी लोग अपनी टोपी खिड़की से बाहर लहराएँ। ईश्वर ही पापी का चयन कर लेगा।"

अतः उन सबने अपनी टोपियाँ खिड़की से बाहर लहरा दीं। तत्काल बिजली कड़की और एक टोपी राख में बदल गई। वह टोपी एक अधेड़ किसान की थी, जिसने अब तक एक भी शब्द नहीं बोला था। वह अपने साथियों से रहम की भीख माँगने लगा।

वह विनती करते हुए बोला, "मेरे घर में एक पत्नी तीन बच्चे और बूढ़े माता-पिता हैं। यदि मैं नहीं रहूँगा तो उनका क्या होगा?"

लेकिन किसी ने भी उसके ऊपर दया नहीं की और उसे धक्के मारते हुए मंदिर से बाहर निकाल दिया। लड़खड़ाते हुए उस किसान ने भागकर पास ही के एक पेड़ के नीचे शरण ली।

मुश्किल से वह उस पेड़ के नीचे पहुँच ही पाया था कि फिर से जोर की बिजली कड़की और उस मंदिर पर गिरी, जहाँ बाकी सभी किसान मौजूद थे।

अब तक उन सभी की जान केवल उसी किसान के पुण्य प्रताप से बची हुई थी, जिसे उन्होंने निकाल बाहर कर दिया था।

गंगास्नान

एक व्यक्ति ने स्वामी रामकृष्ण से कहा, "मैं गंगा में स्नान करने जा रहा हूँ। क्या आप मानते हैं कि पवित्र गंगा में स्नान करने से सभी पाप धुल जाएँगे?"

स्वामी रामकृष्ण बहुत साधारण व्यक्ति थे। वे बोले, "निश्चित रूप से गंगा में स्नान करने से आपके सभी पाप धुल जाएँगे। जब आप पवित्र गंगा में डुबकी लगाएँगे तो सभी पाप आपसे अलग होकर गंगा के तट पर लगे पेड़ के ऊपर बैठ जाएँगे। लेकिन स्नान के बाद जैसे ही आप गंगा से बाहर आएँगे, सभी पाप पेड़ पर से वापस आपके ऊपर छलाँग लगा देंगे। पवित्र गंगा के कारण ही वे आपसे दूर गए थे, न कि आपके

कारण। यदि तुम गंगा से बाहर ही न आओ और हमेशा के लिए वहीं रह जाओ, तभी तुम्हें पापों से मुक्ति मिल सकती है।''

उस व्यक्ति ने कहा, ''लेकिन यह कैसे संभव है? मुझे कभी तो बाहर आना ही होगा।''

रामकृष्ण ने उत्तर दिया, ''तब फिर गंगा में स्नान करने का कोई फायदा नहीं है।''

सिकंदर महान् और डायोजिनीस

भारत आने से पूर्व सिकंदर डायोजिनीस नामक एक फकीर से मिलने गया। उसने डायोजिनीस के बारे में बहुत सी बातें सुनी हुई थीं। प्रायः राजा-महाराजा भी फकीरों के प्रति ईर्ष्याभाव रखते हैं।

डायोजिनीस इसी तरह के फकीर थे। वह भगवान् महावीर की ही तरह पूर्ण नग्न रहते थे। वे अद्वितीय फकीर थे। यहाँ तक कि वे अपने साथ भिक्षा माँगनेवाला कटोरा भी नहीं रखते थे। शुरुआत में जब वे फकीर बने थे, तब अपने साथ एक कटोरा रखा करते थे, लेकिन एक दिन उन्होंने एक कुत्ते को नदी से पानी पीते हुए देखा। उन्होंने सोचा—'जब एक कुत्ता बगैर कटोरे के पानी पी सकता है तो मैं अपने साथ कटोरा लिये क्यों घूमता हूँ? इसका तात्पर्य यही हुआ कि यह कुत्ता मुझसे ज्यादा समझदार है। जब यह कुता बगैर कटोरे के गुजारा कर सकता है तो मैं क्यों नहीं?' और यह सोचते ही उन्होंने कटोरा फेंक दिया।

सिकंदर ने यह सुना हुआ था कि डायोजिनीस हमेशा परमानंद की अवस्था में रहते हैं, इसलिए वह उनसे मिलना चाहता था। सिकंदर को देखते ही डायोजिनीस ने पूछा, ''तुम कहाँ जा रहे हो?''

सिकंदर ने उत्तर दिया, ''मुझे पूरा एशिया महाद्वीप जीतना है।''

डायोजिनीस ने पूछा, ''उसके बाद क्या करोगे?'' डायोजिनीस उस समय नदी के किनारे रेत पर लेटे हुए थे और धूप स्नान कर रहे थे। सिकंदर को देखकर भी वे उठकर नहीं बैठे। डायोजिनीस ने फिर पूछा, ''उसके बाद क्या करोगे?''

सिकंदर ने उत्तर दिया, ''उसके बाद मुझे भारत जीतना है।''

डायोजिनीस ने पूछा, ''उसके बाद?'' सिकंदर ने कहा कि उसके बाद वह शेष दुनिया को जीतेगा।

डायोजिनीस ने पूछा, ''और उसके बाद?''

सिकंदर ने खिसियाते हुए उत्तर दिया, "उसके बाद क्या? उसके बाद मैं आराम करूँगा।"

डायोजिनीस हँसने लगे और बोले, "जो आराम तुम इतने दिनों बाद करोगे, वह तो मैं अभी ही कर रहा हूँ। यदि तुम आखिरकार आराम ही करना चाहते हो तो, इतना कष्ट उठाने की क्या आवश्यकता है? मैं इस समय नदी के तट पर आराम कर रहा हूँ। तुम भी यहाँ आराम कर सकते हो। यहाँ बहुत जगह खाली है। तुम्हें कहीं और जाने की क्या आवश्यकता है। तुम इसी वक्त आराम कर सकते हो।"

सिकंदर उनकी बात सुनकर बहुत प्रभावित हुआ। एक पल के लिए वह डायोजिनीस की सच्ची बात को सुनकर शर्मिंदा भी हुआ। यदि उसे अंततः आराम ही करना है तो अभी क्यों नहीं? वह आराम तो डायोजिनीस इसी समय कर रहे हैं, और सिकंदर से ज्यादा संतुष्ट हैं। उनका चेहरा भी कमल के फूल की तरह खिला हुआ है।

सिकंदर के पास सबकुछ है, पर मन में चैन नहीं। डायोजिनीस के पास कुछ नहीं है, पर मन शांत है। यह सोचकर सिकंदर ने डायोजिनीस से कहा, "तुम्हें देखकर मुझे ईर्ष्या हो रही है। मैं ईश्वर से यही माँगूँगा कि अगले जन्म में मुझे सिकंदर के बजाय डायोजिनीस बनाए।"

डायोजिनीस ने उत्तर दिया, "तुम फिर अपने आपको धोखा दे रहे हो। इस बात में तुम ईश्वर को क्यों बीच में ला रहे हो? यदि तुम डायोजिनीस ही बनना चाहते हो तो इसमें कौन सी कठिन बात है? मेरे लिए सिकंदर बनना कठिन है, क्योंकि मैं शायद पूरा विश्व न जीत पाऊँ। मैं शायद इतनी बड़ी सेना भी एकत्रित न कर पाऊँ। लेकिन तुम्हारे लिए डायोजिनीस बनना सरल है। अपने कपड़ों को शरीर से अलग करो और आराम करो।"

सिकंदर ने कहा, "आप जो बात कह रहे हैं, वह मुझे तो अपील कर रही है, परंतु मेरी आशा को नहीं। आशा उसे प्राप्त करने का भ्रम है, जो आज मेरे पास नहीं। मैं जरूर वापस आऊँगा। लेकिन मुझे अभी जाना होगा, क्योंकि मेरी यात्रा अभी पूरी नहीं हुई है। लेकिन आप जो कह रहे हैं, वह सौ फीसदी सच है।"

मन में इच्छा रखना

एक चील अपनी चोंच में मरे हुए चूहे को पकड़कर उड़ गई। जैसे ही अन्य चीलों ने उस चील को चूहा ले जाते हुए देखा, वे उसके आसपास मँडराने

लगीं और उस पर हमला शुरू कर दिया। चीलों ने उसे चोंच मारना शुरू कर दिया, जिससे वह लहूलुहान हो गई। हालाँकि वह इस हमले से अचंभित थी, परंतु उसने चूहे को नहीं छोड़ा। लेकिन अन्य चीलों के लगातार हमले के कारण चूहा उसकी पकड़ से छूट ही गया। जैसे ही वह चूहा उसकी पकड़ से छूटा, उन सभी चीलों ने, जो उसके आसपास मँडरा रही थीं, सारा ध्यान उस चूहे पर लगा दिया। वह चील एक पेड़ पर बैठ गई और सोचने लगी।

उसने सोचा—पहले मैंने सोचा कि बाकी सभी चीलें मेरी दुश्मन थीं, लेकिन जैसे ही मैंने चूहे को छोड़ा, वे सभी मुझसे दूर चली गईं। इसका मतलब यह है कि उनकी मुझसे कोई व्यक्तिगत दुश्मनी नहीं थी। वह चूहा ही उनके हमले का कारण था। गलती मेरी थी कि मैं चूहे को अपनी चोंच में दबाए रही। मुझे उस चूहे को पहले ही छोड़ देना चाहिए था, लेकिन मैं बेवकूफ यह सोच रही थी कि वे सभी मुझसे नाराज हैं।

स्वामी रामकृष्ण यह कहानी प्राय: सुनाते थे और कहा करते थे कि मन में इच्छा रखना वैसा ही है, जैसे मरे हुए चूहे को पकड़ना।

गाँव का सरपंच

भारत के गाँवों में मुखिया को सरपंच कहा जाता है। इंद्रपाल एक गाँव का सरपंच था। वह बहुत बुजुर्ग हो गया था और उसका स्वास्थ्य भी गिर रहा था। इसलिए उसने गाँव के बुजुर्गों से कहा कि वह सरपंच के पद से सेवानिवृत्त होना चाहता है। नए सरपंच के नाम पर विचार हुआ। अंत में दो युवकों करन और महिपाल के नाम पर आम सहमति बनी। वे दोनों ही उस गाँव के होनहार युवक थे। काफी सोच-विचार करने के बाद भी गाँव के बुजुर्ग इस नतीजे पर नहीं पहुँच पाए कि इनमें से किसे सरपंच चुना जाए। तब बुजुर्ग सरपंच ने उन दोनों की परीक्षा लेने का निर्णय लिया।

वह गाँव दोनों ओर से मुख्य राजमार्ग से एक मील की दूरी पर था। गाँव के सरपंच ने करन और महिपाल को बराबर धन देकर कहा कि तुम दोनों को गाँव को दोनों ओर से राजमार्ग से जोड़ने के लिए कच्चे मार्ग का निर्माण करना है।

करन अगले ही दिन से काम में जुट गया। उसने एक ठेकेदार नियुक्त किया, जो अपने साथ बड़ी संख्या में श्रमिकों को लेकर आया। उन्होंने सड़क के

मार्ग में आनेवाली झाड़ियों और पेड़ों का सफाया किया तथा कीचड़ को दबाकर मिट्टी को एक सा कर दिया। उनका मार्ग गाँव के कबड्डी मैदान के बीचोबीच से गुजर गया। बेहतर सड़क के निर्माण के लिए धन कम पड़ गया। दो ही दिन में ठेकेदार ने करन को बताया कि सड़क बनकर तैयार हो गई है।

दूसरी ओर महिपाल ने कुछ ही श्रमिकों को इस काम के लिए नियुक्त किया। उसने अपने साथ इस कार्य में हाथ बँटाने के लिए गाँव के नवयुवकों से श्रमदान की अपील की। सड़क आधी ही बनकर तैयार हुई थी कि उसके समक्ष बरगद का पुराना पेड़ आ गया। महिपाल ने कहा, "हम इस पेड़ को नहीं काटेंगे और इस सड़क को पेड़ के किनारे से ही थोड़ा सा मोड़ लेंगे।" सभी नवयुवकों ने सड़क की मिट्टी को एक समान करने में अपना योगदान दिया तथा सड़क के दोनों ओर मेंड़ भी बना दी। जब सड़क पूरी बनकर तैयार हो गई तो महिपाल ने पाया कि कुछ धन अभी भी शेष है। वह शहतूत के 100 छोटे पेड़ खरीदकर लाया, जिसे उसने नवयुवकों के साथ मिलकर दोनों ओर सड़क के किनारे लगा दिया। फिर भी थोड़ा सा धन बचा रह गया। तब महिपाल ने उस बचे हुए पैसों की मिठाई खरीदकर अपने उत्साही नवयुवकों में बाँट दिया।

सड़क के पूरा होने का समाचार गाँव के सरपंच को दिया गया। सरपंच दोनों सड़कों का मुआयना करने गए। वह करन के कार्य की उत्तमता से बहुत प्रभावित हुए। उसके द्वारा बनवाई गई सड़क बिलकुल पेशेवर तरीके से कुशलतापूर्वक बनाई गई थी। बाद में वह दूसरी सड़क को भी देखने गए। अपने सरपंच की राय सुनने के लिए वहाँ सभी नवयुवक मौजूद थे। उन्होंने सरपंच को अपने द्वारा किया गया वृक्षारोपण दिखाया। बरगद के पेड़ को न काटने और उसके बगल से सड़क को मोड़ देने के कार्य से सरपंच विशेष रूप से प्रभावित हुए।

उसने नए सरपंच के रूप में महिपाल के नाम की घोषणा की और कहा, "किसी नेता का सबसे महत्त्वपूर्ण गुण उसके द्वारा कराए गए कार्य का उत्तम होना नहीं बल्कि कार्य के प्रति उसका समर्पण भाव, विश्वसनीयता और समूह भावना पैदा करना है। महिपाल इन सभी नवयुवकों का विश्वास जीतने में सफल रहा, इसीलिए सभी ने उसके कार्य का अनुसरण किया। वह कार्य के प्रति ईमानदार रहा और उसने एक टीम का गठन करने में पसीना बहाया। नेता अकेले ही नेता नहीं होता, वह व्यक्तियों का नेता होता है और इसीलिए वह तथा उसकी बात भरोसे के लायक होती है। केवल ऐसे ही गुणोंवाला व्यक्ति नेता बनने के योग्य होता है।"

सुखी वैवाहिक जीवन का रहस्य

एक दंपती का वैवाहिक जीवन 60 वर्ष से अधिक हो चुका था। उन्होंने एक दूसरे से कभी कोई बात नहीं छुपाई। वे सभी मसलों पर आपस में बात किया करते थे। उनके बीच में कभी कोई रहस्य नहीं था, सिवाय एक जूते के डिब्बे के, जो उस वृद्ध महिला की अलमारी में ऊपर की ओर रखा रहता था। महिला ने अपने पति को यह कह रखा था कि वह कभी भी उस डिब्बे को खोलकर न देखे।

पति ने भी इतने वर्ष उस डिब्बे की ओर कोई ध्यान नहीं दिया। एक दिन वह बुजुर्ग महिला बहुत बीमार पड़ गई। डॉक्टरों ने बताया कि उसके बचने की उम्मीद बहुत कम है। एक-दूसरे के मध्य सभी शेष विषयों की जानकारी लेने के उद्देश्य से पति उस जूते के डिब्बे को बिस्तर पर पड़ी अपनी पत्नी के पास लेकर पहुँचा।

पत्नी ने भी माना कि जूते के डिब्बे के रहस्य से परदा उठाने का यही सही समय है। जब पति ने उस डिब्बे को खोला तो उसमें कढ़ाईकारी की हुई दो गुड़िया और 95000 रुपए मिले।

पति ने इसके बारे में जानना चाहा। महिला ने उत्तर दिया, "जब हमारी शादी हुई थी तो मेरी दादी ने मुझे सुखी वैवाहिक जीवन के रहस्य के बारे में बताया था। उन्होंने कहा था कि मैं कभी भी तुमसे बहस न करूँ। यदि मुझे कभी तुम्हारे ऊपर गुस्सा आए तो मैं चुप रहूँ और अपना ध्यान गुड़िया को सजाने के लिए की जाने वाली कढ़ाईकारी पर लगा दूँ।"

उस वृद्ध पुरुष की आँखों में खुशी के आँसू छलक आए। डिब्बे में सिर्फ दो गुड़िया थीं। पति यह सोचकर भी खुश था कि इतने वर्षों के लंबे वैवाहिक जीवन में उसने सिर्फ दो बार ही अपनी पत्नी का दिल दुखाया था।

"लेकिन प्रिये, यह तो हुई गुड़िया की बात। फिर इतने सारे पैसों का क्या रहस्य है? ये कहाँ से आए?"

पत्नी ने उत्तर दिया, "ओह! ये पैसा मैंने उन गुड़ियों को बेचकर कमाया है।"

किसकी समस्या?

एक व्यक्ति को यह आशंका हुई कि उसकी पत्नी कुछ ऊँचा सुनने लगी है। उसे लगा कि उसकी पत्नी को सुनने की मशीन लगवाने की आवश्यकता है।

वह असमंजस में पड़ गया कि पत्नी को इस संबंध में कैसे बताया जाए। अत: उसने अपने पारिवारिक डॉक्टर से संपर्क किया।

डॉक्टर ने उसे पत्नी की बहरेपन की जाँचने के लिए आसान घरेलू उपाय बताया, ''तुम 40 फीट दूर से खड़े होकर अपनी पत्नी से उस तरह बात करो जैसे उसके नजदीक ही खड़े हो, और देखो कि वह तुम्हें सुन पा रही है या नहीं। यदि नहीं तो 30 फीट की दूरी से बात करो, फिर 20 फीट और इसी तरह पास आते जाओ, जब तक कि तुम्हें जवाब न मिले।''

उसी शाम उसकी पत्नी किचन में खाना पका रही थी और वह दूसरे कमरे में था। वह अपने आपसे बोला, 'मैं लगभग 40 फीट दूर हूँ। देखते हैं क्या होता है?' फिर उसने सामान्य स्वर में अपनी पत्नी से पूछा, ''अजी, सुनती हो, आज क्या बना रही हो?'' कोई उत्तर नहीं मिला। तब पतिदेव किचन की ओर बढ़े। किचन से लगभग 30 फीट की दूरी से उसने फिर पूछा, ''अजी, सुनती हो, आज क्या बना रही हो?'' अभी भी कोई उत्तर नहीं मिला।

फिर वह और नजदीक स्थित डाइनिंग-रूम तक पहुँचकर बोला, ''अजी, आज क्या बना रही हो?'' फिर कोई उत्तर नहीं मिला। फिर वह किचन के दरवाजे तक यानी पत्नी से 10 फीट की दूरी तक पहुँचकर बोला, ''अजी, आज क्या बना रही हो?'' तब भी कोई उत्तर नहीं मिला। तब वह पत्नी के ठीक पीछे जाकर चिल्लाया, ''आज क्या बना रही हो?''

पत्नी ने उत्तर दिया, ''जयेश, मैं पाँचवीं बार बता रही हूँ कि मैं खिचड़ी बना रही हूँ।''

जरूरी नहीं कि दूसरों के साथ ही कोई समस्या हो, जैसा कि हम मानते हैं। यह हमारे साथ भी हो सकती है।

जब तूफान आए तब नींद लो

एक किसान का खेत समुद्र के तट पर था, जिसे उसने किसी अन्य किसान को किराए पर लेने के लिए कई विज्ञापन दिए। लेकिन ज्यादातर लोग समुद्र तट पर स्थित खेत में काम करने के इच्छुक नहीं थे। समुद्र के किनारे प्राय: भयंकर तूफान उठते रहते हैं, जो जानमाल और फसलों को नुकसान पहुँचाते हैं। उस किसान ने कई लोगों का अपने सहायक के रूप में कार्य करने के लिए साक्षात्कार

लिया, परंतु सभी ने मना कर दिया।

अंत में ठिगने कद का एक दुबला-पतला अधेड़ व्यक्ति किसान के पास आया। किसान ने उससे पूछा, ''खेती-किसानी जानते हो?''

ठिगने आदमी ने उत्तर दिया, ''मैं उस समय सो सकता हूँ जब तूफान आ रहा हो।'' यद्यपि वह उसके उत्तर से संतुष्ट नहीं था किंतु उसके पास उसे रखने के अलावा और कोई चारा नहीं था। वह ठिगना व्यक्ति सुबह से शाम तक खेत में काम में लगा रहता। किसान भी उसके काम से संतुष्ट था। एक रात समुद्र की ओर से तूफान की खौफनाक आवाजें आने लगीं। अपने बिस्तर से कूदकर किसान ने लालटेन सँभाली और पड़ोस में स्थित उस व्यक्ति के आवास तक भागता हुआ गया। उसने झटका देकर उसको जगाया और कहा, ''जल्दी उठो, तूफान आ रहा है। सभी चीजों को बाँध लो, ताकि तूफान उन्हें उड़ा न ले जाए।''

ठिगने आदमी ने करवट बदलते हुए कहा, ''नहीं श्रीमान, मैंने आपसे पहले ही कहा था कि मैं उस समय सो सकता हूँ जब तूफान आ रहा हो।''

उसके दोटूक उत्तर से किसान को बहुत गुस्सा आया। वह तत्काल उसे नौकरी से निकालना चाहता था लेकिन वह तूफान से बचाव के लिए बाहर भागा। उसे यह देखकर बहुत आश्चर्य हुआ कि सूखी घास के ढेर तिरपाल से ढके हुए थे। सभी गायें अपने बाड़े और मुरगियाँ अपने दड़बे में थीं और दरवाजे बंद थे। शटर भी कसकर बंद था। हर चीज बँधी हुई थी। कुछ भी उड़ नहीं सकता था।

किसान को तब जाकर उस आदमी की बात का अर्थ समझ में आया। वह भी अपने बिस्तर की ओर लौटा और आराम से सो गया।

जब कोई व्यक्ति आध्यात्मिक, मानसिक और शारीरिक रूप से तैयार होता है तब उसे कोई भय नहीं होता। सूत्र वाक्य यह है कि बुरी से बुरी स्थिति के लिए भी तैयार रहो।

पर्स में फोटो

यात्रियों से खचाखच भरी ट्रेन में टी.टी.ई. को एक पुराना फटा सा पर्स मिला। उसने पर्स को खोलकर यह पता लगाने की कोशिश की कि वह किसका है। लेकिन पर्स में ऐसा कुछ नहीं था जिससे कोई सुराग मिल सके। पर्स में कुछ पैसे और भगवान् श्रीकृष्ण की फोटो थी। फिर उस टी.टी.ई. ने हवा में पर्स

हिलाते हुए पूछा, "यह किसका पर्स है?"

एक बूढ़ा यात्री बोला, "यह मेरा पर्स है। इसे कृपया मुझे दे दें।" टी.टी.ई. ने कहा, "तुम्हें यह साबित करना होगा कि यह पर्स तुम्हारा ही है। केवल तभी मैं यह पर्स तुम्हें लौटा सकता हूँ।" उस बूढ़े व्यक्ति ने दंतविहीन मुसकान के साथ उत्तर दिया, "इसमें भगवान् श्रीकृष्ण की फोटो है।" टी.टी.ई. ने कहा, "यह कोई ठोस सबूत नहीं है। किसी भी व्यक्ति के पर्स में भगवान् श्रीकृष्ण की फोटो हो सकती है। इसमें क्या खास बात है? पर्स में तुम्हारी फोटो क्यों नहीं है?"

बूढ़ा व्यक्ति ठंडी गहरी साँस भरते हुए बोला, "मैं तुम्हें बताता हूँ कि मेरा फोटो इस पर्स में क्यों नहीं है। जब मैं स्कूल में पढ़ रहा था, तब यह पर्स मेरे पिता ने मुझे दिया था। उस समय मुझे जेबखर्च के रूप में कुछ पैसे मिलते थे। मैंने पर्स में अपने माता-पिता की फोटो रखी हुई थी।

"जब मैं किशोर अवस्था में पहुँचा, मैं अपनी कद-काठी पर मोहित था। मैंने पर्स में से माता-पिता की फोटो हटाकर अपनी फोटो लगा ली। मैं अपने सुंदर चेहरे और काले घने बालों को देखकर खुश हुआ करता था। कुछ साल बाद मेरी शादी हो गई। मेरी पत्नी बहुत सुंदर थी और मैं उससे बहुत प्रेम करता था। मैंने पर्स में से अपनी फोटो हटाकर उसकी लगा ली। मैं घंटों उसके सुंदर चेहरे को निहारा करता।

"जब मेरी पहली संतान का जन्म हुआ, तब मेरे जीवन का नया अध्याय शुरू हुआ। मैं अपने बच्चे के साथ खेलने के लिए काम पर कम समय खर्च करने लगा। मैं देर से काम पर जाता और जल्दी लौट आता। कहने की बात नहीं, अब मेरे पर्स में मेरे बच्चे की फोटो आ गई थी।"

बूढ़े व्यक्ति ने डबडबाती आँखों के साथ बोलना जारी रखा, "कई वर्ष पहले मेरे माता-पिता का स्वर्गवास हो गया। पिछले वर्ष मेरी पत्नी भी मेरा साथ छोड़ गई। मेरा इकलौता पुत्र अपने परिवार में व्यस्त है। उसके पास मेरी देखभाल का वक्त नहीं है। जिसे मैंने अपने जिगर के टुकड़े की तरह पाला था, वह अब मुझसे बहुत दूर हो चुका है। अब मैंने भगवान् कृष्ण की फोटो पर्स में लगा ली है। अब जाकर मुझे एहसास हुआ है कि श्रीकृष्ण ही मेरे शाश्वत साथी हैं। वे हमेशा मेरे साथ रहेंगे। काश, मुझे पहले ही यह अहसास हो गया होता। जैसा प्रेम मैंने अपने परिवार से किया, वैसा प्रेम यदि मैंने ईश्वर के साथ किया होता तो आज मैं इतना अकेला नहीं होता।"

टी.टी.ई. ने उस बूढ़े व्यक्ति को पर्स लौटा दिया। अगले स्टेशन पर ट्रेन के रुकते ही वह टी.टी.ई. प्लेटफॉर्म पर बने बुकस्टॉल पर पहुँचा और विक्रेता से

बोला, ''क्या तुम्हारे पास भगवान् की कोई फोटो है? मुझे अपने पर्स में रखने के लिए चाहिए।''

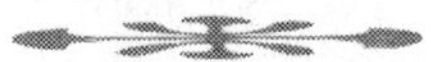

वकील और दादी माँ

वकीलों को दादी माँ से ऐसे प्रश्न करने ही नहीं चाहिए थे, जिनके उत्तर वे सुन न सकें। एक छोटे शहर की अदालत में अभियोजन पक्ष के वकील ने अपने पहले गवाह के रूप में एक बुजुर्ग दादी माँ को कठघरे में बुलाया।

उनके पास जाकर वकील ने उनसे पूछा, ''श्रीमती जोन्स, क्या आप मुझे जानती हैं?''

दादी ने उत्तर दिया, ''हाँ-हाँ, क्यों नहीं मि. विलियम्स। मैं तुम्हें तब से जानती हूँ जब तुम जवान थे। और यदि मैं साफ-साफ कहूँ तो तुमने मुझे बहुत निराश किया है। तुम झूठे हो, तुमने अपनी पत्नी को धोखा दिया है, तुम लोगों से झूठ बोलकर उन्हें फुसलाते हो और पीठ पीछे उनकी बुराई करते हो। तुम अपने आपको तीसमार खाँ समझते हो, जबकि तुम्हारे पास इतनी भी अक्ल नहीं है कि अपने आपको समझ सको। हाँ, मैं तुम्हें जानती हूँ मि. विलियम्स।''

वकील भौंचक्का रह गया। जब उसे कुछ समझ में नहीं आया कि क्या करे, उसने बचाव पक्ष के वकील की ओर इशारा करते हुए पूछा, ''श्रीमती जोन्स, क्या आप बचाव पक्ष के वकील को जानती हैं?''

दादी ने फिर उत्तर दिय, ''क्यों नहीं, जरूर जानती हूँ। मैं मि. ब्रैडले को उनकी जवानी के समय से जानती हूँ। वे आलसी, कट्टर और शराबी हैं। वे किसी से भी सामान्य संबंध नहीं रख सकते और उनकी वकालत पूरे राज्य में सबसे खराब है। यह कहने की बात नहीं है कि उन्होंने अपनी पत्नी को धोखा दिया है और उसके तीन महिलाओं के साथ संबंध रहे हैं, जिसमें से एक तुम्हारी पत्नी है। हाँ, मैं उसे जानती हूँ!''

बचाव पक्ष का वकील सन्न रह गया।

यह सुनकर जज महोदय ने दोनों वकीलों को अपने नजदीक बुलाया और धीरे से कहा, ''खबरदार, जो तुम लोगों ने उस महिला से मेरे बारे में पूछा। मैं तुम दोनों को हवालात भेज दूँगा।''

मैं फिर कभी शिकायत नहीं करूँगा

1970 के दशक की बात है। एरिजोना इलाके से गुजर रहा एक व्यक्ति भारी बारिश के बीच एक गैस स्टेशन पर अपनी कार में गैस भरवाने के लिए रुका। भारी बारिश के बीच वह अपनी कार में ही बैठा रहा, जबकि उस गैस स्टेशन पर मौजूद कर्मचारी ने भीगते हुए उसकी कार में गैस भरी। वहाँ से जाते समय उसने गैस स्टेशन के कर्मचारी से कहा, ''मुझे माफ करना। मैंने तुम्हें इतनी बारिश में परेशान किया।''

कर्मचारी ने उत्तर दिया, ''आपको माफी माँगने की कोई जरूरत नहीं है। इस काम में मुझे कोई तकलीफ नहीं हुई। जब मैं वियतनाम युद्ध के दौरान शत्रुओं की घेराबंदी में फँसा हुआ था, उसी समय मैंने निश्चय कर लिया था कि यदि मैं वहाँ से जीवित निकलने में कामयाब हो जाता हूँ तो जीवन भर कभी शिकायत नहीं करूँगा। इसके बाद मैंने कभी शिकायत नहीं की।''

छुट्टन के तीन किलो

छुट्टन पटसन तौल-तौलकर ढेरी बना रहा था। उधर से एक बौद्ध गुजरा। उसने छुट्टन से पूछा, ''तुम जिंदगी भर पटसन तौलते रहोगे? तुम्हें मालूम है, बुद्ध कौन था?''

छुट्टन ने बताया, ''नहीं, पर यह खूब पता है कि पटसन का यह गुच्छा तीन किलो का है।''

बारिश में सूखे

एक बार एक शिकारी ने मुल्ला नसरुद्दीन को शिकार पर साथ चलने के लिए न्योता दिया। शिकारी ने मुल्ला को एक मरियल सा घोड़ा दे दिया और खुद बढ़िया, तेज गतिवाले घोड़े पर चला। जल्दी ही शिकारी आँख से ओझल हो गया और मरियल घोड़े पर सवार मुल्ला ज्यादा दूर नहीं जा पाया। इतने में बारिश होने लगी। मुल्ला ने अपने सारे कपड़े उतारे, उनकी पोटली बनाई और एक मोटे पेड़ की खोह में बैठ गया। बारिश बंद होने पर उसने अपने कपड़े पहने और वापस लौट चला।

शिकारी को बारिश ऐसी जगह मिली, जहाँ दूर-दूर तक कोई पेड़ नहीं था, घास

के मैदान थे, अत: वह बारिश में बुरी तरह भीगकर वापस आया। उसने मुल्ला से पूछा कि वह सूखा-सूखा कैसे है?

मुल्ला ने कहा, ''ऐसा आपके घोड़े के कारण हुआ।''

दूसरे दिन शिकारी ने धीमा घोड़ा खुद अपने पास रखा और तेज घोड़ा मुल्ला को दे दिया। उस दिन बारिश देर से हुई, जब शिकारी का घोड़ा घास के मैदान तक पहुँच गया था और मुल्ला अपने घोड़े पर वापस उस पेड़ के पास आ चुका था। मुल्ला ने बारिश से बचने के लिए फिर वही उपाय अपनाया और शिकारी धीमी चालवाले घोड़े के कारण कल से भी ज्यादा बुरी तरह भीगकर वापस आया।

मुल्ला को देखते ही शिकारी चिल्लाया, ''ये सब तुम्हारी चाल थी। तुमने मुझे इस घटिया घोड़े की सवारी करवाई।''

''मेरी तो नहीं, मगर ये आपके घोड़े की चाल जरूर थी।'' मुल्ला ने जवाब दिया।

वास्तविक प्रश्न एक उत्तर अनेक

वास्तविकता का बोध मस्तिष्क के स्तर और व्यक्ति की सोच पर निर्भर करता है। कुछ उदाहरण प्रस्तुत हैं—

1. व्यास ने चार्वाक से पूछा, ''चार्वाक, क्या कभी तुमने यह अनुभव किया है कि तुम कहाँ से आए हो, तुम्हें कहाँ जाना है और इस जीवन का उद्देश्य क्या है?''
   चार्वाक का उत्तर था, 'मैं अपने चाचाजी के घर से आया हूँ, और बाजार जा रहा हूँ। मेरा उद्देश्य है, अच्छी और ताजा सब्जी खरीदना।''
2. यही प्रश्न नारायण ने सुरेश से पूछा, सुरेश का उत्तर था—
   ''मैं अपने अभिभावकों से इस जगत् में आया हूँ। भाग्य जहाँ ले जाएगा, वहाँ मुझे जाना है। जो मुझे मिला है, उससे अधिक इस संसार को अर्पित करूँ, यह मेरे जीवन का उद्देश्य है।''
3. और जब यही बात गोविंदप्पा ने शंकर से पूछी तो शंकर का जवाब था—
   ''मैं संपूर्णता से आया हूँ और संपूर्णता में ही वापस लौटना है। जीवन की इस यात्रा में पग-दर-पग संपूर्णता को महसूस करना ही मेरे जीवन का उद्देश्य है।''

4. बुद्ध के प्रश्न पर महाकशप का प्रत्युत्तर था, "मैं शून्य से आया हूँ, शून्य में मुझे जाना है और मेरे जीवन का उद्देश्य भी शून्य ही है।"
5. अष्टावक्र ने जनक से जब यही प्रश्न पूछा तो जनक ने जवाब दिया, "मैं न तो आया हूँ, न कहीं जाऊँगा; और न ही मेरा कोई उद्देश्य है।"
6. कृष्ण मुसकराए और कुछ नहीं पूछा। भीष्म मुसकराए और कोई जवाब नहीं दिया।

सत्य के बोध के लिए हर एक का दृष्टिकोण अलग होता है।

मैं कैसे बताऊँ

नसरुद्दीन एक बार एक किचन गार्डन में दीवार फाँदकर घुस गया और अपने साथ लाए बोरे में फल-सब्जी तोड़कर भरने लगा।

इतने में माली ने उसे देख लिया, वह दौड़ता हुआ आया और चिल्लाया, "यह तुम क्या कर रहे हो?"

"मैं चक्रवात में फँसकर उड़ गया था और यहाँ टपक पड़ा।"

"और ये सब्जियाँ किसने तोड़ीं?"

"तूफान में उड़ने से बचने के लिए मैंने इन सब्जियों को पकड़ लिया था तो ये टूट गईं।"

"अच्छा, तो उस बोरे में भरी सब्जियाँ क्या हैं?"

"मैं भी तो यही सोच रहा था, जब तुमने मेरा ध्यान अभी खींचा।"

कल्पतरु

एक बार एक आदमी घूमते-घामते स्वर्ग पहुँच गया। स्वर्ग में सुंदर नजारे देखते हुए वह बहुत देर तक घूमता रहा और अंत में थक-हारकर एक वृक्ष के नीचे सो गया।

स्वर्ग में जिस वृक्ष के नीचे सोया था, वह कल्पतरु था। कल्पतरु के नीचे बैठकर जो भी व्यक्ति जैसी भी कल्पना करता है, वह साकार हो जाती है। कुछ देर बाद जब उस आदमी की आँख खुली तो उसकी थकान तो जाती रही थी, मगर उसे भूख लग आई थी। उसने सोचा कि काश यहाँ छप्पन भोग से भरी थाली खाने को मिल जाती

तो आनंद आ जाता।

चूँकि वह कल्पतरु के नीचे था, तो उसकी छप्पन भोग से भरी थाली उसके कल्पना करते ही प्रकट हो गई। उसे भूख लगी थी तो उसने झटपट उस भोजन को खा लिया। भोजन के बाद उसे प्यास लगी। उसने सोचा, कितना अच्छा होता कि इतने शानदार भोजन के बाद एक बोतल बीयर पीने को मिल जाती। उसका यह सोचना था कि बीयर की बोतल प्रकट हो गई।

उसने बीयर की बोतल खोली और गटागट पीने लगा। भूख और प्यास थोड़ी शांत हुई तो उसका दिमाग दौड़ा। यह क्या हो रहा है, उसने सोचा। क्या मैं सपना देख रहा हूँ? खाना और बीयर हवा में से कैसे प्रकट हो गए? लगता है कि इस पेड़ में भूत-पिशाच हैं, जो मुझसे कोई खेल खेल रहे हैं।

उसका इतना सोचना था कि कल्पतरु ने उसकी यह कल्पना भी साकार कर दी। हवा में से भूत-पिशाच प्रकट हो गए, जो उसके साथ डरावने खेल खेलने लगे। वह आदमी डरकर सोचने लगा कि ये भूत-प्रेत तो अब मुझे मार ही डालेंगे, मेरी मृत्यु निश्चित है। आप समझ सकते हैं कि कल्पतरु के नीचे उसकी इस कल्पना का क्या हश्र हुआ होगा।

दरअसल हमारा दिमाग ही कल्पतरु की तरह है। आप जो सोचते हैं, वही होता है। सारी चीजें दो बार सृजित होती हैं। एक बार आपके दिमाग में और फिर दूसरी बार भौतिक संसार में। आज नहीं तो कल, जो आपने सोचा है, वह होकर रहेगा। बहुत बार आपकी कल्पना और चीजों के होने में इतना समय हो जाता है कि आप भूल जाते हैं कि कभी आपने इसके लिए ख्वाब भी देखे होंगे। आप अपने लिए स्वर्ग रचते हैं और नरक भी। यदि आप स्वर्ग की सोचेंगे तो आपको स्वर्ग मिलेगा। छप्पन भोग की सोचेंगे तो छप्पन भोग मिलेगा। भूत-पिशाच की सोचेंगे तो भूत-पिशाच मिलेंगे। और जब आप समझ जाते हैं कि आप अपने लिए स्वयं स्वर्ग या नरक बुन सकते हैं तो फिर आप इस तरह की अपनी दुनिया को बनाना छोड़ सकते हैं। स्वर्ग या नरक बनाने की जरूरत फिर किसी को नहीं होती। आप इन झंझटों से निवृत्त हो सकते हैं। मस्तिष्क की यह निवृत्ति ही मेडिटेशन (ध्यान योग) है।

अर्जुन या एकलव्य

यदि आपसे पूछा जाए कि क्या बनना बेहतर है—अर्जुन या एकलव्य, तो आपका उत्तर क्या होगा? हममें से अधिकतर का उत्तर होगा कि अर्जुन बनना

बेहतर है, क्योंकि उन्हें गुरु द्रोण से सीखने का प्रत्यक्ष अवसर मिला। यह संभवत: सही चुनाव हो सकता है। आइए, इसे जरा दूसरे दृष्टिकोण से सोचते हैं।

कल्पना कीजिए कि धनुर्विद्या की शिक्षा चल रही है और अर्जुन अभ्यास कर रहे हैं। वे एक लक्ष्य पर निशाना लगाते हैं और प्रत्यंचा खींचकर तीर छोड़ते हैं। तीर लक्ष्य से दो इंच बाईं ओर लगता है। द्रोण अर्जुन को निशाने पर तीर लगाते बारीकी से देख रहे होते हैं और बताते हैं कि उन्होंने क्या गलती की। अपने अगले अभ्यास में अर्जुन ने उस गलती को दोहराया नहीं और तीर निशाने पर लगा।

अब कल्पना कीजिए कि एकलव्य धनर्विद्या स्वयं सीख रहे हैं। उनके पास उनकी गलतियों को बतानेवाला कोई गुरु नहीं है, उनके पास कोई रेडीमेड हल नहीं है। उनका निशाना कई दिनों के अभ्यास के बाद सही नहीं लग रहा। उनका तीर लक्ष्य से तीन इंच दूर रह जाता था। मगर एकलव्य ने आस नहीं छोड़ी। कुछ दिनों के अभ्यास से उनको अपनी गलती समझ में आ गई। अब उन्होंने अपनी गलती सुधार ली और अब तीर निशाने पर लगने लगा।

अब यहाँ प्रश्न उठता है कि कौन सी परिस्थिति चुनने योग्य है? आप अर्जुन बनना चाहेंगे या एकलव्य? यदि आप अर्जुन बनते हैं तो आपको अपनी प्रत्येक गलती को सुधारने के लिए एक अदद गुरु की जरूरत होगी। एकलव्य अपनी गलतियों को खुद ही ढूँढ़ता है और खुद ही उनका समाधान प्राप्त करता है।

अंत में, यही प्रश्न एक बार फिर से आपके सामने है—आप अर्जुन बनना चाहेंगे या एकलव्य?

धार्मिकता और अंधभक्ति

आप धार्मिक हैं या अंधभक्त? व्यक्ति को धार्मिक तो होना चाहिए, मगर अंधभक्त नहीं।

आर्मी के एक कमांडिंग ऑफिसर की यह कहानी है।

कमांडिंग ऑफिसर ने अपने नए-नए रंगरूटों से पूछा, "रायफल के कुंदे में अखरोट की लकड़ी का उपयोग क्यों किया जाता है?"

"क्योंकि इसमें ज्यादा प्रतिरोध क्षमता होती है।" एक ने कहा।

"गलत।"

"इसमें लचक ज्यादा होती है।" दूसरे ने कहा।

"गलत।"

"शायद इसमें दूसरी लकडियों की अपेक्षा ज्यादा चमक होती है।" तीसरे ने अंदाजा लगाया।

"बेवकूफी की बातें मत करो," कमांडर गुर्राया, "अखरोट की लकड़ी का प्रयोग इसलिए किया जाता है, क्योंकि यह नियम-पुस्तिका में लिखा है।"

किसान और गेहूँ के दाने

दुःख के समय दुनिया और दुनिया वाले बेहद जालिम प्रतीत होते हैं, और दु:ख तब होता है जब चीजें आपकी इच्छानुसार नहीं होतीं। परंतु यह भी सच है कि दुनिया की तमाम चीजें हर समय आपकी इच्छानुसार नहीं हो सकतीं। अपनी स्वयं की प्रकृति के अनुरूप घटनाएँ घटती रहती हैं।

इस प्रकृति को लाओ त्जू ने 'ताओ' नाम दिया। बुद्ध ने इसे 'धम्म' कहा तो महावीर ने परिभाषा दी कि चीजों की प्रकृति कोई नहीं बदल सकता। आग में गरमी है तो पानी में ठंडक। क्या इनकी प्रकृति बदल सकती है? कदापि नहीं। बुद्धिमान् व्यक्ति वही है जो धीरज रखे और प्रकृति के साथ तारतम्य बनाए रखे।

जब आप प्रकृति के साथ अपना तारतम्य बिठा लेंगे तो दु:ख नहीं होगा। तब दु:ख भी आपको प्रकाशवान और सहज लगेगा। ऐसा नहीं है कि दु:ख आपके पास आएँगे ही नहीं। वे आएँगे, मगर दुश्मन के रूप में नहीं। मित्रवत् रूप में आएँगे क्योंकि तब आपको पता होगा कि जीवन में दु:ख भी आवश्यक हैं, जीवन का अभिन्न अंग हैं।

एक प्राचीन दृष्टांत है। तब ईश्वर मनुष्यों के साथ धरती पर निवास करते थे। एक दिन एक वृद्ध किसान ने ईश्वर से कहा, "आप ईश्वर हैं, ब्रह्मांड को आपने बनाया है, मगर आप किसान नहीं हैं और आपको खेती-किसानी नहीं आती, इसलिए दुनिया में समस्याएँ हैं।"

ईश्वर ने पूछा, "तो मुझे क्या करना चाहिए?"

किसान ने कहा, "एक वर्ष के लिए अपनी शक्तियाँ मुझे दे दो। मैं जो चाहूँ वह हो। तब आप देखेंगे कि दुनिया से समस्याएँ, गरीबी, भुखमरी—सब समाप्त हो जाएँगी।"

ईश्वर ने किसान को अपनी शक्ति दे दी। किसान ने चहुँओर सबकुछ अच्छा कर दिया। मौसम पूरे समय खुशगवार रहने लगा। न आँधी, न तूफान। किसान जब

चाहता कि बारिश हो, तब बारिश होती, जब वह चाहता कि धूप निकले, तब धूप निकलती। सबकुछ एकदम परिपूर्ण हो गया था। चहुँओर फसलें भी लहलहा रही थीं।

जब फसलों को काटने की बारी आई तब किसान ने देखा कि फसलों में दाने ही नहीं हैं। किसान चकराया और दौड़ा-दौड़ा भगवान् के पास गया। उसने तो सबकुछ अच्छा ही किया था। फिर यह क्या हो गया? उसने भगवान् को प्रश्नवाचक दृष्टि से देखा।

भगवान् ने स्पष्ट किया, ''चूँकि सबकुछ सही था, कोई संघर्ष नहीं था, कोई जिजीविषा नहीं थी। तुमने सबकुछ सर्वोत्तम कर दिया था, तो फसलें नपुंसक हो गईं। उनकी उर्वराशक्ति खत्म हो गई। जीवन जीने के लिए संघर्ष अनिवार्य है। ये आत्मा को झकझोरते हैं और उन्हें जीवंत, पुंसत्व से भरपूर बनाते हैं।''

यह दृष्टांत अमूल्य है। जब आप सदा-सर्वदा खुश रहेंगे, प्रसन्न बने रहेंगे तो प्रसन्नता, खुशी अपना अर्थ गँवा देगी। यह तो ऐसा ही होगा जैसे कोई सफेद कागज पर सफेद स्याही से लिख रहा हो। कोई इसे कभी देख-पढ़ नहीं पाएगा।

खुशी को महसूस करने के लिए जीवन में दुःख जरूरी है। बेहद जरूरी।

शायद ऊपर कोई रास्ता निकल आए

कुछ बच्चों ने मुल्ला नसरुद्दीन को परेशान करने की योजना बनाई कि जब मुल्ला कहीं चप्पल उतारे तो उसे छुपा दिया जाए।

उन्होंने एक उपाय निकाला। जब मुल्ला पास से गुजर रहा था तो मुल्ला को सुनाने के लिए एक बच्चे ने दूसरे से जोर से कहा, ''सामनेवाले पेड़ पर कोई चढ़ नहीं सकता, और मुल्ला तो कभी भी नहीं।''

मुल्ला ठिठका, पेड़ को देखा जो कि बेहद छोटा और शाखादार था। ''कोई भी चढ़ सकता है इस पर, तुम भी। देखो मैं तुम्हें दिखाता हूँ कि कैसे।'' ऐसा कहकर उसने अपनी चप्पलें निकालीं और उन्हें अपनी कमरबंद में खोंसकर पेड़ पर चढ़ने लगा।

''मुल्ला।'' बच्चे चिल्लाए, क्योंकि उनका प्लान फेल हो रहा था, ''ऊपर पेड़ पर तुम्हारी चप्पलों का क्या काम?''

''इमरजेंसी के लिए हमेशा तैयार रहो।'' मुल्ला ने मुसकराते हुए बात पूरी की, ''क्या पता ऊपर कोई रास्ता मिल ही जाए।''

जब गुरु का ज्ञान मिलता है

सूफी मान्यता है कि किसी व्यक्ति की समस्या का समाधान तब तक नहीं होता जब तक कि उसके गुरु की कृपादृष्टि का एक अंश उस पर न पड़े।

एक बार एक सूफी संत मृत्युशय्या पर थे। उन्हें अपने प्रिय तीन नए-नए शिष्यों के भविष्य की चिंता थी कि इन्हें ज्ञान की ओर ले जानेवाला सही गुरु कहाँ और कैसे मिलेगा। संत चाहते तो वे किसी सक्षम विद्वान् का नाम ले सकते थे। मगर उन्होंने ऐसा नहीं किया और चाहा कि शिष्य स्वयं अपने लिए गुरु तलाशें।

इसके लिए संत ने मन-ही-मन एक विचित्र उपाय तलाशा। उन्होंने अपने तीनों शिष्यों को बुलाया और कहा, ''हमारे आश्रम में जो 17 ऊँट हैं, उन्हें तुम तीनों मिलकर इस तरह से बाँट लो कि सबसे बड़ा इनमें से आधा रखेगा, मँझला एक तिहाई और सबसे छोटे के पास नौंवा हिस्सा हो।''

यह तो बड़ा विचित्र वितरण था, जिसका कोई हल ही नहीं निकल सकता था। तीनों शिष्यों ने बहुत दिमाग खपाया, मगर उत्तर नहीं निकला। तब उनमें से एक ने कहा, ''गुरु की मंशा अलग करने की नहीं होगी, इसीलिए हम तीनों मिलकर ही इनके मालिक बने रहते हैं, कोई बँटवारा नहीं होगा।''

दूसरे ने कहा, ''गुरु ने निकटतम संभावित बँटवारे के लिए कहा होगा।''

परंतु बात किसी के गले से नहीं उतरी। उनकी समस्या की बात चहुँओर फैली तो एक विद्वान् ने तीनों शिष्यों को बुलाया और कहा, ''तुम मुझसे एक ऊँट ले लो। इससे तुम्हारे पास पूरे अठारह ऊँट हो जाएँगे। अब सबसे बड़ा इनमें से आधा यानी नौ ऊँट ले ले। मँझला एक तिहाई यानी कि छह ऊँट ले ले। सबसे छोटा नौवाँ हिस्सा यानी दो ऊँट ले ले। अब बाकी एक ऊँट बच रहा है, जो मेरा है तो उसे मैं वापस ले लेता हूँ!

शिष्यों को उनका नया गुरु मिल गया था। गुरु शिष्यों की समस्या में स्वयं भी शामिल जो हो गया था।

बड़ा हुआ तो क्या हुआ

एक गाँव में एक राक्षस था, जो गाँव के बच्चों को परेशान करता रहता था। एक दिन दूसरे गाँव से एक बालक अपने भाइयों से मिलने आया। जब उसने राक्षस के बारे में जाना तो अपने भाइयों से कहा, ''तुम सब मिलकर उसका मुकाबला

कर उसे भगा क्यों नहीं देते?''

''क्या तुम पागल हो? वो तो कितना विशाल और दानवाकार है, और हम उसके सामने पिद्दी।''

''पर इसी में तो तुम्हारी जीत छुपी है। उसे कहीं भी निशाना लगाकर मारोगे तो तुम्हारा निशाना चूकेगा नहीं। उसका निशाना जरूर चूक सकता है।''

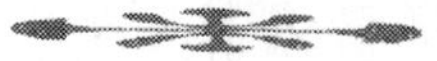

फल खाने की अधीरता

आम के मौसम में बगीचे में बंदरों का खूब उत्पात रहता था। बहुत सारे फल बंदर खा जाते थे। इस बार मालिक ने बंदरों को दूर रखने के लिए कुछ चौकीदार रख लिये और सुरक्षा के अन्य कड़े उपाय अपना लिये। बंदरों को मीठे आम का स्वाद मिलना मुश्किल हो गया। वे अपने सरदार के पास गए और उनसे अपनी समस्या के बारे में बताया।

बंदरों के सरदार ने कहा कि हम भी इनसानों की तरह आम के बगीचे लगाएँगे और अपनी मेहनत का फल बिना किसी रोक-टोक के खाएँगे।

बंदरों ने एक बढ़िया जगह तलाशी, अलग-अलग किस्मों के खूब सारे आमों की गुठलियाँ एकत्र कीं और बड़े जतन से उन्हें बो दिया।

एक दिन बीता, दो दिन बीते, बंदर सुबह-शाम उस स्थान पर जाकर देखते। तीसरे दिन भी जब उन्हें जमीन में कोई हलचल दिखाई नहीं दी तो उन्होंने पूरी जमीन फिर से खोद डाली और गुठलियों को देखा कि उनमें से पेड़ क्यों निकल नहीं रहे हैं। इससे गुठलियों में हो रहे अंकुरण खराब हो गए।

कुछ पाने के लिए कुछ समय तो देना पड़ता है!

सुखी व्यक्ति की कमीज

खलीफा एक बार बीमार पड़ गया। उसे रेशमी वस्त्रों, नरम गद्दों में भी आराम नहीं मिलता था, नींद नहीं आती थी और बेवजह दु:खी रहता था। दुनिया के तमाम वैद्यों-हकीमों को बुलाया गया, परंतु किसी को भी बीमारी समझ नहीं आ रही थी। लिहाजा इलाज भी नहीं हो पा रहा था। अंत में एक ऐसे वैद्य को बुलाया गया, जो अपने विचित्र परंतु प्रभावी इलाज हेतु प्रसिद्ध था। वैद्य ने देखते ही बताया

कि खलीफा का इलाज बस यही है कि किसी सुखी व्यक्ति की कमीज खलीफा के सिर पर घंटे भर के लिए रखी जाए।

चहुँओर सुखी व्यक्ति को ढूँढ़ा जाने लगा। जिसे भी पूछो, वह किसी-न-किसी कारण से दु:खी था। व्यक्तियों को दु:खी बनाने के सैकड़ों-हजारों, अनगिनत कारण थे। इस बीच सुखी व्यक्ति ढूँढ़नेवाले खलीफा के सिपाहियों को एक गरीब चरवाहा अपने ढोरों के साथ जाते हुए मिला। उनमें से एक ने चरवाहे से मजाक में पूछा, ''क्यों रे, तू सुखी है या दु:खी?''

चरवाहे ने जवाब दिया, ''मैं दु:खी क्यों होऊँ? मैं तो दुनिया का सबसे सुखी इनसान हूँ।''

''तो चल, अपनी कमीज उतारकर दे, यह हमें अपने खलीफा के लिए चाहिए।'' एक सिपाही ने कहा।

''पर मेरे पास न तो कमीज है और न ही मैं कमीज पहनता हूँ।'' चरवाहे ने कहा।

जब यह बात खलीफा तक पहुँची तो उन्होंने मंथन किया और पाया कि उनकी बीमारी की जड़ रेशमी वस्त्र, नरम गद्दे और हीरे-जवाहरात हैं। खलीफा ने वे सब चीजें समाज के गरीब तबकों में बाँट दीं। खलीफा अब स्वस्थ और सुखी हो गया था।

सभी तीर निशाने पर

एक बार एक राजा एक छोटे से शहर की यात्रा पर था। वहाँ उसने आश्चर्य से देखा कि पेड़ों के तनों पर, घरों की दीवारों पर तीर बँधे हुए हैं और हर तीर ठीक निशान के बीचोबीच है। उसने ऐसे विलक्षण धनुर्धर से मिलना चाहा। राजा ने उस धनुर्धर को बुलाया और पूछा कि वह हर बार इस तरह का सटीक निशाना कैसे लगा लेता है।

उस धनुर्धर ने स्पष्ट किया, ''बहुत आसानी से श्रीमान! मैं पहले तीर चलाता हूँ, फिर जहाँ तीर लगता है, उसके चारों ओर निशान बना देता हूँ।''

हम अपनी धारणा पहले बना लेते हैं, वस्तुस्थिति जानने की कोशिश बाद में करते हैं। हम इसलिए नहीं देखते कि कुछ नया देखें, बल्कि अपने विचारों को पुख्ता करनेवाली चीजों को ढूँढ़ने के लिए; हम वाद-विवाद करते हैं तो सत्य का पता लगाने

के लिए नहीं, बल्कि सिर्फ अपनी धारणा को येन-केन-प्रकारेण पुख्ता बनाने के लिए।

नमक की सही कीमत

एक बार एक सुल्तान अपने लाव-लश्कर के साथ यात्रा पर था। यात्रा लंबी, कई दिनों की थी। एक बार बीच पड़ाव में रसोई का नमक खत्म हो गया।

रसोइए ने सुल्तान से फरियाद की कि उसके भंडार का नमक खत्म हो गया है। सुल्तान ने तुरंत अपने एक सिपाही को बुलाया और पास के गाँव के किराना दुकान से शीघ्र ही नमक लेकर आने को कहा। साथ ही सुल्तान ने सिपाही को रुपए देते हुए कहा कि नमक की वाजिब कीमत देकर ही लाना।

सिपाही की प्रश्नवाचक निगाहों को सुल्तान ताड़ गया। सुल्तान ने स्पष्ट किया—तुम सुल्तान के सिपाही, चाहो तो सुल्तान के नाम पर मुफ्त नमक ला सकते हो या फिर पैसा तो तुम्हारी जेब का नहीं, राजकोष का है, ऐसा सोचकर अनाप-शनाप भाव से नमक ला सकते हो। मगर दोनों ही परिस्थिति में तुम गलत कार्य करोगे।

जरा-जरा सी बातें ही हमें बहुत कुछ सिखाती हैं। बूँद-बूँद से घट भरता है। आज तुम नमक की तुच्छ सी कीमत सही-सही अदा नहीं करोगे तो भविष्य में बड़े बड़े सौदे में सही कीमत कैसे लगाओगे? इसीलिए जाओ, और सही कीमत देकर ही नमक लाओ।

मुझ पर भरोसा है या गधे पर?

एक बार एक किसान मुल्ला के पास आया और उसका गधा दोपहर तक के लिए उधार माँगा, ताकि अपने खेत पर कुछ सामान ढो सके।

मुल्ला ने जवाब दिया, ''मेरे मित्र, मैं हमेशा तुम्हें खेतों में काम करते देखता हूँ और खुश होता हूँ। तुम फसलें पैदा करते हो और हम सब उसका उपयोग करते हैं, यह वास्तविक समाजसेवा है। मेरा दिल भी तुम्हारी सहायता करने को सदैव तत्पर रहता है। मैं हमेशा ख्वाब देखा करता था कि मेरा गधा तुम्हारे खेतों में उगाई गई फसलों को प्रेमपूर्वक ढो रहा है। आज तुम मुझसे गधा उधार माँग रहे हो, यह मेरे लिए बेहद खुशी की बात है। मगर क्या करूँ, मेरा गधा आज मेरे पास नहीं है। मैंने आज अपना गधा किसी और को उधार दे रखा है।''

''ओ मुल्ला, कोई बात नहीं। मैं कोई अन्य व्यवस्था कर लूँगा; मुझे तुम्हारे इन

दयालु शब्दों और मेरे प्रति आपकी भावना से बेहद प्रसन्नता हुई। आपको बहुत-बहुत धन्यवाद।'' किसान ने कहा और वापस जाने लगा।

इस बीच घर के पिछवाड़े से मुल्ला के गधे के रेंकने की आवाज आई। किसान रुक गया। उसने मुल्ला की ओर प्रश्नवाचक नजरों से देखा और कहा, ''मुल्ला, तुम तो कहते थे कि तुमने गधा किसी और को दे दिया है, पर वह तो पीछे बँधा हुआ है।''

''अजीब आदमी हो तुम भी! तुम्हें मेरी बात पर यकीन है कि गधे के रेंकने पर?'' मुल्ला ने किसान से कहा।

धन्यवाद का कारण

एक बार मुल्ला के पास उसका मित्र आया और मुल्ला से 100 रुपए उधार माँगे। मुल्ला ने कहा कि ''उसके पास पैसे तो हैं, मगर वह उसे नहीं देगा; मित्र को इस बात के लिए मुल्ला का आभार मानना चाहिए और धन्यवाद देना चाहिए।'' इस पर उसका मित्र भड़क गया। बोला, ''तुम उधार न दो, कोई बात नहीं, पर ये क्या बात हुई कि इस बात के लिए मैं तुम्हारा कृतज्ञ होऊँ और धन्यवाद दूँ।''

''मेरे प्रिय मित्र, तुमने मुझसे उधार माँगा, तो मैं तुम्हें सीधे मना करने के बजाय कल आने को कह सकता था, या अगले हफ्ते आने को कहकर टाल सकता था। इस तरह मैं तुम्हें आशान्वित करके इतने दिन लटका सकता था, इससे तुम इस बीच कोई दूसरी व्यवस्था भी नहीं कर पाते। मगर मैंने ऐसा नहीं किया। अब तुम स्वतंत्र हो कि अपनी कोई दूसरी व्यवस्था जल्द-से-जल्द कर लो; और इसी बात के लिए तुम्हें मेरा कृतज्ञ होना ही चाहिए।'' मुल्ला ने समझाया।

डर की प्रार्थना

नानी (अपने पोते से)—बेटा, तुम रोज रात में सोते समय प्रार्थना करते हो?

पोता—हाँ, नानी, मैं बिना भूले रोज प्रार्थना करता हूँ।

नानी—और सुबह उठने पर?

पोता—नहीं, सुबह-सुबह मुझे डर नहीं लगता।

एक था दास और एक थी राजकुमारी

एक राजकुमारी का दिल एक दास पर आ गया। वह उस दास से विवाह करना चाहती थी। राजा ने कितने ही प्रयत्न किए कि राजकुमारी उस दास को भूल जाए, मगर हुआ उसका उलटा।

अंत में दूर देश से एक विद्वान् की सेवा ली गई। उस विद्वान् ने राजा को एक युक्ति सुझाई। राजा ने उस अजीब युक्ति को तो पहले स्वीकारने से इनकार कर दिया, मगर जब देखा कि और कोई उपाय नहीं है तो वह मान गया।

राजा ने राजकुमारी को बुलाया और कहा, ''राजकुमारी, तुम उस दास से विवाह कर सकती हो; मगर तुम्हें हमारी एक शर्त माननी होगी। शर्त भी तुम्हारे अनुकूल ही है। वह शर्त है दुनिया-जहान से दूर सिर्फ एक ही कमरे में तुम्हें और दास को एक महीने साथ रहना होगा। सुख-सुविधा तमाम उपलब्ध होगी, मगर तुम दोनों उस कमरे से बाहर नहीं जा सकोगे। यदि एक महीना साथ रह लिये तो फिर तुम दोनों विवाह कर सकोगे। बोलो, मंजूर है?''

राजकुमारी को और क्या चाहिए था। वह सहर्ष तैयार हो गई। राजकुमारी और दास के एक ही कमरे में साथ रहने का पहला सप्ताह तो बढ़िया गुजरा। दूसरे सप्ताह में बोरियत होने लगी और राजकुमारी को दास के कुछ कार्य और आदतें परेशान करने लगीं। तीसरा हफ्ते आते-आते दोनों में झगड़ा हो गया और चौथे हफ्ते की शुरुआत में राजकुमारी ने दास को बरदाश्त से बाहर पाया और कमरे से बाहर आ गई!

''अलग रहना आसान है, साथ रहना बेहद मुश्किल।''

शिष्टता की स्वर्णजयंती

एक दंपती ने अपनी वैवाहिक स्वर्णजयंती धूमधाम से मनाई। दूसरे दिन सुबह रोज की तरह दंपती नाश्ते की टेबल पर बैठे। स्त्री ने सोचा कि पिछले पचास वर्षों से नित्य ही मैंने अपने पति को ब्रेकफास्ट रोल का बढ़िया कुरकुरा ऊपरी हिस्सा खाने को दिया है और हमेशा अपने लिए निचला हिस्सा रखा है। आज मैं इस ऊपरी हिस्से को अपने लिए रखती हूँ और उन्हें इसका निचला हिस्सा पेश करती हूँ।

उसने ऊपरी हिस्से में बढ़िया, डबल बटर लगाया और उसे अपने लिए रख लिया तथा रोल का निचला हिस्सा बटर लगाकर पति को पेश किया।

यह देख उसका पति बेहद प्रसन्न हो गया और बोला, ''डार्लिंग, आज तो मजा आ गया। पिछले पचास वर्षों से मैंने इस रोल का निचला हिस्सा खाया नहीं था, जो

सदा से मुझे बेहद पसंद रहा है। परंतु मैंने कभी कहा नहीं, क्योंकि तुम्हें यह खाना हमेशा अच्छा लगता रहा है।''

क्या आपके बगैर दुनिया रह लेगी?

एक व्यक्ति दुनियादारी छोड़कर संन्यास लेने का विचार कर रहा था। उसने अपने गुरु को यह बात बताई, परंतु साथ ही कहा कि उसका घर-परिवार, बच्चे और पत्नी उसे संन्यास लेने नहीं दे रहे, क्योंकि वे उससे बेहद प्यार करते हैं।

प्यार! गुरु ने कहा, यह तो किसी सूरत में प्यार नहीं है। अच्छा ठीक है—सुनो; और फिर गुरु ने उसे वह योग-विद्या सिखाई, जिससे वह अपनी साँसें रोककर मुरदे जैसी अवस्था में घंटों रह सकता था।

दूसरे दिन वह व्यक्ति अपने घर पर मुरदा पाया गया। परिवार के सारे लोग इकट्ठे हो गए। सभी जार-जार रो रहे थे, विलाप कर रहे थे, क्रंदन कर रहे थे। पत्नी सबसे ज्यादा दु:खी प्रतीत हो रही थी।

वह व्यक्ति मुरदा अवस्था में था, मगर योगाभ्यास से आसपास के माहौल को महसूस कर सकता था, सुन सकता था। उसे बड़ा सुकून मिला कि उसका परिवार उसे कितना प्यार करता है, अतत: उसने संन्यास का इरादा त्यागने का फैसला कर लिया।

इतने में उसका गुरु वहाँ पहुँचा। उसने परिवार को सांत्वना दी और कहा कि वह इस मुरदे में वापस जान फूँक सकता है। परंतु इसके लिए परिवार के किसी अन्य सदस्य को अपना प्राण त्यागना होगा।

और यह क्या! सबकी साँसें ऊपर-की-ऊपर ही रह गईं। प्रत्येक ने अपनी जिम्मेदारियाँ सुनानी शुरू कर दीं कि उसका जीना ज्यादा जरूरी है।

अंत में गुरु ने उसकी पत्नी की ओर देखा। पत्नी ने कहा, ''हम इनके बगैर जी लेंगे।''

जड़ मछली रानी जीवन दायिनी

नसरुद्दीन यात्रा पर था। रास्ते में उसे एक योगी मिला। योगीजी समाधिस्थ थे और ध्यान कर रहे थे। नसरुद्दीन ने सोचा कि इस योगी से कुछ सीखने को

मिलेगा, अतः वहीं इंतजार करने लगे। योगी की समाधि टूटी तो मुल्ला को सामने बैठे देख योगी ने प्रश्न किया, ''तुम कौन हो और क्या चाहते हो?''

नसरुद्दीन ने कहा, ''महात्मा, मैं दूर देश से आया हूँ। ज्ञान की तलाश में। आपके पास जो ज्ञान है, वह मुझ अज्ञानी को भी दे दें तो बड़ी कृपा होगी।''

योगी ने अपना ज्ञान बाँटा, ''मैं विश्वास करता हूँ कि प्रत्येक जीव-जंतु में आत्मा होती है। यहाँ तक कि पशुओं में और कीट-पतंगों में भी, जो उन्हें उनके जीवन में अच्छा-बुरा करने की शक्ति प्रदान करती है।''

''आपका कहना बिलकुल सही है,'' मुल्ला ने कहा, ''एक बार जब मैं मर रहा था तो एक मछली ने मेरा जीवन बचाया था।''

''अच्छा!'' योगी ने आश्चर्यचकित होते हुए कहा, ''यह तो सचमुच आश्चर्यजनक है। तुम तो सचमुच ईश्वरीय दुआप्राप्त व्यक्ति प्रतीत होते हो। मैंने आज तक ऐसा नहीं सुना कि किसी की जान मछली ने बचाई हो। खैर, आखिर वह किस्सा क्या था?''

''ओह, किस्सा कुछ यूँ है,'' मुल्ला ने विस्तार से बताया, ''एक बार मैं दूर देश की यात्रा पर था। मैं जंगल में भटक गया। भूख-प्यास से मेरी हालत खराब हो गई। कई दिनों तक न तो खाना मिला, न पीने को पानी। आखिर में चलते-चलते मुझे एक तालाब दिखा। मैंने पानी पीने के लिए दौड़ लगा दी।''

''अच्छा, तो तुम बेध्यानी और जल्दबाजी में कुंड में गिर गए होगे, कोई ईश्वरीय चमत्कार हुआ होगा, और दैवीय शक्ति-संपन्न मछली ने तुम्हें तालाब से निकाला होगा।'' योगी के स्वर में आतुरता थी।

''नहीं, जैसे ही मैं तालाब में कूदा, मेरे पैर के नीचे एक बड़ी सी मछली फँस गई। मैंने उसे पकड़ लिया और वहीं भूनकर खा ली। भूख के मारे मैं तो मरा जा रहा था। उस मछली ने सचमुच मेरा जीवन बचाया। ईश्वर उसकी आत्मा को शांति प्रदान करे।'' नसरुद्दीन ने खुलासा किया।

बराबर न्याय

नसरुद्दीन एक बार कहीं जा रहा था। पीछे से किसी आदमी ने उसके सिर पर चपत लगाई और पुकारा—अफजल!

नसरुद्दीन ने उस आदमी से पूछा कि अकारण उसने सिर पर चपत क्यों मारी। उस आदमी ने बताया कि नसरुद्दीन पीछे से ठीक उसके दोस्त अफजल की तरह

दिखता है और उसी गफलत में उसने उसे चपत मार दी।

नसरुद्दीन को यह बात हजम नहीं हुई और उसने पंचायत में जाकर शिकायत कर दी। पंच ने मामला सुना और निर्णय दिया कि वह आदमी नुकसान व दंडस्वरूप नसरुद्दीन को दो पैसा भुगतान करे।

नसरुद्दीन को यह बात नागवार गुजरी। उसने आव देखा न ताव, पंच के सिर पर चपत जड़ दी।

पंच ने नाराज होकर पूछा, "यह क्या बदतमीजी है?"

"कोई बदतमीजी नहीं है। एक चपत की कीमत दो पैसे है। इस आदमी ने मुझे चपत मारी, मैंने आपको; अब आप इस आदमी से दो पैसा ले लें। हिसाब बराबर।" नसरुद्दीन ने कहा।

लकीर छोटी या बड़ी

कक्षा में गुरुजी ने एक लकीर खींची और प्रश्न पूछा, "इस लकीर को छोटा कैसे किया जा सकता है?"

अधिकांश बच्चों ने कहा, "किसी एक तरफ से लकीर को मिटाकर।"

परंतु एक बच्चा खड़ा हुआ, उसने गुरुजी के हाथ से कलम ली और उस लकीर के ऊपर एक बड़ी लकीर खींच दी। फिर गुरुजी से मुखातिब होकर बोला, "लीजिए गुरुजी, यह लकीर मैंने छोटी कर दी। इस बड़ी लकीर के सामने यह छोटी है। और यदि आप कहें तो मैं बड़ी भी बना सकता हूँ।"

अपनी लकीर आप स्वयं के कृत्य से बड़ी बनाएँ, न कि दूसरों की लकीरें छोटी करें।

दुनिया एक सराय है

एक सूफी संत राजा के दरबार में आए और राजा से बोले, "मुझे इस सराय में सोने के लिए थोड़ी सी जगह चाहिए।"

राजा ने नाखुश होकर कहा, "यह सराय नहीं है, यह राजमहल है!"

संत ने राजा से पूछा, "तुमसे पहले यहाँ कौन रहता था?"

राजा ने कहा, "मेरे पिता।"

संत ने फिर पूछा, "और उससे पहले?"

राजा ने फिर तनिक अप्रसन्नता से बताया, "मेरे पितामह।"

"तो जब लोग यहाँ आते-जाते रहते हैं, फिर भी तुम कहते हो यह सराय नहीं है।" संत ने राजा से प्रश्न किया।

हर कोई सराय में रहता है। कोई उसे प्रासाद कहता है, कोई होम, स्वीट होम।

कुछ नहीं

नसरुद्दीन अपने मित्र अली की फलों की दुकान पर केले खरीदने गया। अली को शरारत सूझी। नसरुद्दीन ने एक दर्जन केले के भाव पूछे।

अली ने जवाब में कहा, "दाम—'कुछ नहीं'।"

नसरुद्दीन ने कहा, "अच्छा! तब तो एक दर्जन दे दो।"

केले लेकर नसरुद्दीन जाने लगा।

पीछे से अली ने पुकारा, "अरे, दाम तो देते जाओ।"

नसरुद्दीन ने आश्चर्य से पूछा, "अभी तो तुमने दाम—कुछ नहीं कहा था, फिर काहे का दाम?"

अली ने शरारत से कहा, "हाँ, मैं भी तो वही माँग रहा हूँ। दाम जो बताया था—'कुछ नहीं' वह तो देते जाओ।"

नसरुद्दीन ने आगे कहा, "अच्छा तो ये बात है।"

फिर खोजा ने एक खाली थैला अली की ओर बढ़ाया और पूछा, "इस थैले में क्या है?"

बेध्यानी में अली ने कहा, "कुछ नहीं।"

"तो फिर अपना दाम ले लो।" नसरुद्दीन ने वार पलटा।

संतोष का वरदान

भगवान् विष्णु अपने एक भक्त की तपस्या से प्रसन्न हुए और उसको दर्शन देकर बोले, "वत्स, कोई वरदान माँगो।"

भक्त के दिमाग में तत्काल कोई खयाल नहीं आया। तो उसने भगवान् से कहा कि वह सोचकर वरदान माँगेगा।

भक्त ने यह समस्या अपने मित्रों व रिश्तेदारों से साझा की।

एक ने कहा, "अमर होने का वरदान माँग लो।"

दूसरे ने कहा, "अमर होने का क्या फायदा। यदि बीमारी व तकलीफ झेलते रहे तो अच्छा स्वास्थ्य माँगो।"

तीसरे ने सुझाव दिया, "अमरता या अच्छे स्वास्थ्य का अचार डालोगे, यदि तुम्हारे पास पैसा नहीं हो? पैसा माँगो पैसा।"

इस तरह से हर कोई अपनी-अपनी थ्योरी बताने लगा।

थक-हारकर भक्त फिर से भगवान् की शरण में गया और बोला, "भगवान्, मैं क्या वरदान माँगूँ, यही मुझे समझ में नहीं आ रहा है। आप ही मुझ पर कृपा करें और समुचित वरदान दे दें।"

भगवान् मुसकराए और भक्त को संतोषी बने रहने का वरदान दे दिया।

अपशकुनी कौन

एक राजा शिकार के लिए निकला तो महल से निकलते ही मुल्ला नसरुद्दीन पर उसकी नजर पड़ गई।

राजा ने इसे अपशकुन समझा और मुल्ला को चार कोड़े मारने के आदेश दे दिए कि जब राजा की सवारी निकल रही थी तो वह रास्ते में सामने क्यों आ गया।

परंतु वह दिन राजा के शिकार के लिए बहुत उम्दा रहा। ढेरों शिकार मिले। राजा जब शिकार से वापस आया तो उसे मुल्ला की याद आई। उसने मुल्ला को बुलवा भेजा।

राजा ने मुल्ला को दिलासा दिलाते हुए कहा, "हम क्षमा चाहते हैं मुल्ला, हमने तुम्हें देखने से दिन अपने लिए अपशकुन माना था, मगर आज का दिन तो भाग्यशाली रहा—हमें बढ़िया शिकार मिले।"

"मगर हुजूर, मेरा दिन तो बेहद अपशकुन वाला रहा। सुबह चार कोड़े खाए, दिन भर भूखा रहा और अभी मैं खाना खाने जा रहा था कि सिपाहियों ने हुक्म दिया कि राजा ने बुलाया है और मुझे भरी थाली छोड़कर आना पड़ा। मेरे लिए तो आपको देखना ही अपशकुन हो गया।" मुल्ला ने जवाब दिया।

चौथा बंदर

गांधीजी के तीन बंदर हैं—बुरा मत सुनो, बुरा मत देखो और बुरा मत कहो। परंतु एकलव्य के एक वरिष्ठ शिक्षक का कहना था—एक चौथा बंदर भी होना चाहिए।

बुरा मत सोचो।

बुरा करने की क्रिया और भावना बुरी सोच से ही आती है। यदि सोच सही होगी तो कहीं बुरा नहीं होगा।

गांधीजी के जूते

एक बार गांधीजी जब ट्रेन पर चढ़ रहे थे तो ट्रेन ने थोड़ी सी रफ्तार पकड़ ली थी। चढ़ते समय हड़बड़ी में गांधीजी के एक पैर का जूता नीचे पटरी पर गिर गया।

अब चूँकि ट्रेन रुक नहीं सकती थी तो गांधीजी ने तुरंत दूसरे पैर का जूता निकालकर उसे भी नीचे फेंक दिया और अपने सहायक से कहा, ''जिस किसी को भी एक जूता मिलता तो उसका उपयोग नहीं हो पाता। अब दोनों जूते किसी के काम तो आ सकेंगे।''

जीवन की दो समस्याएँ

एक मानसिक चिकित्सालय में एक पर्यवेक्षक पहुँचा। वहाँ उसने देखा कि एक पागल बैठा हुआ आगे-पीछे लगातार अपने आपको झुला रहा है और चिल्ला रहा है—ऐश्वर्या! ऐश्वर्या!!

पर्यवेक्षक ने साथ चल रहे चिकित्सालय के डॉक्टर से पूछा, ''इसकी ऐसी हालत कैसे हुई?''

''यह ऐश्वर्या नामक किसी लड़की से प्यार करता था, परंतु उस लड़की ने इसे धोखा देकर किसी और से शादी कर ली तो इसकी यह स्थिति हो गई।'' डॉक्टर ने बताया।

आगे चलने पर एक अन्य पागल अपना सिर दीवार पर पटक रहा था और वह

भी 'ऐश्वर्या', 'ऐश्वर्या' चिल्ला रहा था।

पर्यवेक्षक ने आश्चर्य और कौतूहल से डॉक्टर की ओर देखा।

"इस व्यक्ति से ऐश्वर्या की शादी हुई थी।" डॉक्टर ने खुलासा किया।

कौन कम तौलता है

एक गाँव की पंचायत में एक सब्जी बेचनेवाला पहुँचा और शिकायत की कि उसने गाँव के दूधवाले से एक किलो पनीर खरीदा था, परंतु पनीर को कम तौला गया और उसे मात्र 900 ग्राम पनीर दिया गया। उसने उस दूधवाले को सजा देने की माँग की। दूधवाले को पंचायत के सामने बुलाया गया। उससे पूछा गया कि मामला क्या है।

"हुजूर, मैंने इस सब्जीवाले से एक किलो कद्दू खरीदा था, मैंने एक किलो पनीर तौलने के लिए उसी एक किलो कद्दू को बाट की तरह इस्तेमाल किया था।" दूधवाले ने मासूमियत से बताया।

वास्तविकता

एक बार एक जुआरी ने मुल्ला नसरुद्दीन से पूछा, "कल जब मैं जुआ खेल रहा था तो मैंने कुछ चीटिंग की, जिसे साथी खिलाड़ी ने देख लिया और मुझे मारते हुए खिड़की से नीचे फेंक दिया। मुझे क्या करना चाहिए?"

मुल्ला ने जुआरी को ध्यान से देखा और कहा, "आगे से हमेशा ग्राउंड फ्लोर पर जुआ खेला करो, ऊपरी मंजिल में नहीं।"

मुल्ला के शिष्य ने अचरज से पूछा, "आपने उसे जुआ खेलने से मना क्यों नहीं किया?"

"क्योंकि मैं जानता था कि वह जुआ खेलना छोड़ नहीं सकता।" मुल्ला ने बताया।

शाही कबूतर

नसरुद्दीन को प्रधानमंत्री का पद दिया गया। मुल्ला नया-नया प्रधानमंत्री बना था, सो वह राजमहल का निरीक्षण करने चला। वहाँ एक स्थल पर उसने शाही

पक्षी बाज को देखा।

नसरुद्दीन ने इससे पहले कभी बाज देखा नहीं था। उसे लगा कि यह तो कबूतर है। तो उसने कैंची मँगवाई और पक्षी के पंख कतर दिए, चोंच घिस दी और पैरों के नाखून काट दिए।

नसरुद्दीन ने अब पक्षी को गर्व से सबको दिखाया, इस पक्षी के रखवाले इसकी सही देखभाल नहीं करते थे। देखो, अब यह सही में कबूतर लग रहा है।

आप अलग हैं, इसीलिए आपके साथ कुछ तो गलत है!

आप कितने मूर्ख हैं?

मुल्ला को रँगे हाथों पकड़ लिया गया। वह अनाज की दुकान में दूसरे ग्राहक के थैले से गेहूँ निकालकर अपने थैले में भर रहा था।

उसे न्यायाधीश के सामने ले जाया गया।

"तुम्हें अपनी सफाई में कुछ कहना है?" न्यायाधीश ने मुल्ला से पूछा।

"मैं तो मूर्ख हूँ, मुझे अपने व उसके गेहूँ में कोई फर्क नहीं नजर आया था।" मुल्ला ने सफाई दी।

"तब तुमने अपने थैले से गेहूँ निकालकर दूसरे ग्राहक के थैले में क्यों नहीं डाला?" न्यायाधीश ने जिरह की।

"आह!" मुल्ला ने प्रतिवाद किया, "मैं इतना मूर्ख भी नहीं हूँ।"

सवाल यह है कि आपकी मूर्खता कहाँ से झाँकती है

महान् वैज्ञानिक न्यूटन अपने हास्यबोध व हाजिरजवाबी के लिए भी जाने जाते थे। वे अपने पहनावे पर अधिक ध्यान नहीं देते थे।

एक दिन एक पार्टी में न्यूटन को किसी ने उनके पुराने कोट में हो गए छेद की ओर दिखाते हुए टोका, "सर, आपकी गरीबी आपके इस फटे-पुराने कोट के इस छेद से झाँक रही है।"

परंतु न्यूटन ने उन्हें अपने जवाब से शर्मसार कर दिया। न्यूटन ने कहा, "नहीं

सर, दरअसल आपकी मूर्खता इस छेद के भीतर कुछ झाँक लेने की कोशिश कर रही है।''

सच कितना कड़वा

एक देश का राजा बदसूरत और काना था। एक बार उसके मन में आया कि क्यों न वह किसी अच्छे चित्रकार से अपना पोर्ट्रेट बनवाए।

एक प्रसिद्ध चित्रकार को राजा का पोर्ट्रेट चित्रित करने बुलवाया गया। चित्रकार ने सोचा कि राजा तो काना है, उसे यदि मैं काना बना दूँगा तो वह नाराज हो जाएगा और मुझे प्राणदंड दे देगा। यह सोचकर उसने राजा को सुंदर, दो आँखोंवाला बना दिया।

राजा ने जब यह देखा तो क्रोधित हुआ और चित्रकार को दंड दे दिया, क्योंकि उसने नकली चित्र बना दिया था।

एक दूसरे देश के प्रसिद्ध चित्रकार को बुलाया गया। उस चित्रकार ने सोचा कि राजा का हूबहू चित्र बनाएगा, ताकि राजा प्रसन्न होकर उसे अच्छा-खासा ईनाम दे। उसने राजा का जैसे का तैसा बदसूरत और काना चित्र बना दिया।

राजा ने जब यह चित्र देखा तो खूब क्रोधित हुआ और उसे भी दंड दिया, क्योंकि राजा के मुताबिक चित्र में राजा ज्यादा बदसूरत और खूँखार नजर आ रहा था।

फिर एक और चित्रकार को ढूँढ़ा गया। उसने राजा को देखा तो उसका पोर्ट्रेट बनाने से पहले अपना दिमाग लगाया।

फिर उसने बड़ी मेहनत और समय लेकर राजा का चित्र बनाया। इसे देख राजा प्रसन्न हुआ और मुँह-माँगा इनाम दिया।

चित्रकार ने इस चित्र में राजा को तीर का निशाना साधते दिखाया था, जिसमें उसकी कानी आँख सफाई और सुंदरता से छिप गई थी।

उम्र का गणित

एक उम्रदराज महिला, जो अपने आपको जवान दिखने के लिए तमाम जतन करती रहती थी, एक बार जॉर्ज बर्नार्ड शॉ से मिली और बातों-बातों में जॉर्ज से पूछा, ''आपकी नजरों में मेरी उम्र कितनी होगी?''

जॉर्ज ने उस महिला को ऊपर से नीचे तक देखा और कहा, ''आपके दाँतों

के मुताबिक आपकी उम्र सोलह वर्ष है, आपके बालों के मुताबिक कोई सत्रह वर्ष, आपके चिकने गालों के अनुसार कहें तो चौदह वर्ष से बिलकुल भी अधिक नहीं।'' वह महिला बड़ी खुश हो गई और प्रसन्नता से बोली, ''वाह! क्या मैं सचमुच इतनी कम उम्र की लगती हूँ?''

''कम है या ज्यादा, यह तो मैं नहीं जानता, परंतु मैंने अपना अंदाजा लगाया है, बस, आप इन सभी को जोड़ लीजिए।'' जॉर्ज ने खुलासा किया।

सत्य की खोज

एक व्यक्ति को ज्ञान-प्राप्ति के लिए गुरु की तलाश थी। इसके लिए वह एक प्रसिद्ध ऋषि के आश्रम में पहुँचा और ऋषि से उसे अपना चेला बना लेने का निवेदन किया।

ऋषि ने उस व्यक्ति से कहा, ''ज्ञान की प्राप्ति का मार्ग बहुत कठिन है। क्या तुम उस पर चल पाओगे?''

व्यक्ति ने जब अपनी सहमति दी तो ऋषि ने कहा, ''ठीक है, कल से तुम आश्रम में पानी भरोगे, जलावन की लकड़ियाँ काटोगे और सभी के लिए खाना बनाओगे।''

''मैं आपके पास ज्ञान की तलाश में आया था, रोजगार की तलाश में नहीं।'' उस व्यक्ति ने कहा और आगे बढ़ लिया।

मरते दम तक

प्रसिद्ध दार्शनिक सुकरात को मृत्युदंड की सजा सुना दी गई थी। वे अपनी कोठरी में मृत्युदंड के दिन का इंतजार कर रहे थे। एक दिन उन्होंने बगल की कोठरी में एक कैदी को एक गीत गाते सुना।

सुकरात ने उस कैदी से निवेदन किया कि ''क्या वह उसे यह गीत सिखा सकता है?''

उस कैदी ने आश्चर्य से पूछा, ''तुम्हें तो कुछ ही दिनों में मृत्युदंड दिया जाना है, यह गीत सीखकर क्या करोगे?''

''एक-न-एक दिन मरना सभी को है तो मैं एक चीज और सीखकर मरूँगा।'' सुकरात का जवाब था।

कैप्टन और मेजर

एक युवा कैप्टन गलती से कुएँ में गिर गया। सैनिकों ने जब यह देखा तो वे दौड़े, तत्काल कुएँ में रस्सी फेंकी और कैप्टन को कुएँ से बाहर खींचने लगे। पर जैसे ही कैप्टन कुएँ के मुहाने पर पहुँचा, सिपाहियों ने आदतन और दी गई ट्रेनिंग के हिसाब से सावधान होकर कैप्टन को सलाम ठोंका।

नतीजा यह हुआ कि सिपाहियों के हाथ से रस्सी छूट गई और कैप्टन वापस नीचे कुएँ में!

इस भाग-दौड़ में यूनिट का मेजर भी वहाँ पहुँच चुका था। यह नजारा देखकर उसने सिपाहियों को पीछे किया और खुद रस्सी थामी और बड़ी मेहनत से कैप्टन को ऊपर खींचा।

मुहाने पर पहुँचते ही कैप्टन ने देखा कि उसका मेजर वहाँ है। उसने आदतन सैल्यूट ठोंका। उसके हाथ से रस्सी छूट गई और वह वापस कुएँ में जा गिरा।

प्रोटोकॉल व्यवस्था के लिए बनाए जाते हैं, परंतु इनका अतिरेक व्यवस्था को खा जाता है।

प्रार्थना और जूता

नसरुद्दीन एक मजार पर गया और जूते पहनकर ही दुआ माँगने लगा।

वह नक्काशीदार चमरौंधे जूते पहना था, जिसमें बढ़िया आवाज आ रही थी और उस पर काम की गई जरी की चमक कौंध रही थी।

वहीं मँडरा रहे एक फोकटिया छाप आदमी की नजर नसरुद्दीन के जूतों पर पड़ी। उसे लगा—काश यह जूता उसके पास होता। जूते पर हाथ साफ करने की गरज से वह नसरुद्दीन के पास गया और उसके कान में धीरे से बोला, "जूते पहनकर दुआ माँगने से ईश्वर हमारी प्रार्थना नहीं सुनता।"

"मेरी प्रार्थना ईश्वर तक न पहुँचे तो भी कोई बात नहीं, कम-से-कम मेरे जूते मेरे पास तो रहेंगे।" नसरुद्दीन का उत्तर था।

सही ताले की गलत चाबी

अमीर जमींदार के घर में मुल्ला लंबे समय से काम कर रहा था। 11 वर्षों तक निरंतर काम करने के बाद एक दिन मुल्ला जमींदार से बोला, "मैं भर

पाया। मैं अब यहाँ काम नहीं करूँगा। यहाँ काम करके मैं बोर हो गया। आपको मुझ पर भरोसा नहीं है। मैं काम छोड़कर जा रहा हूँ।''

जमींदार को झटका लगा। बोला, ''भरोसा नहीं करते? क्या कह रहे हो मुल्ला! मैं तुम्हें पिछले 11 वर्षों से अपने छोटे भाई जैसा सम्मान दे रहा हूँ। घर की चाबियाँ यहीं टेबल पर तुम्हारे सामने पड़ी रहती हैं और तुम कहते हो कि मैं तुम पर भरोसा नहीं करता!''

''भरोसे की बात तो छोड़ ही दो।'' मुल्ला ने आगे कहा, ''इनमें से कोई भी चाबी तिजोरी में नहीं लगती।''

एक परिपूर्ण दुनिया

एक बार मुल्ला भीड़ भरे बाजार में पहुँचा और एक कोने पर खड़ा होकर भाषण झाड़ने लगा। थोड़ी ही देर में अच्छी-खासी भीड़ एकत्र हो गई।

वह भाषण दे रहा था—क्रांति होगी तो हमारी दुनिया परिपूर्ण हो जाएगी, परफेक्ट हो जाएगी। क्रांति होगी तो सभी के पास कारें होंगी। क्रांति होगी तो सभी के पास मोबाइल होगा। क्रांति होगी तो सभी के पास रहने के लिए घर होगा।

इतने में भीड़ में से कोई विरोध में चिल्लाया, ''मुझे न कार चाहिए, न मोबाइल, और न घर।''.

मुल्ला का भाषण जारी था—क्रांति होगी तो विरोध में बोलनेवाले ऐसे आदमी भी न रहेंगे।

यदि आप परिपूर्ण, परफेक्ट दुनिया चाहते हैं तो वहाँ से आपको मनुष्यों को रफा-दफा करना होगा।

तुर्की भाषा में पत्र

एक दिन नसरुद्दीन कहीं जा रहा था तो एक आदमी ने उसे रोका और एक पत्र थमाते हुए पूछा, ''क्या तुम यह पत्र पढ़ सकते हो, क्योंकि यह पत्र तुर्की भाषा में है और मैं तुर्की भाषा पढ़ नहीं सकता।''

नसरुद्दीन ने वह पत्र उस आदमी के हाथ से लिया और पढ़ना चाहा। परंतु वह भी तुर्की नहीं पढ़ सकता था। अत: उसने उस आदमी से कहा, ''माफ करना भाई, मैं भी इसे नहीं पढ़ सकता। मुझे भी तुर्की नहीं आती।''

उस आदमी को गुस्सा आ गया। उसने गुस्से में कहा, ''यदि तुम्हें तुर्की नहीं आती है तो तुमने ये तुर्की टोपी क्यों पहनी हुई है?''

इस पर नसरुद्दीन ने मुसकराते हुए कहा, ''यदि तुर्की टोपी पहनने से तुर्की पढ़ी जा सकती है तो यह टोपी तुम पहन लो।''

कार्य में आध्यात्मिकता

गुरुजी को अपने समस्त शिष्यों के प्रति एक समान प्रेम-भाव था। इसके बावजूद वे आश्रम में रहनेवाले शिष्यों की तुलना में ऐसे शिष्यों के प्रति अपने लगाव को छुपा नहीं पाए जो 'गृहस्थ जीवन' व्यतीत कर रहे थे, जैसे—विवाहित व्यापारी, सैनिक, किसान...आदि।

जब उनसे इसके बारे में पूछा गया तो वे बोले, 'संन्यासी जीवन की तुलना में गृहस्थ आश्रम के कार्यशील जीवन में आध्यात्मिकता का अभ्यास कहीं बेहतर होता है।'

अपनी आँखें खुली रखो

दार्जिलिंग में कुछ बुजुर्ग मित्रों का एक समूह था, जो आपस में समाचारों के आदान-प्रदान और एक साथ चाय पीने के लिए मिलते रहते थे। उनका एक अन्य शौक चाय की महँगी किस्मों की खोज और उनके विभिन्न मिश्रणों द्वारा नए स्वादों की खोज करना था।

मित्रों के मनोरंजन हेतु जब समूह के सबसे उम्रदराज बुजुर्ग की बारी आई तो उसने समारोहपूर्वक सोने के एक महँगे डिब्बे में से चाय की पत्तियाँ निकालते हुए चाय तैयार की। सभी लोगों को चाय का स्वाद बेहद पसंद आया और वे इस मिश्रण को जानने के लिए उत्सुक हो उठे। बुजुर्ग ने मुसकराते हुए कहा, 'मित्रो, जिस चाय को आप बेहद पसंद कर रहे हैं, उसे तो मेरे खेतों पर काम करनेवाले किसान पीते हैं।'

मत बदलो

वर्षों तक मैं मानसिक रोगी रहा—चिंताग्रस्त, अवसादग्रस्त और स्वार्थी। हर कोई मुझे अपना स्वभाव बदलने को कहता।

मैं उन्हें नाराज करता, पर उनसे सहमत भी था। मैं अपने आपको बदलना चाहता था, लेकिन अपने तमाम प्रयासों के बावजूद मैं चाहकर भी ऐसा नहीं कर पाया।

मुझे सबसे ज्यादा तकलीफ तब होती थी, जब दूसरों की तरह मेरे सबसे नजदीकी मित्र भी मुझसे बदलने को कहते। मैं ऊर्जारहित और बँधा-बँधा सा महसूस करता।

एक दिन एक मित्र ने कहा, 'अपने आपको मत बदलो। तुम जैसे भी हो, मुझे प्रिय हो।'

ये शब्द मेरे कानों को मधुर संगीत की तरह लगे—'मत बदलो, मत बदलो, मत बदलो...तुम जैसे भी हो मुझे प्रिय हो।'

मैंने राहत महसूस की। मैं जीवंत हो उठा और अचानक मैंने पाया कि मैं बदल गया हूँ। अब मैं समझ गया हूँ कि वास्तव में मैं तब तक नहीं बदला था जब तक कि मैंने ऐसे व्यक्ति को नहीं खोज लिया जो मुझसे हर हाल में प्रेम करता हो।

कुल लाभ

जब बैटीना बंज ने टेनिस से संन्यास लिया, मार्टिना नवरातिलोवा के विरुद्ध उनका रिकॉर्ड 0-17 का था। इतनी पराजयों के बाद जब उनसे पूछा गया कि उन्होंने नवरातिलोवा से क्या सीखा?

बंज ने कहा, 'हाथ कैसे मिलाया जाता है।'

आदेश देने का तरीका

एक बार एक राजा ने भगवान् महावीर से पूछा, 'क्या आप मुझे राज-पाट चलाने के लिए कोई परामर्श दे सकते हैं?'

भगवान् महावीर बोले, 'जरूर, पहले तुम यह सीखो कि आदेश कैसे दिया जाता है।'

राजा ने पूछा, 'कैसे?'

भगवान् महावीर ने कहा, 'तुम्हारा आदेश देने का तरीका ऐसा हो कि अन्य व्यक्ति बिना किसी हीनभावना के उसका पालन करें।'

घोड़े की चोरी

नसरुद्दीन के पास एक बेहतरीन घोड़ा था। सभी उससे ईर्ष्या करते थे। उसके कस्बे का एक व्यापारी, जिसका नाम अहमद था, वह घोड़ा खरीदना चाहता था। उसने नसरुद्दीन को उस घोड़े के बदले 100 ऊँट देने का प्रस्ताव दिया, पर नसरुद्दीन उस घोड़े को बेचना नहीं चाहता था।

अहमद ने गुस्से में आकर कहा, 'मैंने तुम्हें बेहतरीन प्रस्ताव दिया है। यदि तुम शराफत से नहीं मानोगे तो मुझे दूसरे तरीके भी आजमाने पड़ सकते हैं, जो तुम्हें पसंद नहीं आएँगे।'

एक दिन वह रेगिस्तान में भिखारी का रूप धारण करके बैठ गया। उसे पता था कि नसरुद्दीन वहाँ से गुजरेगा। उसे कराहता हुआ देख नसरुद्दीन को उस पर दया आ गई और उसने उसका हाल पूछा।

अहमद ने कराहते हुए कहा कि उसने तीन दिन से कुछ नहीं खाया है और वह इतना कमजोर हो चुका है कि अपने पैरों पर खड़ा भी नहीं हो सकता। नसरुद्दीन को उस पर दया आ गई और वह बोला, 'मैं तुम्हें अपने घोड़े पर बैठाकर ले चलूँगा और मैं पीछे-पीछे पैदल चल लूँगा।'

जैसे ही नसरुद्दीन ने उसे उठाकर अपने घोड़े पर बैठाया, अहमद ने घोड़े को सरपट दौड़ाना शुरू कर दिया। नसरुद्दीन ने उससे रुकने को कहा। अहमद पीछे मुड़कर जोर से चिल्लाते हुए बोला, 'मैंने तुमसे पहले ही कहा था, नसरुद्दीन! यदि तुम अपना घोड़ा मुझे नहीं बेचोगे तो मैं उसे चुरा लूँगा।'

नसरुद्दीन बोला, 'ठहरो मित्र, एक बात सुनते जाओ! मुझे तुमसे सिर्फ यह कहना है कि घोड़ा चुराने की अपनी यह तरकीब किसी को नहीं बताना।'

अहमद—'क्यों?'

नसरुद्दीन—'यदि किसी दिन सड़क के किनारे पड़े बीमार व्यक्ति को वास्तव में मदद की आवश्यकता होगी तो लोग इस तरकीब को याद कर कभी उसकी मदद नहीं करेंगे।'

नसरुद्दीन के इन शब्दों को सुनकर अहमद का मन ग्लानि से भर गया। वह वापस लौटा और नसरुद्दीन से क्षमा माँगते हुए उसका घोड़ा लौटा दिया।

लोमड़ी एवं सेही

एक बार एक लोमड़ी नदी पार करते समय तेज धार में बहकर एक सँकरी घाटी में फँस गई और काफी प्रयास करने के बावजूद वहाँ से निकल न पाने के कारण थककर वहीं लेट गई। तभी दुर्भाग्यवश रक्त चूसनेवाली मक्खियों का एक झुंड उस पर टूट पड़ा और वे उसे काटने और डंक मारने लगीं। तभी एक सेही वहाँ से गुजरी। लोमड़ी को बुरी हालत में देखकर दयावश उसने उसे वहाँ से निकालकर मक्खियों से दूर ले जाने का प्रस्ताव दिया। हालाँकि, लोमड़ी ने उसे ऐसा कुछ भी करने से साफ मना कर दिया।

सेही ने उससे पूछा, 'ऐसा क्यों?'

लोमड़ी बोली, 'ऐसा इसलिए कह रही हूँ कि जो मक्खियाँ अब तक मेरा खून पी रही थीं, अब उनका पेट भर चुका है। यदि तुम उनसे मुझे बचाकर नदी के उस पार ले भी जाओगी तो भूखे भेड़ियों का झुंड मुझ पर टूट पड़ेगा और मुझे चट कर जाएगा। भूखे भेड़ियों की बजाय रक्त चूसनेवाली मक्खियों से जूझना बेहतर है।'

कटोरा धोना

एक भिक्षु ने जोसू से कहा, 'मैंने अभी-अभी मठ में प्रवेश किया है। कृपया मुझे शिक्षा दीजिए।'

जोसू ने पूछा, 'क्या तुमने चावल खा लिया?'

भिक्षु ने उत्तर दिया, 'हाँ।'

तब जोसू ने कहा, 'तो तुम्हारे लिए अच्छा यह होगा कि तुम सबसे पहले अपना कटोरा धोओ।'

तब जाकर भिक्षु की आँखें खुलीं।

तलवारबाजी का रहस्य

ताजीमा नो कामी राजा सोगन के तलवारबाजी उस्ताद थे। एक दिन सोगन का एक अंगरक्षक ताजीमा के पास तलवारबाजी सीखने आया।

ताजीमा ने उससे कहा, 'मैंने तुम्हें बारीकी से देखा है और तुम अपने आप में

उस्ताद हो। अपना शिष्य बनाने के पूर्व मैं तुमसे यह जानना चाहूँगा कि तुमने किससे तलवारबाजी सीखी है?'

अंगरक्षक ने उत्तर दिया, 'मैंने कभी भी किसी से कोई प्रशिक्षण नहीं लिया।'

गुरु ताजीमा बोले, 'तुम मुझे बेवकूफ नहीं बना सकते। मैं उड़ती चिड़िया पहचानता हूँ।'

अंगरक्षक ने विनम्रतापूर्वक कहा, 'मैं आपकी बात नहीं काटना चाहता, गुरुदेव। पर मैंने वास्तव में तलवारबाजी का कोई प्रशिक्षण नहीं लिया है।'

उसके बाद गुरु ताजीमा ने अंगरक्षक के साथ कुछ देर तक तलवारबाजी का अभ्यास किया। फिर उसे रोकते हुए वे बोले, 'चूँकि तुम यह कह रहे हो कि तुमने किसी से तलवारबाजी नहीं सीखी, इसलिए मैं मान लेता हूँ। लेकिन तुम अपने आप में निपुण हो। मुझे अपने बारे में कुछ और बताओ।'

अंगरक्षक ने उत्तर दिया, 'मैं सिर्फ यह बताना चाहता हूँ कि जब मैं बच्चा था तब मुझसे तलवारबाजी के एक गुरु ने यह कहा था कि आदमी को कभी मृत्यु का भय नहीं होना चाहिए। मैं तब तक मृत्यु के प्रश्न से जूझता रहा जब तक कि मेरे मन में जरा सी भी चिंता रही।'

ताजीमा बोले, 'यही तो मुख्य बात है। तलवारबाजी का सर्वोपरि रहस्य यही है कि तलवारबाज मृत्यु के भय से मुक्त हो। तुम्हें किसी प्रशिक्षण की आवश्यकता नहीं है। तुम अपने आप में उस्ताद हो।'

जिंग और चुआन

जिंग और चुआन ने स्नातक परीक्षा पास करने के तुरंत बाद एक थोक भंडार कंपनी में नौकरी करना शुरू कर दिया। दोनों ने बहुत मेहनत की। कुछ वर्ष बाद उनके बॉस ने जिंग का प्रमोशन सेल्स एक्जीक्यूटिव पद पर कर दिया, जबकि चुआन को सेल्स रिप्रिजेंटेटिव ही बने रहने दिया। चुआन को जब यह बरदाश्त नहीं हुआ तो उसने अपने बॉस को इस्तीफा सौंप दिया एवं उनसे यह शिकायत की कि वे कठोर परिश्रम करनेवालों को महत्त्व न देकर चापलूसों का प्रमोशन करते हैं।

बॉस यह जानते थे कि चुआन ने भी इतने वर्ष परिश्रम से कार्य किया है, लेकिन चुआन को उसमें और जिंग में अंतर समझाने के लिए उन्होंने चुआन को एक कार्य करने को कहा। उन्होंने चुआन से कहा कि वह बाजार जाकर ऐसे विक्रेता का पता लगाए, जो तरबूज बेच रहा हो। चुआन ने बाजार से लौटकर बताया कि तरबूज बेचने

वाला मिल गया है।

बॉस ने पूछा, 'कितने रुपए किलो?'

चुआन फिर बाजार गया और लौटकर बोला, '12 रुपए प्रति किलो।'

तब बॉस ने चुआन से कहा, 'अब मैं यही कार्य जिंग को सौंपूँगा।'

फिर जिंग बाजार गया और लौटकर बोला, 'बॉस, केवल एक व्यक्ति तरबूज बेचता है। 12 रुपए प्रति किलो, 100 रुपए के 10 किलो। उसके पास 340 तरबूज हैं। उसकी दुकान पर 22 तरबूज थे, जिसमें से प्रत्येक लगभग 15 किग्रा. का है। ये तरबूज अभी दो दिन पहले ही दक्षिण प्रांत से लाए गए हैं। ये ताजा, लाल और अच्छी गुणवत्ता के हैं।'

चुआन बहुत प्रभावित हुआ तथा वह अपने और जिंग में फर्क को समझ गया। अंत में उसने इस्तीफा वापस लेने और जिंग से सीखने का निर्णय लिया।

संसार की सबसे बहुमूल्य वस्तु

चीनी गुरु सोजेन से उनके एक छात्र ने पूछा, 'संसार की सबसे बहुमूल्य वस्तु कौन सी है?'

गुरु ने उत्तर दिया, 'मरी हुई बिल्ली का सिर।'

छात्र ने अचंभित होते हुए पूछा, 'मरी हुई बिल्ली का सिर आखिर कैसे सबसे बहुमूल्य हो सकता है?'

गुरु सोजेन ने उत्तर दिया, 'क्योंकि कोई उसका मूल्य नहीं बता सकता।'

प्रशिक्षक का घूँसा

जिटोकू एक बेहतरीन कवि था। उसने एक बार जेन नामक कला का अध्ययन करने का इरादा किया। इसलिए वह इस कला के माहिर प्रशिक्षक इक्की के पास गया। काफी उम्मीदों के साथ वह उनके पास पहुँचा। जैसे ही उसने प्रवेश किया, उसे एक जोरदार घूँसे का सामना करना पड़ा। उसे काफी आश्चर्य और उत्पीड़न महसूस हुआ। इसके पहले किसी ने भी उस पर हमला करने की हिम्मत नहीं की थी। लेकिन जेन कला का यह बेहद सख्त नियम था कि जब तक गुरु की आज्ञा न हो, तब तक कुछ कहने या करने की मनाही थी। इसलिए वह चुपचाप बाहर चला गया। वह उनके प्रमुख शिष्य डोकुओन के पास गया और उसे पूरी घटना का

वृत्तांत सुनाया। उसने गुरु को द्वंद्व युद्ध के लिए आमंत्रित करने का अपना इरादा भी बताया।

डोकुओन ने पूरी बात सुनने के बाद कहा, 'लेकिन गुरुदेव तो तुम्हारे प्रति कुछ अधिक ही दयालुता से पेश आए। अपने आपको जेन के अभ्यास के लिए समर्पित कर दो। तुम स्वयं में फर्क देखोगे।'

जिटोकू ने ऐसा ही किया। तीन दिन और रात के कठोर परिश्रम के बाद उसे उसकी कल्पना के परे अंतरात्मा में दिव्य प्रकाश का अनुभव हुआ। गुरु इक्की ने भी उसके अंतरात्मा-प्रकाश को मान्यता प्रदान की।

जिटोकू पुनः डोकुओन के पास गया। उसने उसे धन्यवाद देते हुए कहा, 'यदि उस दिन तुमने मुझे सही राह नहीं दिखाई होती, तो मैं कभी भी ऐसा अलौकिक अनुभव नहीं कर पाता। अब मुझे यह भी ज्ञान हो गया है कि गुरुजी ने मुझे बहुत जोर से घूँसा नहीं मारा था।'

मैंने देखने से मना कर दिया

मूक और बधिर संस्था के दो छात्रों में आपस में झगड़ा हो गया। जब उस संस्था का कर्मचारी उनके बीच के विवाद के निपटारे के लिए आया तो उसने देखा कि एक मूक-बधिर दूसरे की ओर पीठ करके खड़ा है और ठहाके लगा रहा है।

उसने पहले व्यक्ति से उँगलियों के इशारों से पूछा, 'आखिर माजरा क्या है? तुम्हारा साथी इतना गुस्से में क्यों लग रहा है?'

उस व्यक्ति ने इशारा करते हुए उत्तर दिया, 'दरअसल, वह मुझे कसम दिलाना चाहता है, पर मैंने देखने से ही मना कर दिया।'

प्रसन्न चीनी नागरिक

यदि आप अमेरिका के चाइनाटाउन इलाके में घूमने जाएँ तो प्रायः हर जगह कपड़े का थैला लादे एक मोटे व्यक्ति की मूर्ति देखने को मिलेगी। चीनी व्यापारी उसे प्रसन्न चीनी नागरिक या लाफिंग बुद्धा कहते हैं।

होतेई नामक यह व्यक्ति चीन के प्रसिद्ध तांग साम्राज्य काल में रहता था। उसे अपने आपको प्रसिद्ध चीनी विद्या 'जैन' का विद्वान् कहलाने और आसपास शिष्यों

के बड़े जमावड़े में कोई रुचि नहीं थी। इसके बजाय वह उपहार, टॉफियाँ, फल, और मेवों से भरा कपड़े का बैग उठाकर सड़क पर टहलता रहता था तथा अपने आस-पास जुटे बच्चों को उपहार व टॉफियाँ बाँटा करता था। एक तरह से उसने सड़क पर ही बच्चों का स्कूल स्थापित कर लिया था।

लेकिन जब भी वह किसी 'जैन विद्या के अनुयायी' से मिलता, अपना हाथ फैलाकर उनसे पैसे माँगता।

एक दिन वह अपने रोजमर्रा के कार्य में लगा हुआ था कि एक जैन गुरु वहाँ आए और पूछने लगे—"बताओ, जैन विद्या का क्या महत्त्व है?"

होतेई ने उत्तर देने के बजाय सांकेतिक रूप से अपना बैग जमीन पर पटक दिया।

गुरुजी ने फिर प्रश्न किया—"तब बताओ कि जैन विद्या की क्या वास्तविकता है?" प्रसन्न चीनी नागरिक होतेई ने तुरंत थैले को फिर से अपने कंधे पर लाद लिया और अपने रास्ते चलते बना अर्थात् 'हमेशा अपना कर्तव्य करते रहना चाहिए।'

हवा और सूरज

एक दिन हवा और सूरज में इस बात को लेकर नोकझोंक हो गई कि उनमें से कौन ज्यादा ताकतवर है। इसके लिए उन्होंने एक प्रतियोगिता करने का निर्णय लिया। उन्होंने यह तय किया कि जो भी एक यात्री को अपना कोट उतारने को विवश कर देगा, वही ज्यादा ताकतवर कहलाएगा।

हवा ने कहा कि पहले वह प्रयास करेगी। इसके बाद हवा अपनी पूरी रफ्तार से बहने लगी। बादल उमड़ने लगे और यात्री को ऐसा प्रतीत हुआ जैसे बर्फ का तूफान आ गया हो। हवा जितनी तेज बहती जाती, वह यात्री उतनी ही मजबूती से अपना कोट अपने शरीर से जकड़ लेता।

इसके बाद सूरज की बारी आई। अपनी पहली किरण से ही उसने घने बादलों और ठंड को दूर भगा दिया। यात्री को अचानक गरमी महसूस हुई। जैसे-जैसे सूरज गरम होता गया, यात्री को गरमी का अहसास होता गया और अंततः उसने गरमी से छटपटाते हुए अपना कोट उतारकर जमीन पर फेंक दिया।

सूरज को इस प्रतियोगिता का विजेता घोषित कर दिया गया। वास्तविकता यह है कि प्रकृति की भयावह शक्तियों और खतरों की तुलना में सूरज की गुनगुनी धूप किसी भी व्यक्ति की बाँछें खिला सकती है।

'शक्ति की तुलना में विनय का दरजा हमेशा ऊपर होता है।'

जुपिटर, नेप्चून, मिनर्वा और मोमस

एक कथा के अनुसार स्वर्ग में जुपिटर (बृहस्पति), नेप्चून (वरुण) और मिनर्वा (ग्रीक मान्यता के अनुसार कला और ज्ञान की देवी) में यह शर्त लग गई कि उनमें से कौन इस संसार की सर्वश्रेष्ठ वस्तु बना सकता है। मोमस भी स्वर्ग में रहने वाले एक देवता थे। उन्हें इस प्रतियोगिता का निर्णायक बनाया गया।

जुपिटर ने इनसान, मिनर्वा ने घर और नेप्चून ने साँड़ को बनाया। निर्णायक की सीट पर बैठे मोमस ने सभी रचनाओं में दोष निकालने शुरू कर दिए। सबसे पहले उसने साँड़ में यह दोष निकाला कि उसके सींग आँखों के नीचे नहीं हैं, जिससे वह उन्हें देख नहीं पाता।

फिर उसने इनसान में यह दोष ढूँढ़ा कि उसकी छाती में कोई खिड़की नहीं है, जिससे उसके मन के विचार और भावनाएँ दिखाई नहीं देती हैं।

अंत में उसने घर में दोष निकाला कि इसमें पहिए नहीं लगे हैं। पहिए न होने के कारण उसके निवासी उसे अपने बुरे पड़ोसियों से दूर नहीं ले जा सकते।

जैसे ही मोमस ने अपना निर्णय समाप्त किया, जुपिटर ने उसे स्वर्ग से बाहर का रास्ता दिखा दिया और कहा कि किसी भी रचना में दोष निकालना बहुत आसान है। उसे दूसरों की रचना में तब तक दोष निकालने का हक नहीं है, जब तक वह स्वयं कोई अनूठी रचना का निर्माण न करे।

'किसी दूसरे की रचना में दोष निकालना सबसे आसान काम है।'

मित्र बनाओ और तबाह करो

सिविल वॉर के दौरान अमेरिकी राष्ट्रपति लिंकन दक्षिणी इलाके में रहनेवाले व्यक्तियों को शत्रु कहने के बजाय गुमराह व्यक्ति कहकर संबोधित किया करते थे।

एक बुजुर्ग एवं उग्र देशभक्त महिला ने लिंकन को यह कहते हुए फटकार लगाई कि वे अपने शत्रु को तबाह करने के बजाय उनके प्रति नरम रवैया अपना रहे हैं।

लिंकन ने उस महिला को उत्तर दिया—'ऐसा आप कैसे कह सकती हैं मैडम!

क्या मैं अपने शत्रुओं को उस समय तबाह नहीं करता, जब मैं उन्हें अपना मित्र बना लेता हूँ।'

शिकारी और लकड़हारा

एक शिकारी जंगल में शेर के शिकार के लिए गया। जंगल में उसे एक लकड़हारा मिला। शिकारी ने उससे पूछा कि क्या उसने शेर के झुंड को देखा है और क्या वह जानता है कि शेर की माँद कहाँ है?

लकड़हारा बोला, ''जी हाँ, श्रीमान! और यदि आप मेरे साथ आएँ तो मैं आपकी मुलाकात शेर से करा भी सकता हूँ।''

यह सुनते ही शिकारी का चेहरा डर के मारे पीला पड़ गया और उसके दाँत कटकटाने लगे। घबराते हुए वह बोला, ''जी कोई बात नहीं, दरअसल मैं तो शेर के झुंड की तलाश में था, किसी एक शेर की तलाश में नहीं।''

'दूर से तो कायर भी बहादुरी दिखा सकता है।'

ओक एवं बाँस

ओक का एक वृक्ष तूफान की चपेट में आकर अपनी जड़ से उखड़ गया और नदी के किनारे बहते-बहते उस जगह तक पहुँच गया, जहाँ बाँस के कई पेड़ लगे हुए थे। उसे यह देखकर बहुत अचरज हुआ कि बाँस जैसे हलके और दुबले पेड़ तूफान गुजर जाने के बाद भी आराम से खड़े हुए थे, जबकि उस जैसे बड़े और मजबूत पेड़ जड़ से उखड़ गए थे।

जब उसने बाँस से इस बारे में पूछा तो उसने कहा, ''दरअसल इसमें अचरज की कोई बात नहीं है। तुम इसलिए तबाह हो गए, क्योंकि तुम तूफान से लड़ रहे थे, जबकि हम हलकी सी हवा में भी झुककर अपनी जगह बने रहते हैं।'

बद से बदतर तरीका

एक महाराजा समुद्र की यात्रा के दौरान भयंकर तूफान में फँस गए। उनका एक गुलाम जो पहली बार जहाज पर चढ़ा था, डर के मारे काँपने लगा और

चिल्ला-चिल्लाकर रोने लगा। वह इतनी जोर से रोया कि जहाज पर सवार बाकी सभी लोग उसकी कायरता देख गुस्सा हो गए। महाराजा ने भी गुस्सा होकर उसे समुद्र में फेंकने का आदेश दे दिया।

लेकिन राजा के सलाहकार, जो कि एक संन्यासी थे, ने उन्हें रोकते हुए कहा, ''कृपया यह मामला मुझे निपटाने दें। शायद मैं उसका इलाज कर सकता हूँ।''

राजा ने उनकी बात मान ली। उन्होंने कुछ नाविकों से उस गुलाम को समुद्र में फेंक देने का आदेश दिया। जैसे ही उस गुलाम को समुद्र में फेंका गया, वह बेचारा गुलाम जोर से चिल्लाया और अपनी जान बचाने के लिए हाथ-पैर मारने लगा।

कुछ ही पलों में संन्यासी ने उसे दोबारा जहाज पर खींच लेने का आदेश दिया। जहाज पर वापस आकर वह गुलाम चुपचाप एक कोने में जाकर खड़ा हो गया। जब महाराजा ने संन्यासी से इसका कारण पूछा तो उन्होंने कहा, ''जब तक स्थितियाँ बद-से-बदतर न हो जाएँ, हम यह जान नहीं पाते कि हम कितने भाग्यशाली हैं।''

कौन मित्र, कौन शत्रु?

जब एक नए शिष्य ने मठ में प्रवेश लिया तो गुरुजी ने उससे सबसे पहले यह प्रश्न किया, ''क्या तुम ऐसे व्यक्ति को जानते हो, जो सारी उम्र तुम्हारा साथ नहीं छोड़ेगा?''

''वह कौन है गुरुजी?''

''सिर्फ तुम।''

''और क्या तुम ऐसे व्यक्ति को जानते हो, जिसके पास तुम्हारे सभी प्रश्नों का उत्तर हो?''

''वह कौन है गुरुजी?''

''सिर्फ तुम।''

''और क्या तुम अपनी सभी समस्याओं का उत्तर जानते हो?''

''मैं नहीं जानता गुरुजी।''

''सिर्फ तुम।''

86,400 रुपए प्रतिदिन

ऐसे बैंक की कल्पना कीजिए, जो आपके खाते में प्रतिदिन रु. 86,400 जमा करता हो। इस खाते में अगले दिन के लिए कोई राशि शेष नहीं रहती हो। यह आपको पूरी रकम खर्च करने की अनुमति देता हो और दिनभर में खर्च न की गई रकम को प्रत्येक शाम समाप्त कर देता हो।

तब आप क्या करेंगे?

निश्चित रूप से आप सारा धन खाते में से नकदी के रूप में निकाल लेंगे।

हम सभी के पास ऐसा बैंक है। इसका नाम 'समय' है। प्रतिदिन सुबह आपके जीवन में 86,400 सेकंड समय जमा हो जाते हैं। इसमें से जितना समय आपने भले काम में खर्च नहीं किया, उसे प्रत्येक शाम को हानि के रूप में खाते में से हटा दिया जाता है। इसमें कुछ भी शेष या अतिरिक्त नहीं रहता।

प्रतिदिन सुबह आपका एक नया खाता खोला जाता है।

प्रत्येक रात आपका दिनभर का सारा रिकॉर्ड समाप्त कर दिया जाता है।

दिनभर के लिए जमा इस धन का यदि आप उपयोग नहीं कर पाते तो नुकसान आपका है।

इसमें वापस नहीं जा सकते यानी भूतकाल में जाने की कोई व्यवस्था नहीं है।

इसमें आने वाले कल या भविष्य के लिए कोई व्यवस्था नहीं है।

आपको दिनभर के लिए जमा राशि के अनुसार वर्तमान में जीना है।

इसका निवेश इस तरह करें कि आपको स्वास्थ्य, सुख और सफलता हासिल हो।

समय तेज गति से भाग रहा है। दिन का अधिकतम उपयोग करें।

समय को पकड़कर रखें।

पानी पंप करना

एडीसन का एक ग्रीष्मकालीन निवास था, जिस पर उन्हें बड़ा गर्व था। वे सभी मेहमानों को अपना घर और उसमें प्रयुक्त मेहनत बचानेवाले उपकरणों को चाव से दिखाते थे। घर के मुख्य द्वार पर एक बड़ा सा दरवाजा लगा था, जिसे ताकत से घुमाकर ही घर में प्रवेश किया जा सकता था।

एक मेहमान ने एडीसन से पूछा कि जब घर में सुख-सुविधा के इतने

उपकरण लगे हुए हैं, तब यह दरवाजा इतना भारी क्यों है?

एडीसन ने उत्तर दिया—''जो कोई भी इस दरवाजे को एक बार घुमाता है, घर की छत पर लगी टंकी में 8 गैलन पानी चढ़ जाता है।''

माँ की सलाह

तोकूगावा काल में जियुन नमक प्रसिद्ध शोगन (एक चीनी कला) शिक्षक रहा करते थे। वे संस्कृत के बड़े विद्वान् थे। जब वे नौजवान थे, तब वे अपने साथी छात्रों के बीच भाषण दिया करते थे।

जब उनकी माँ ने इस बारे में सुना तो उन्हें एक पत्र लिखा : ''प्रिय बेटे, मैं यह नहीं मानती कि तुम गौतम बुद्ध के सच्चे अनुयायी हो, क्योंकि तुम अन्य व्यक्तियों के लिए चलते-फिरते शब्दकोश बनना चाहते हो। ज्ञान, प्रशस्ति, गौरव और सम्मान की कोई सीमा नहीं होती। मैं चाहूँगी कि तुम भाषण देने का अपना यह व्यवसाय बंद कर दो। बहुत दूर किसी पर्वत पर स्थित छोटे से मंदिर में अपने आपको बंद कर लो। अपना समय ध्यान में लगाओ, जिससे तुम्हें सच्चा ज्ञान प्राप्त होगा।''

कोई भी वरदान माँग लो

उपनिषदों में एक कहानी का जिक्र है। प्रभु ने एक व्यक्ति की भक्ति से प्रसन्न होते हुए कहा, ''हे मनुष्य! तुम मुझसे कोई भी वरदान माँग लो।''

भक्त ने कहा, ''भगवन्! मैं ठहरा अज्ञानी। मुझे इस बात का ज्ञान नहीं है कि मुझे आपसे क्या वरदान माँगना चाहिए। मुझे इस बात की भी जानकारी नहीं है कि मेरे लिए क्या अच्छा है और क्या बुरा। आप मेरे लिए जो भी अच्छा समझें, वही मुझे प्रदान करें।''

इस तरह वह भक्त परीक्षा में खरा उतरा।

क्या मुझे ही हर चीज के बारे में सोचना होगा?

एक समय की बात है अहमदाबाद शहर में कई दिनों तक एक निर्माण कार्य चलता रहा। उस कार्य में लगे श्रमिकों ने निर्माण कार्य समाप्त होने के बाद गंदगी और धूल का ढेर नहीं समेटा, जिससे चारों ओर गंदगी के ढेर नजर आने लगे।

'वो देखो कितनी गंदगी पड़ी हुई है', 'कोई है जो इसकी सफाई का प्रबंध करे', 'उनके गंदगी न समेटने के कारण उड़ती धूल से मेरे कीमती कपड़े गंदे हो गए हैं', 'आखिर नगर निगम कब इस गंदगी को साफ कराएगा', 'इस गंदगी के कारण हमारा शहर भिखारियों का अड्डा लगने लगा है!'

इस तरह की बातें सुनते-सुनते जब नसरुद्दीन ऊब गया तो एक दिन उसने एक गड्ढा खोदना शुरू कर दिया। उस गड्ढे की खुदाई के कारण गंदगी और धूल का एक और ढेर बनने लगा।

यह देखकर एक नागरिक ने उससे कहा, "नसरुद्दीन! तुम गड्ढा क्यों खोद रहे हो?"

नसरुद्दीन ने उत्तर दिया—"मैं लोगों की शिकायतें सुनते-सुनते थक गया हूँ और मैंने यह निर्णय लिया है कि एक गड्ढा खोदकर सारी गंदगी उसमें दफना दूँ।"

"लेकिन तुम्हारे गड्ढा खोदने से तो गंदगी का एक नया ढेर बन रहा है।" उस व्यक्ति ने कहा।

नसरुद्दीन चिल्लाया—"क्या मुझे ही हर चीज के बारे में सोचना होगा?"

सुनहरी चील

एक व्यक्ति को चील का एक अंडा मिला, जिसे उसने अंडा सेती हुई मुरगी के पास रख दिया। कुछ समय बाद अंडों से चूजे निकले। चूजों ने अपने स्वभाव के अनुरूप इधर-उधर टहलकर भोजन के लिए कीड़ों की तलाश शुरू कर दी। वे अपने पंखों को फड़फड़ाकर थोड़ी दूर तक उड़ लेते। चील का बच्चा भी अन्य चूजों की देखादेखी उनकी ही तरह व्यवहार करता।

कुछ वर्ष बाद जब वह चील का बच्चा वयस्क हो गया, तब उसने एक दिन ऊँचे आकाश में उड़ान भरते हुए एक पक्षी को देखा, जो अपने सुनहरे और ताकतवर पंखों की सहायता से गगन की ऊँचाइयों में हवा को चीरता हुआ उड़ रहा था।

अचरजवश चील ने पूछा, 'वह कौन है?'

उसके पड़ोसी ने कहा, 'वह चील है, पक्षियों का राजा, आकाश में उसका साम्राज्य है। हम महज चूजे हैं, इसलिए हम धरती पर रहते हैं।'

इस तरह वह चील अपने आपको न पहचान सकने के कारण जीवन-पर्यंत एक चूजे की तरह ही रहा और मर-खप गया।

सांसारिक आकांक्षाओं के परे

वर्ष 1952 में चैम वाइजमन के निधन के बाद अल्बर्ट आइंस्टीन से इजराइल का राष्ट्रपति बनने का निवेदन किया गया। आइंस्टीन ने उस प्रस्ताव को नकार दिया और इजराइल के राजदूत अब्बा इबान को साफ-साफ मना करते हुए कहा, "मुझे प्रकृति की तो थोड़ी-बहुत समझ है, परंतु मैं मानव स्वभाव के बारे में जरा भी जानकारी नहीं रखता। इजराइल की ओर से इस प्रकार के प्रस्ताव ने मेरे दिल को तो छुआ है, परंतु मैं दुःख व अपराधबोध से भी भर गया हूँ, क्योंकि मैं इस प्रस्ताव को स्वीकार नहीं कर सकता।"

अपने पत्र में आइंस्टीन ने आगे लिखा—"अपना सारा जीवन मैंने भौतिक वस्तुओं के साथ गुजारा है। मानव व्यवहार और शासकीय कामकाज के बारे में न तो मेरा कोई अनुभव है और न ही क्षमता। इन दो कारणों से ही मैं इस उच्च पद के लायक नहीं हूँ। इसके अलावा, वृद्धावस्था के कारण भी मेरी शारीरिक क्षमताएँ कम हो गई है।"

स्टीफन हॉकिंग ने अपनी पुस्तक 'द यूनीवर्स इन ए नटशैल' में इस कथा का एक अन्य संस्करण लिखते हुए बताया है कि आइंस्टीन ने राष्ट्रपति पद का प्रस्ताव इसलिए ठुकरा दिया था, क्योंकि वे जानते थे कि 'राजनीति तो कुछ देर की ही मेहमान है, परंतु जो वैज्ञानिक सूत्र वे दे रहे हैं, वे सांसारिकता से परे एवं शाश्वत हैं।"

इससे मरने में आसानी होगी

एक स्वामीजी के शिष्य को जब अपने घर में आग लगने की जानकारी मिली तो वह अपने घर की ओर दौड़ा। तब तक पूरा घर जलकर स्वाहा हो चुका था।

वह शिष्य भी बूढ़ा हो चुका था और अब उसकी सारी संपत्ति जल गई थी।

आश्रम के सभी लोग उससे सहानुभति प्रकट करने लगे। इस घटना पर स्वामीजी ने सिर्फ यही कहा, 'इससे मरने में आसानी होगी।'

पवित्रता

दूर पर्वत पर बनी कुटिया में रहनेवाले एक पवित्र संत की ख्याति पूरे देश में फैल गई थी। वहाँ से काफी दूर स्थित एक गाँव में रहनेवाले व्यक्ति ने कठिन यात्रा कर उस संत के पास जाने का निर्णय लिया।

कई दिनों की कठिन यात्रा के बाद जब वह व्यक्ति इस संत की कुटिया तक पहुँचा तो उसने दरवाजे पर एक नौकर को खड़ा हुआ पाया। उसने नौकर से कुटिया के भीतर जाकर महान् संत के दर्शन करने की अभिलाषा प्रकट की। नौकर मुसकराया और उस व्यक्ति को लेकर कुटिया के अंदर गया। जैसे ही उस व्यक्ति ने कुटिया में प्रवेश किया तो उसकी नजरें पवित्र संत को तलाशने लगीं, जिनके दर्शन के लिए वह इतनी दूर चलकर आया था, पर वहाँ कोई नहीं था।

इसके पहले कि वह कुछ समझ पाता, वह नौकर उसे बाहर ले आया। वह व्यक्ति मुड़ा और नौकर से बोला, ''परंतु मैं पवित्र संत के दर्शन करना चाहता हूँ।''

नौकर ने उत्तर दिया, ''दर्शन तो तुम पहले ही कर चुके हो। अपने जीवन में तुम जिस किसी भी व्यक्ति से मिलो, उसे बुद्धिमान् व पवित्र व्यक्ति ही समझो, चाहे वह कितना भी साधारण दिखाई दे रहा हो। यदि तुम ऐसा करोगे तो तुम्हारी वे सभी समस्याएँ, जिन्हें लेकर तुम यहाँ आए हो, अपने आप दूर हो जाएँगी।''

नसरुद्दीन और अल्लाह की मर्जी

एक धर्मनिष्ठ व्यक्ति ने किसी के बारे में अपनी राय व्यक्त करते हुए कहा, ''जैसी अल्लाह की मर्जी!''

यह सुनकर मुल्ला नसरुद्दीन तपाक से बोला, ''वैसे भी हर मामले में अल्लाह की ही मर्जी चलती है!''

उस व्यक्ति ने पूछा, ''नसरुद्दीन! तुम यह कैसे सिद्ध कर सकते हो?''

नसरुद्दीन ने उत्तर दिया, ''बहुत आसान है। यदि हर मामले में अल्लाह

की मर्जी न चल रही होती तो कभी ऐसा भी हो सकता है कि मेरी मर्जी चलने लग जाए। है न?''

अपंग हाथ

एक बार फू शांग ने चीनी दार्शनिक कन्फ्यूशियस से पूछा, ''आखिर तुम किस तरह के संत हो? क्योंकि तुम कहते हो कि 'येन हुई' तुमसे ज्यादा स्पष्टवादी है? चीजों को समझाने में 'चुआन-म्यू-जू' तुमसे ज्यादा श्रेष्ठ है? 'चंग यू' तुमसे ज्यादा साहसी है? और 'चुआन-सुन' तुमसे ज्यादा गरिमापूर्ण है?''

तुरंत उत्तर प्राप्त करने की उत्सुकता में फू शांग चटाई के किनारे तक पहुँच गया और गिरते-गिरते बचा। फिर बोला, ''यदि यह बात सत्य है तो ये चारों किस तरह तुम्हारे शिष्य हैं?''

कन्फ्यूशियस ने उत्तर दिया, ''जहाँ हो वहीं खड़े रहो। मैं तुम्हें बताता हूँ। 'येन हुई' मुझसे ज्यादा स्पष्टवादी है, परंतु वह लचीला होना नहीं जानता। चीजों को समझाने में 'चुआन-म्यू-जू' मुझसे ज्यादा श्रेष्ठ है, परंतु वह हाँ और न में सरल उत्तर देना नहीं जानता। 'चंग यू' बहुत साहसी है, परंतु वह नहीं जानता कि कब सावधान होना है। 'चुआन-सुन' जानता है कि कैसे गरिमापूर्ण रहा जाए, परंतु वह यह नहीं जानता कि कैसे विनम्र हुआ जाए। इसीलिए ये चारों लोग खुशी-खुशी मेरे शिष्य हैं।''

जैसा हो अन्न, वैसा हो मन

भीष्म पितामह बाणों की शय्या पर पड़े थे। सभी पांडव उनके निकट खड़े थे और युधिष्ठिर पूरी तन्मयता से उनके धर्मोपदेश सुन रहे थे। तभी एकाएक द्रौपदी बोली, ''हे पितामह! यदि आपकी अनुमति हो तो क्या मैं आपसे एक प्रश्न कर सकती हूँ?''

''हाँ बेटी! तुम प्रश्न कर सकती हो।'' भीष्म ने उत्तर दिया।

द्रौपदी ने कहा, ''महाराज! प्रश्न पूछने के पूर्व मैं क्षमाप्रार्थी हूँ। संभवतः आपको मेरा प्रश्न अच्छा नहीं लगेगा।''

पितामह ने उत्तर दिया, ''मुझे तुम्हारी किसी बात का बुरा नहीं लगेगा। तुम

जो चाहो पूछ सकती हो।''

तब द्रौपदी ने कहा, ''पितामह! आपको याद होगा, जब दु:शासन भरे दरबार में मेरा चीरहरण कर रहा था और मैं चीख-चीखकर रो रही थी, तब आप भी उस समय वहाँ उपस्थित थे। मैंने आपसे सहायता की पुकार की थी। आज आप उपदेश देकर यह समझा रहे हैं कि 'धर्म क्या है'? उस समय आपका यह धर्मज्ञान कहाँ गया था, जब एक अबला नारी को भरे दरबार में अपमानित किया जा रहा था?''

भीष्म पितामह ने उत्तर दिया, ''तुम ठीक कह रही हो बेटी! उस समय मैं दुर्योधन के पाप से भरा अन्न खा रहा था, जिसने मेरी बुद्धि को भ्रष्ट कर दिया था। इसलिए उस समय मैं धर्म के मार्ग पर नहीं चल सका, यद्यपि मैं तुम्हारी सहायता करना चाहता था। अब अर्जुन के बाणों ने मेरे शरीर में से पाप से भरे दूषित रक्त को निकाल दिया है। मैं काफी दिनों से बाणों की शय्या पर पड़ा हुआ हूँ। सारा दूषित रक्त मेरे शरीर में से बह चुका है। इसीलिए मैं अब धर्म की बात कर रहा हूँ।''

मनुष्य पर अन्न का यही प्रभाव होता है। 'जैसा हो अन्न, वैसा हो मन'।

हमेशा प्रभु का नाम जपो

नरोत्तम नाम का एक राजा था। वह बहुत ताकतवर था। उसके राज्य में दो छोटी लड़कियाँ थीं—एक का नाम था 'तपी' और दूसरी का 'जपी'।

एक बार उन दोनों के मन में राजा से मिलने का विचार आया। उन्हें यह भी आशा थी कि राजा उन्हें दान-स्वरूप कुछ देगा। कम उम्र होने के कारण उनके मन में कोई स्पष्ट विचार नहीं था कि राजा से मिलने पर वे उससे क्या माँगेंगी।

वे सीधे दरबार पहुँच गईं और सुरक्षा उपायों से भयभीत होकर चुपचाप खड़ी हो गईं।

तपी बोली, ''जय पुरुषोत्तम!''

यह सुनकर राजा ने सोचा कि वह ईश्वर से कुछ माँगना चाहती है।

जपी बोली, ''जय नरोत्तम!''

अपना नाम सुनकर राजा बहुत खुश हुआ।

राजा ने तपी को पाँच रुपए देकर विदा कर दिया। इसके बाद वह अंदर गया और उसने एक बड़े से कद्दू को बीच से काटकर उसमें सोने के सिक्के भर दिए।

उसने कद्दू को फिर से बंद कर दिया और बाहर आकर वह कद्दू जपी को दे दिया।

जपी उस कद्दू को लेकर दरबार के बाहर आ गई। चूँकि कद्दू आकार में बड़ा और सोने के सिक्कों से भरा हुआ था, अतः उसे वह कद्दू उठाकर ले जाने में भारी लगने लगा।

बाहर निकलकर उसने उस कद्दू को एक सब्जी विक्रेता को मात्र 25 पैसे में बेच दिया और प्रसन्नतापूर्वक घर चली गई। वह सब्जी विक्रेता बिलकुल भी ईमानदार नहीं था।

तपी पाँच रुपए लेकर यह सोचती हुई इधर-उधर टहल रही थी कि इस पैसे का क्या किया जाए। तभी उसे अपने माता-पिता और भाई-बहनों की याद आई। वह सब्जी विक्रेता के पास कद्दू खरीदने पहुँची। सब्जी विक्रेता ठग था, इसलिए उसने 25 पैसे में खरीदा वह कद्दू एक रुपए में तपी को बेच दिया।

सही कूटनीति

एक प्रभावशाली व्यक्ति प्रधानमंत्री से सामंत का पद हासिल करने के लिए उनके पीछे पड़ा था।

प्रधानमंत्री उसे वह पद देना नहीं चाहते थे। अंततः उन्होंने उसकी भावनाओं को आहत किए बिना उसे संतुष्ट करने का रास्ता खोज ही लिया। उन्होंने कहा, "मैं क्षमा चाहता हूँ कि मैं तुम्हें सामंत का पद नहीं दे रहा हूँ, परंतु मैं तुम्हें उससे भी बेहतर चीज दे रहा हूँ। तुम अपने मित्रों से यह कहो कि मैंने तुम्हें सामंत के पद का प्रस्ताव दिया था, परंतु तुमने उसे ठुकरा दिया।"

विभाग प्रमुख

एक प्रसिद्ध विश्वविद्यालय का अध्यक्ष एक संन्यासी से अत्यंत प्रभावित था। वह उन्हें अपने विश्वविद्यालय के धर्मशास्त्र विभाग का प्रमुख बनाना चाहता था। वह अपने प्रस्ताव को लेकर संन्यासी के वरिष्ठतम शिष्य के पास गया। शिष्य ने कहा, "हमारे गुरुजी प्रबुद्ध बनने पर जोर देते हैं, प्रबुद्धता के शिक्षण पर नहीं।"

"तो यह बात किस तरह तुम्हें धर्मशास्त्र विभाग का प्रमुख होने से रोकती है?' अध्यक्ष ने पूछा।

शिष्य ने उत्तर दिया, ''ठीक उसी तरह, जैसे यह किसी हाथी को प्राणिविज्ञान विभाग का प्रमुख बनने से रोकती है।''

विचार शुद्धि

स्वामी रामकृष्ण परमहंस के एक पक्के शिष्य मथुराबाबू ने एक बार उन्हें बहुत महँगे वस्त्र भेंट किए। परमहंस ने उन वस्त्रों को धारण किया और माँ काली का ध्यान करने बैठ गए। ध्यान के बाद जब वे दंडवत् प्रणाम करने लगे तब उनके दिमाग में यह विचार कौंधा कि ये महँगे वस्त्र कहीं मैले न हो जाएँ।

बाद में जब उन्होंने विचार-मंथन किया तो यह पाया कि उन्हें ऐसे वस्त्र कतई नहीं पहनने चाहिए, जो ध्यान में बाधा पहुँचाते हों और उन्होंने तत्काल वे वस्त्र वापस कर दिए।

बेसुरा गाओ लेकिन गाते रहो...

जब भी उसे समय मिलता, वह कमरे में अकेला जा बैठता, प्रार्थना करता और प्रेरणादायी गाने गाया करता। वह गाने में इतना तल्लीन हो जाता कि उसे यह भी ध्यान नहीं रहता कि उसके आस-पास क्या घटित हो रहा है।

एक बार उसके मित्र ने उससे कहा, ''तुम किसी दूसरे का गाना भी सुन सकते हो। तुम रेडियो या टेपरिकॉर्डर भी बजा सकते हो। आखिर तुम इतना बेसुरा होने के बावजूद क्यों गाते हो?''

उसने उत्तर दिया—''तो क्या हुआ, यदि मैं बेसुरा हूँ? जब मैं गाता हूँ तो सुधबुध खोकर इतना मगन हो जाता हूँ कि मेरी आत्मा जाग्रत् हो उठती है। जो आनंद मुझे इसमें प्राप्त होता है, वह टेपरिकॉर्डर से कभी प्राप्त नहीं हो सकता।''

परीक्षण का जोखिम उठाने का साहस

एक राजा के दरबार में एक महत्त्वपूर्ण पद खाली था। इस पद के लिए वह योग्य उम्मीदवार की तलाश में था। उसके दरबार में बहुत से बुद्धिमान और

शक्तिशाली उम्मीदवार मौजूद थे।

राजा ने उनसे कहा, ''मेरे बुद्धिमान साथियो! मेरे समक्ष एक समस्या है और मैं यह देखना चाहता हूँ कि तुम लोगों में से कौन इसे सुलझा पाता है।''

इसके उपरांत वह सभी लोगों को लेकर एक विशाल दरवाजे के पास पहुँचा। इतना बड़ा दरवाजा उनमें से किसी ने नहीं देखा था। राजा बोला, ''यह मेरे राज्य का सबसे बड़ा और भारी दरवाजा है। तुममें से कौन इसे खोल सकता है?''

कुछ दरबारियों ने इनकार की मुद्रा में तुरंत अपने सिर हिला दिए। कुछ अन्य बुद्धिमान दरबारियों ने नजदीक से दरवाजे को देखा और उसे खोलने में अपनी असमर्थता जाहिर की।

बुद्धिमान दरबारियों के इनकार करते देख बाकी सभी दरबारी भी इस बात पर सहमत हो गए कि यह बहुत बड़ी समस्या है और इसका सुलझना असंभव है।

केवल एक दरबारी उस दरवाजे के पास तक गया। उसने अपनी आँखों और उँगलियों से दरवाजे का परीक्षण किया व उसे हिलाने की कोशिश की। अंततः काफी ताकत लगाकर उसने दरवाजे को खींचा तो वह खुल गया। हालाँकि दरवाजा अधखुला ही रह गया था, परंतु इसे बंद करने की जरूरत नहीं पड़ी, क्योंकि उसके साहस की परीक्षा हो चुकी थी।

राजा ने कहा, ''तुम ही दरबार में उस महत्त्वपूर्ण पद पर बैठने के योग्य हो, क्योंकि तुमने सिर्फ देखकर और सुनकर ही विश्वास नहीं कर लिया। तुमने कार्य को संपन्न करने के लिए अपनी ताकत का प्रयोग किया और परीक्षण का जोखिम उठाया।''

गुरु के प्रति राजकुमारों की भक्ति

खलीफा मामू के मन में विद्वानों के प्रति आदर-सम्मान था। उन्होंने अपने दोनों पुत्रों को शिक्षित करने के लिए एक गुरुजी को नियुक्त किया। एक दिन जब कक्षा समाप्त हो गई और गुरुजी अपने घर जाने को खड़े हुए, दोनों राजकुमार दौड़कर उनके जूते उठा लाए। दोनों एक साथ उनके पास पहुँचे थे, इसलिए उनके बीच यह विवाद हो गया कि गुरुजी को जूता पहनाने का नेक काम कौन करेगा? अंत में यह निर्णय हुआ कि दोनों राजकुमार एक-एक जूता पहनाएँगे। उन्होंने ऐसा ही किया।

जब खलीफा ने इसके बारे में सुना तो उन्होंने गुरुजी से पूछा, "इस संसार में सबसे अधिक प्रतिष्ठित और सम्मानित व्यक्ति कौन है?"

गुरुजी ने उत्तर दिया, "मुस्लिमों के नेता खलीफा से ज्यादा इस संसार में और कौन प्रतिष्ठित और सम्मानित हो सकता है?"

खलीफा मामू ने कहा, "नहीं सबसे अधिक प्रतिष्ठित और सम्मानित वह है, जिसे जूता पहनाने के लिए खलीफा के दोनों पुत्र आपस में झगड़ पड़े हों।"

गुरुजी ने कहा, "पहले मैं उन्हें ऐसा करने से रोकने वाला था, फिर मेरे मन में यह विचार आया कि मैं उनकी श्रद्धा के आड़े क्यों आऊँ।"

खलीफा मामू ने कहा, "यदि आपने ऐसा किया होता तो मैं बहुत नाराज होता। उनका यह कार्य उन्हें अपमानित नहीं करता, बल्कि यह दरशाता है कि दोनों राजकुमार कितने भले और सभ्य हैं। राजा, पिता और गुरु के प्रति सेवा का भाव रखने से प्रतिष्ठा गिरने के बजाय बढ़ती है।"

कथाएँ और दृष्टांत

एक गुरुजी अपने शिष्यों को कथाओं और दृष्टांतों के माध्यम से शिक्षा देते थे, जिसे उनके शिष्य खूब पसंद करते थे; परंतु उन्हें कभी-कभी यह शिकायत भी होती कि गुरुजी गंभीर विषय पर व्याख्यान नहीं देते।

गुरुजी पर इसका कोई प्रभाव नहीं पड़ा। शिष्यों की शिकायत पर वे कहते—"प्रिय शिष्यो! तुम लोगों को अब भी यह समझना बाकी है कि मनुष्य मात्र और सत्य के बीच केवल कथा ही है।"

कुछ देर चुप रहने के बाद वे पुनः बोले, "कथाओं से घृणा मत करो। एक खोये हुए सिक्के को सिर्फ सस्ती मोमबत्ती के माध्यम से खोजा जा सकता है। सरल कथाओं के माध्यम से ही गंभीर सत्य प्राप्त किया जा सकता है।"

बिना डगमगाए हुए दान देना—कर्ण और पुजारी

कर्ण एक उदार चरित्र राजा था। उन्होंने कभी भी दान माँगने वाले व्यक्ति को अपने द्वार से खाली हाथ नहीं लौटाया। अपने इसी गुण के कारण वे दानवीर कर्ण कहलाए।

एक बार दानवीर कर्ण स्नान की तैयारी कर रहे थे। स्नान के पूर्व की तैयारियाँ की जा रही थीं। विभिन्न धातुओं के पात्रों में तेल, उबटन, साबुन तथा लेप आदि रखे हुए थे। कर्ण एक-एक करके अपने बाएँ हाथ से पात्र को उठाकर दाहिने हाथ में सामग्री लेकर उसे शरीर के विभिन्न अंगों पर लगा रहे थे। उनके शरीर पर बहुत कम कपड़े थे।

उसी समय एक तेजस्वी पुजारी उनके सम्मुख आ खड़ा हुआ और उसने भिक्षा माँगने की मुद्रा में अपनी दाहिनी हथेली कर्ण की ओर बढ़ा दी। माँगने में कुछ गलत नहीं होता। माँगना बच्चों की प्रवृत्ति है। बच्चे माँगते हैं, नौजवान छीनते हैं, वयस्क साझा करते हैं एवं बुजुर्ग देते हैं। माँगने, साझा करने और देने में कुछ भी गलत नहीं है। लेकिन छीनने में समस्या है। छीनना युवा उमंग है। छीनना अभिमान है। छीनना अवज्ञा है। माँगो, साझा करो और दो, परंतु छीनो मत।

इस प्रकार, अपनी आवश्यकता की पूर्ति के लिए माँगना सदाचार और नैतिक दृष्टि से उचित है। जिस समय पुजारी ने कर्ण की ओर हथेली फैलाकर कुछ माँगा, कर्ण के बाएँ हाथ में उस समय नारियल के तेल से भरा एक स्वर्ण पात्र था। कर्ण ने तत्काल वह स्वर्ण पात्र तेल समेत अपने बाएँ हाथ से उस पुजारी के दाएँ हाथ में रख दिया।

स्वर्ण पात्र प्राप्त कर वह पुजारी बहुत खुश हुआ। मुसकराते हुए उसने कर्ण को धन्यवाद दिया। वहाँ से जाने के पूर्व पुजारी ने कर्ण से पूछा, ''हे दानवीर! क्या मैं आपसे एक प्रश्न पूछ सकता हूँ?'' कर्ण ने उत्तर दिया—''जी हाँ, आप पूछ सकते हैं?''

पुजारी ने कहा, ''जब भी हम किसी को कुछ दान देना चाहते हैं, तो अच्छा यही होता है कि हम दाएँ हाथ से दान दें और दाएँ हाथ से ही लें। श्रीमान, मुझे आशा है कि आपको यह बात पता होगी? तब आपने अपने बाएँ हाथ से यह पात्र मुझे क्यों दिया?''

कर्ण ने मुसकराते हुए उत्तर दिया—''श्रीमान, आप सत्य कह रहे हैं कि हमेशा दाएँ हाथ से ही दान करना चाहिए। उस समय वह स्वर्ण पात्र मेरे बाएँ हाथ में था। बिना एक भी पल गँवाए जो कुछ भी मेरे हाथ में था, मैंने आपको दे दिया। यदि मैं इस स्वर्ण पात्र को बाएँ हाथ से दाएँ हाथ में लेता तो उस थोड़े से समय के अंतराल में मेरे मन में यह प्रश्न उठ सकता था कि मैं गरीब पुजारी को स्वर्ण पात्र क्यों दान में दे रहा हूँ! मैं क्यों न चाँदी का पात्र दान में दूँ! या सिर्फ आटा या अनाज दान देना ही पर्याप्त होगा! मेरे मन में सभी तरह ही डगमगाहट पैदा हो

सकती थी। डगमगाना मन की प्रकृति है। डगमगाने वाला मन मनुष्य का शत्रु हो सकता है। स्थिर मन ही मनुष्य का मित्र होता है। हमारा मस्तिष्क कीचड़ भी हो सकता है और शानदार भी हो सकता है। इसलिए हे बुद्धिमान सज्जन, मैं नहीं चाहता था कि स्वर्ण पात्र दान देने के पूर्व मेरे मन में जरा सी भी शंका जन्म ले। अतः मैंने तत्काल आपको वह पात्र दान में दे दिया। कृपया मेरा दान स्वीकार करें और अपना आशीर्वाद दें।''

पुजारी ने कहा, ''भगवान् आपका भला करे!'' और वह पुजारी प्रसन्नतापूर्वक स्वर्ण पात्र और स्वर्णिम विचार को लेकर वहाँ से चला गया।

बिना डगमगाए हुए दान दें। सर्वश्रेष्ठ वस्तु दान दें।

निरंतर दान देते रहें। दान देना ही उपासना है।

विशेषज्ञ कभी गलत नहीं हो सकते

एक बार, पता नहीं कैसे मुल्ला नसरुद्दीन की बेगम का नाम मतदाता सूची से नदारद हो गया। चुनाव नजदीक थे और उनकी बेगम वोट डालने को आतुर थी, लेकिन मतदाता सूची में उनका नाम नहीं था। अतः नसरुद्दीन अपनी बेगम को लेकर चुनाव आयुक्त के यहाँ पहुँचा। वहाँ जाकर पता चला कि उनका सिर्फ नाम ही नदारद नहीं है बल्कि वह मृत भी घोषित थीं। बेगम गुस्से से तमतमा गई, क्योंकि नसरुद्दीन सारे मामले को बहुत हलके में ले रहा था। वह न तो गुस्से में था, न ही विचलित, जो कि उसे होना चाहिए था। आखिर उसकी बेगम को मृत घोषित करने की उनकी हिम्मत कैसे हुई?

चुनाव आयुक्त के पास पहुँचकर बेगम बोली, ''यह अच्छी बात नहीं है। मैं जिंदा हूँ! और मतदाता सूची में दर्ज है कि मैं मर गई हूँ। आप सबने यह सब क्या तमाशा मचा रखा है?''

बेगम को गुस्से में भरा देख नसरुद्दीन बोला, ''जरा ठहरो बेगम! तुम एक अधिकारी से कैसे झगड़ सकती हो? वह हमेशा सही होंगे। वे गलत कैसे हो सकते हैं? निश्चित रूप से वे हम लोगों से ज्यादा जानकार हैं। और तुम अनपढ़ महिला होकर एक महान् अधिकारी से जबान चला रही हो? यदि उन्होंने लिखा है कि तुम मर गई हो, तो तुम्हें मर जाना चाहिए!''

आप किस तरह से जीवन पर गहरा प्रभाव डालते हैं

न्यूयॉर्क की एक शिक्षिका ने अपनी हाईस्कूल कक्षा के उन सभी वरिष्ठ सहपाठियों का सम्मान करने का निर्णय लिया, जिन्होंने उसके जीवन को बदलने में महत्त्वपूर्ण भूमिका अदा की थी। डैल मार, कैलीफोर्निया की हेलिस ब्रिजेस द्वारा विकसित की गई तकनीक का प्रयोग करते हुए उसने एक-एक करके प्रत्येक सहपाठी छात्र को आगे बुलाया। सबसे पहले उसने सभी को यह बताया कि किस तरह उन्होंने उसके जीवन एवं कक्षा में परिवर्तन पैदा किया। इसके बाद उन्होंने सभी छात्रों को एक नीला फीता भेंट किया, जिस पर सुनहरे अक्षरों में लिखा था—'मेरे जीवन पर प्रभाव डालने वाला।'

इसके बाद उस शिक्षिका ने एक कक्षा प्रोजेक्ट करने का निर्णय किया। इस प्रोजेक्ट का उद्देश्य यह ज्ञात करना था कि सम्मान देने से किसी समुदाय पर क्या प्रभाव पड़ता है। उसने प्रत्येक छात्र को तीन नीले फीते दिए और उन्हें बाहर जाकर इस सम्मान समारोह को और आगे बढ़ाने का निर्देश दिया। इसके बाद उन्हें यह भी पता लगाना था कि किसने किसे सम्मानित किया और एक सप्ताह में अपनी रिपोर्ट प्रस्तुत करनी थी।

कक्षा का एक छात्र स्कूल के पास स्थित एक कंपनी में गया, जिसने उसके कॅरियर को सँवारने में सहायता की थी। छात्र ने उस कंपनी के एक जूनियर कर्मचारी को सम्मानित किया तथा उसकी शर्ट पर नीला फीता लगाया। फिर उसने उस कर्मचारी को दो फीते और दिए तथा कहा, "हम लोग सम्मान देने का एक प्रोजेक्ट कर रहे हैं। मैं चाहता हूँ कि आप भी किसी ऐसे व्यक्ति की तलाश करें, जिसने आपके जीवन में महत्त्वपूर्ण भूमिका अदा की हो; और आप उसे नीला फीता देकर सम्मानित करें। बाद में शेष बचा एक फीता उसे सौंप दें, ताकि वह भी किसी व्यक्ति को सम्मानित कर सके। इस तरह सम्मान देने का यह क्रम आगे बढ़ता रहेगा। आपको बाद में मुझे यह बताना होगा कि इसका परिणाम क्या रहा।"

बाद में वह जूनियर कर्मचारी अपने बॉस के पास गया, जो बहुत भला आदमी था। वह अपने बॉस से बोला कि वह उनकी सज्जनता और बुद्धिमत्ता के लिए उन्हें पसंद करता है। बॉस को बहुत आश्चर्य हुआ। फिर उस जूनियर कर्मचारी ने अपने बॉस से निवेदन किया कि क्या वे उसे अपनी शर्ट पर नीला फीता लगाने देंगे? बॉस ने उत्तर दिया—"क्यों नहीं। जरूर।"

बॉस की शर्ट पर नीला फीता लगाने के बाद उसने कहा, ''आप एक मेहरबानी और करें। आप यह बचा हुआ फीता लें और किसी ऐसे इनसान को भेंट करें, जिसने आपके जीवन पर विशेष प्रभाव डाला हो। जिस छात्र ने मुझे ये फीते दिए थे, वह चाहता था कि सम्मान देने का यह क्रम इसी तरह चलता रहे और यह पता चल सके कि इससे लोगों पर क्या प्रभाव पड़ा।''

उसी रात वह बॉस घर पर लौटने के बाद सीधा अपने 14 वर्षीय पुत्र के पास पहुँचा और बोला, ''आज मेरे साथ एक अविश्वसनीय घटना घटी। आज मेरे ऑफिस का एक जूनियर कर्मचारी मेरे पास आया और मुझे नीला फीता भेंट करते हुए बोला कि मैं एक रचनात्मक और जीनियस व्यक्ति हूँ। जरा सोचो, वह मुझे एक जीनियस व्यक्ति समझता है। फिर उसने मेरी शर्ट पर यह नीला फीता लगाया। इस पर लिखा है—'मेरे जीवन पर प्रभाव डालने वाला।' फिर उसने मुझे यह नीला फीता देते हुए कहा कि मैं इस फीते से उस व्यक्ति का सम्मान करूँ, जिसने मेरे जीवन में महत्त्वपूर्ण प्रभाव डाला हो। घर लौटते वक्त मैं सोच रहा था कि मैं यह फीता किसे दूँगा। मैंने निर्णय लिया है कि यह फीता मैं तुम्हें दूँगा...मैं ऑफिस में काम करते-करते इतना थक जाता हूँ कि तुम्हारे ऊपर ध्यान नहीं दे पाता। कभी-कभी मैं परीक्षा में अच्छे नंबर नहीं लाने और कमरे में गंदगी फैलाने के कारण तुम्हें डाँटता भी हूँ। पर पता नहीं क्यों, आज रात मुझे ऐसा लग रहा है कि मैं तुम्हें बताऊँ कि तुमने मेरे जीवन पर महत्त्वपूर्ण प्रभाव डाला है। तुम्हारी मम्मी के बाद तुम ही मेरे जीवन में दूसरे महत्त्वपूर्ण व्यक्ति हो। तुम बहुत अच्छे बच्चे हो और मैं तुम्हें बहुत प्यार करता हूँ।''

अपने पिता की बातें सुनकर वह बालक भौंचक्का रह गया और सुबक-सुबककर रोने लगा। उसका पूरा शरीर काँपने लग गया। अश्रुपूरित आँखों से उसने अपने पिता से कहा, ''पापा, मैं कल आत्महत्या करने की योजना बना रहा था। क्योंकि मुझे ऐसा लगता था कि आपको मुझसे प्यार नहीं है। अब मैंने आत्महत्या का विचार त्याग दिया है।''

व्यस्त

एक लकड़हारे को एक काष्ठ कंपनी में नौकरी मिल गई। उसकी तनख्वाह और कार्यदशा बहुत अच्छी थी। इन कारणों से वह कर्मचारी अपना सर्वश्रेष्ठ

प्रदर्शन करना चाहता था।

उसके बॉस ने उसे एक कुल्हाड़ी दी और काम करने का इलाका बता दिया।

पहले दिन वह लकड़हारा अठारह पेड़ काटकर लाया।

बॉस ने उसे बधाई देते हुए कहा, "शाबाश! इसी तरह तल्लीनता से काम में लगे रहो।"

बॉस के अच्छे शब्दों से प्रभावित होकर उस लकड़हारे ने दूसरे दिन और अधिक परिश्रम किया, परंतु वह केवल पंद्रह पेड़ ही काट सका। तीसरे दिन उसने और अधिक मेहनत की, परंतु दस पेड़ ही काट सका। धीरे-धीरे उसके द्वारा काटे गए पेड़ों की संख्या कम होती गई।

लकड़हारे ने सोचा कि उसकी काम करने की क्षमता घटती जा रही है। वह अपने बॉस के पास पहुँचा और माफी माँगते हुए बोला, "मुझे समझ में नहीं आ रहा है कि यह क्या हो रहा है।"

बॉस ने उससे पूछा, " तुमने आखिरी बार कब अपनी कुल्हाड़ी में धार लगाई थी?"

"कुल्हाड़ी पर धार? पर मैं तो पेड़ काटने में इतना व्यस्त था कि मुझे धार तेज करवाने का समय ही नहीं मिला।"

बॉस ने उत्तर दिया, "यदि मेरे पास पेड़ काटने के लिए आठ घंटे होते तो मैं सात घंटे कुल्हाड़ी की धार तेज करता और एक घंटे में कटाई।"

टंकी में चमत्कार

काफी पुरानी बात है, कई वर्ष पूर्व विजयादित्य नाम का एक राजा था, जो भगवान् शिव का अनन्य भक्त था। उसने संगमरमर से बने बहुत सारे शिव मंदिरों का निर्माण कराया था। वह हमेशा भगवान् शिव को प्रसन्न करने के बारे में सोचा करता था।

एक दिन उसने सोचा कि सावन का पवित्र माह प्रारंभ हो चुका है। ऐसी मान्यता है कि सावन के सोमवार को भगवान् शिव की आराधना करने से वे प्रसन्न होते हैं। इसलिए इस दिन किसी विशेष पूजा का आयोजन किया जाना चाहिए, पर ऐसा क्या किया जाए?

बहुत सोचने के बाद उसके मन में एक विचार आया। क्यों न सावन के

प्रत्येक सोमवार को दूध से भरे 1008 बरतनों से शिवलिंग का अभिषेक किया जाए? वह सभी लोगों से शिवलिंग पर दूध चढ़ाने का आग्रह करेगा, ताकि सभी को पुण्य प्राप्त हो सके। इस आयोजन के लिए विशेष रूप से एक टंकी खोदी गई, जिसमें सारा दूध एकत्र होना था।

कुछ दिनों बाद राजा ने नगर के बीचोबीच यह मुनादी करा दी—सुनो, सुनो, सभी नगरवासियो सुनो! कल सावन का पहला सोमवार है और हमारे यशस्वी राजा ने दूध से भरे 1008 बरतनों से शिवलिंग का अभिषेक करने का निर्णय लिया है। नगर के सभी निवासियों को कल प्रात:काल मंदिर में जरूर आना है। जितना भी दूध घर में हो, अपने साथ लाएँ और मंदिर की टंकी में डाल दें। याद रहे, आपको अपने घर में मौजूद सारा दूध लाना है, ताकि वह टंकी पूरी भर जाए। इससे भगवान् शिव प्रसन्न हो जाएँगे और हम सभी को अपना आशीर्वाद देंगे।

सभी नगरवासी राजा की घोषणा सुनने के लिए वहाँ एकत्र हो गए। कुछ लोग राजा की ईश्वरभक्ति देखकर बहुत खुश हुए। उनमें से कुछ लोग ऐसे भी थे, जो अभिषेक के लिए सारा दूध चढ़ाने के इच्छुक नहीं थे। लेकिन किसी ने कुछ नहीं कहा और सभी वहाँ से चले गए।

अगले दिन तड़के ही लोग दूध का पात्र ले-लेकर मंदिर पहुँचने लगे। बहुत बड़ी संख्या में लोगों के आने से जल्द ही मंदिर के सामने लंबी सर्पाकार कतार लग गई। सभी लोग अपने घर में मौजूद सारा दूध लेकर आए। उन्होंने बछड़े के लिए भी एक बूँद दूध नहीं छोड़ा। उस दिन नवजात, बच्चे, बूढ़े और बीमार किसी को दूध नसीब नहीं हुआ, क्योंकि सारा दूध ले जाकर टंकी में डाल दिया गया।

जैसे-जैसे समय व्यतीत हुआ, टंकी में दूध का स्तर बढ़ने लगा। हालाँकि दोपहर तक सिर्फ आधी टंकी दूध ही भर पाया। खाली पात्रों की संख्या को ध्यान में रखते हुए सभी को यह अचंभा हुआ कि अब तक आधी टंकी ही क्यों भर पाई है।

धीरे-धीरे मंदिर के अहाते में मौजूद पुजारी एवं अन्य लोग व्याकुल होने लगे कि आखिर हो क्या रहा है? भीड़ में से असंतोष के स्वर सुनाई देने लगे। कोई फुसफुसाया—सारे नगर ने लगभग सारा दूध इस टंकी में उड़ेल दिया है, फिर भी यह भर क्यों नहीं रही? क्या यह भगवान् शिव के नाराज होने के लक्षण हैं? क्या हमने अनजाने में कोई पाप कर दिया है? पुजारी भी बहुत दु:खी थे।

किसी का ध्यान इस ओर नहीं गया कि एक बूढ़ी महिला मंदिर परिसर में फिसल गई है। वह नगर के आखिरी सिरे पर रहती थी। वह तड़के जल्दी उठ गई

थी; उसने गाय का दूध निकालने के बाद कुछ दूध बछड़े के लिए छोड़ दिया था। फिर उसने अपने सारे परिवार को दूध पीने को दिया तथा घर-गृहस्थी के कामकाज निपटाए। इसके बाद उसके पास सिर्फ एक छोटा कटोरा भर दूध ही शेष बचा। वह उतने ही दूध को मंदिर ले गई और टंकी में उड़ेलते हुए ईश्वर से प्रार्थना की—हे परमपिता परमात्मा, मेरे पास आपको देने के लिए सिर्फ यही है। लेकिन मैं इसे पूरी श्रद्धा के साथ आपको अर्पित करती हूँ। कृपया मेरी भेंट स्वीकार करें।

अब तक आधी भरी हुई टंकी अचानक पूरी भर गई। वह बूढ़ी महिला विनम्रतापूर्वक उसी तरह अपने घर लौट गई, जैसे आई थी। जब राजा और पुजारी टंकी को देखने आए तो टंकी को पूरा भरा देख खुशी से उछल पड़े। भलीभाँति विशेष पूजा-अर्चना संपन्न हुई।

यही घटना अगले सोमवार भी हुई। सभी नगरवासियों ने टंकी में दूध उड़ेलकर अपने कर्तव्य का पालन किया। लेकिन फिर भी टंकी आधी ही भर पाई। इसके बाद जब उस बूढ़ी महिला ने दूध डाला तो टंकी पूरी भर गई। सभी लोग इस चमत्कार को देखकर दंग रह गए।

राजा ने इस रहस्य से परदा उठाने का निर्णय लिया। इसलिए तीसरे सोमवार वह दरबान के भेष में तड़के सुबह ही टंकी के पास तैनात हो गया।

हमेशा की तरह नगरवासियों ने टंकी में दूध उड़ेला, किंतु टंकी आधी ही भर पाई। फिर वह बूढ़ी महिला आई और दूध डालने के पूर्व ईश्वर से निवेदन करने लगी—हे भगवान् शिव, मेरे पास आपको अर्पित करने के लिए इतना ही दूध है। आप तो करुणा के सागर हैं। कृपया मेरे अर्पण को स्वीकार कर आशीर्वाद प्रदान करें।

फिर उसने टंकी में दूध उड़ेल दिया। जैसे ही वह वापस जाने को मुड़ी, राजा यह देखकर अचंभित हो गया कि टंकी लबालब भर गई है।

उसने आगे बढ़कर उस महिला को रोका। डर के मारे काँपती हुई महिला ने पूछा, ''आप मुझे क्यों रोक रहे हैं? क्या मैंने कोई गलती कर दी है?''

राजा ने कहा, ''माताजी, आप डरिए मत। मैं राजा हूँ और आपके बारे में कुछ जानना चाहता हूँ। इस टंकी में सभी नगरवासी दूध डाल रहे हैं। लेकिन फिर भी यह आधी से अधिक नहीं भरी, किंतु जैसे ही आपने दूध डाला, यह टंकी पूरी भर गई। आप बता सकती हैं कि ऐसा क्यों हुआ?''

बूढ़ी महिला ने उत्तर दिया—''महाराज, मैं एक माँ हूँ और कोई माँ अपने बच्चे को भूखा रहते नहीं देख सकती। इसलिए मैंने आपकी आज्ञा का उल्लंघन

किया। गाय का दूध दुहते समय मैंने थोड़ा सा दूध बछड़े के लिए छोड़ दिया, इसके बाद मैंने अपने बच्चों और नाती-पोतों को पीने के लिए दूध दिया व शेष बचा हुआ दूध पूजा के लिए लेकर आई। ईश्वर भी माँ के समान है। वह अपने बच्चों को भूखा नहीं देख सकता। आप मुझे साफगोई से बोलने के लिए क्षमा करें, किंतु आपने सही नहीं किया है। आपने अपनी प्रजा को सारा दूध पूजापाठ के लिए लाने का आदेश दिया था जिससे बछड़ों, छोटे बच्चों, बूढ़ों और बीमारों के लिए दूध नहीं बचा। लोग अप्रसन्न थे, किंतु आपका विरोध नहीं कर सके। लोगों ने हिचकिचाहट के साथ दूध अर्पित किया। ईश्वर को यह पसंद नहीं है और अपनी अप्रसन्नता दरशाते हुए उन्होंने आपकी आहुति स्वीकार नहीं की।''

यह सुनते ही राजा विचारों में खो गया और सोचने लगा कि यह बूढ़ी अम्मा सही कह रही है। एक राजा को भी एक माँ की तरह ही आचरण करना चाहिए तथा सभी के स्वास्थ्य और खुशियों का ध्यान रखना चाहिए। लेकिन मैं सभी को अपनी पूजा के लिए दूध देने के लिए विवश करके बहुत बड़ा पाप कर रहा हूँ। अब मुझे ईश्वर का आशीर्वाद कैसे प्राप्त होगा? राजा को बहुत शर्मिंदगी महसूस हुई।

उस बूढ़ी महिला को संबोधित करते हुए वह बोला, ''माताजी, मैं आपका आभारी हूँ कि आपने मुझे सच्ची भक्ति का मार्ग दरशाकर मेरी आँखें खोल दीं।''

राजा ने तुरंत यह मुनादी करवा दी कि अगले सोमवार को सिर्फ उतना ही दूध पूजा-अर्चना के जिए लाया जाए, जो बछड़े, बच्चों, बुजुर्गों और बीमारों को देने के बाद शेष बचे।

सावन के अगले और अंतिम सोमवार को भी मंदिर में दूध चढ़ानेवाले भक्तों की लंबी कतार लग गई। हालाँकि इस बार सभी लोग अपनी सुविधा के अनुसार ही दूध लाए। राजा ने भी ऐसा ही किया। इसके परिणाम आश्चर्यजनक रहे। सुबह-सुबह ही टंकी दूध से भर गई।

प्रसन्नचित्त राजा उस बूढ़ी महिला के आने का इंतजार करने लगा। महिला द्वारा दूध अर्पित करने के बाद राजा उसे लेकर मंदिर के भीतर गया और दोनों ने एक साथ पूजा-अर्चना की।

राजा ने विनती की—''धन्यवाद माताजी, आपकी कृपा से अंततः ईश्वर मुझसे प्रसन्न हो ही गए।''

धार्मिक शास्त्रार्थ

कुछ शताब्दी पूर्व, ईसाइयों के धर्मगुरु पोप ने यह घोषणा की कि सारे यहूदियों को इटली छोड़ना पड़ेगा। यह सुनकर सारे यहूदियों में आक्रोश फैल गया। तब पोप ने यहूदियों के सामने एक शर्त रखी। उनके साथ किसी भी यहूदी नेता को धार्मिक शास्त्रार्थ करना था। शर्त यह थी कि यदि यहूदी नेता जीते तो उन्हें इटली में रहने की अनुमति होगी और यदि हारे तो इटली छोड़ना पड़ेगा।

यहूदी समुदाय ने आपसी विचार-विमर्श करके वयोवृद्ध रब्बी मोजी को शास्त्रार्थ में अपनी ओर से भाग लेने के लिए चुना। रब्बी मोजी लैटिन बोलना नहीं जानते थे और पोप को यहूदी भाषा नहीं आती थी। इसलिए यह तय हुआ कि शास्त्रार्थ मौन रूप से होगा।

शास्त्रार्थ वाले दिन रब्बी और पोप एक-दूसरे के सामने बैठ गए। पोप ने हाथ उठाकर तीन उँगलियाँ दिखाईं।

रब्बी मोजी ने पीछे देखा और एक उँगली दिखाई।

इसके बाद पोप ने अपने सिर के चारों ओर उँगली घुमाई।

रब्बी ने अपनी उँगली से जमीन की ओर इशारा किया।

फिर पोप कुछ चिप्स और शराब का प्याला लेकर आए।

रब्बी ने एक सेब को उठा लिया।

यह देखते ही पोप खड़े हो गए और बोले, ''मैं शास्त्रार्थ में हार स्वीकार करता हूँ। यहूदी यहाँ रह सकते हैं।''

बाद में कई कार्डिनल पोप के इर्द-गिर्द एकत्रित हो गए और उनसे पूछा कि आखिर क्या बात हुई है?

पोप ने कहा, ''सबसे पहले मैंने तीन उँगली उठाकर ट्रिनिटी या त्रित्व की ओर इशारा किया। इसके उत्तर में उसने एक उँगली उठाकर मुझे याद दिलाया कि हम दोनों समुदायों का ईश्वर एक ही है। इसके बाद मैंने अपने सिर के चारों ओर उँगली घुमाकर यह इशारा किया कि ईश्वर हमारे चारों ओर है। इसके उत्तर में उसने अपनी उँगली से धरती की ओर इशारा करते हुए बताया कि ईश्वर हमारे साथ वहाँ भी मौजूद है। मैंने शराब और चिप्स उठाकर उसे यह बताया कि ईश्वर ने हमारे पापों को माफ कर दिया है। इसके उत्तर में उसने सेब उठाकर मुझे मनुष्य के मूल पाप की याद दिलाई। उसके पास मेरे सभी प्रश्नों के उत्तर थे। आखिर मैं और कर भी क्या सकता था?''

इसी बीच, यहूदी समुदाय के लोग भी रब्बी के चारों ओर एकत्रित हो गए और पूछने लगे कि क्या हुआ?

रब्बी ने उत्तर दिया—"सबसे पहले उसने मुझे तीन उँगलियाँ दिखाकर यह कहा कि तीन दिन में हमें इटली छोड़कर जाना होगा। मैंने उत्तर दिया कि यह आपके ऊपर है। फिर उन्होंने मुझसे कहा कि सारा शहर यहूदियों से खाली हो जाएगा। मैंने धरती की ओर उँगली दिखाकर उनसे साफ-साफ कह दिया कि हम लोग यहीं रहेंगे।"

तभी एक औरत ने उनसे पूछा, "और फिर?"

रब्बी ने उत्तर दिया, "क्या पता? फिर खाना-पीना शुरू हो गया।"

एक ही घटना को दो व्यक्ति अलग नजरिए से देख सकते हैं।

अनकहा सुनो

एक व्यक्ति, जिसकी शादी टूटने के कगार पर थी, स्वामीजी के पास परामर्श लेने पहुँचा। स्वामीजी ने उससे कहा, "तुम्हें अपनी पत्नी की बातों को सुनना सीखना चाहिए।"

उस व्यक्ति ने स्वामीजी के परामर्श का अक्षरश: पालन किया और एक महीने के बाद यह बताने के लिए लौटा कि उसने अपनी पत्नी के प्रत्येक शब्द को सुनने का अभ्यास कर लिया है।

स्वामीजी ने मुसकराते हुए कहा, "अब फिर अपने घर जाओ और पत्नी के अनकहे शब्दों को सुनो।"

अदृश्य को देखो, अनकहा सुनो, अस्वीकृत को स्वीकृत करो, रुके हुए कार्य पूरे करो।

न्याय करने से इनकार

विनम्रता और दूसरों के बारे में निर्णय देना ऐसे सबक हैं, जो किसी 'नैतिक शिक्षा' की कक्षा में नहीं बल्कि जीवन के साथ सीखे जाते हैं।

एक बार एक व्यक्ति ने कुछ अपराध कर दिया। न्याय करने हेतु पंचायत बुलाई गई। गाँव के एक सम्मानित वृद्ध ने पंचायत की बैठक में जाने से इनकार कर दिया। गाँव के पुजारी ने उनको बुलाने के लिए एक व्यक्ति को भेजा। उस

व्यक्ति ने वृद्ध से कहा, ''चलिए श्रीमान! सभी लोग आपका इंतजार कर रहे हैं।''

बड़े अनमने मन से वह वृद्ध सज्जन चलने को तैयार हुए। चलते समय उन्होंने अपने कंधे पर पानी से भर हुआ एक जग रख लिया, जिसमें से पानी रिस रहा था।

एक व्यक्ति ने उनसे पूछा, ''महोदय, यह क्या है?''

वृद्ध सज्जन ने उत्तर दिया, ''मेरे पाप मेरे पीछे रहते हैं और मैं उनकी ओर नहीं देखता। लेकिन फिर भी मैं आज किसी दूसरे व्यक्ति के बारे में निर्णय देने के लिए आया हूँ।''

यह सुनकर पंचायत ने उस व्यक्ति को माफ कर दिया।

□□□